中国法学会后期资助项目文丛

BOOK SERIES FUNDED BY CHINA LAW SOCIETY

民事诉讼主张责任研究

Research on Burden of Asserting in Civil Litigation

张润◎著

法律出版社
LAW PRESS·CHINA
—— 北京 ——

图书在版编目(CIP)数据

民事诉讼主张责任研究 / 张润著. -- 北京 : 法律出版社, 2023
(中国法学会后期资助项目文丛)
ISBN 978 -7 -5197 -8328 -0

Ⅰ. ①民… Ⅱ. ①张… Ⅲ. ①民事诉讼－研究－中国 Ⅳ. ①D925.104

中国国家版本馆 CIP 数据核字(2023)第 176076 号

民事诉讼主张责任研究
MINSHI SUSONG ZHUZHANG ZEREN YANJIU

张 润 著

责任编辑 黄倩倩 杨悦芊
装帧设计 李 瞻

出版发行 法律出版社
编辑统筹 学术·对外出版分社
责任校对 王晓萍 王语童
责任印制 陶 松
经　　销 新华书店

开本 710 毫米×1000 毫米 1/16
印张 20.75 **字数** 262 千
版本 2023 年 11 月第 1 版
印次 2023 年 11 月第 1 次印刷
印刷 北京虎彩文化传播有限公司

地址:北京市丰台区莲花池西里 7 号(100073)
网址:www.lawpress.com.cn
投稿邮箱:info@lawpress.com.cn
举报盗版邮箱:jbwq@lawpress.com.cn

销售电话:010－83938349
客服电话:010－83938350
咨询电话:010－63939796

书号:ISBN 978－7－5197－8328－0　**定价**:85.00 元

凡购买本社图书,如有印装错误,我社负责退换。电话:010－83938349

中国法学会后期资助项目文丛

文丛说明

为进一步落实中央《关于加强中国特色新型智库建设的意见》，充分发挥中国法学会作为党和政府联系法学法律界桥梁和纽带的作用，着力实现中国法学会作为国家法治建设领域核心智库的发展目标，为专家学者开展法学研究和成果转化提供支持，不断丰富和发展中国特色社会主义法治理论体系，中国法学会特决定设立后期资助项目，对具有重要理论和实践价值的优秀法学研究成果予以后期资助，纳入“中国法学会后期资助项目文丛”出版。2015 年中国法学会后期资助项目设立以来，累计立项 80 余项成果，已交付出版 70 余部。

中国法学会研究部

2021 年 1 月

序

在民事诉讼中，主张责任是指当事人如果在诉讼中不提出于己有利的要件事实，则需要承担由此导致法官不认定该事实而带来的败诉风险或不利益。主张责任作为辩论主义三命题的核心要义，是规制当事人事实主张活动的基础理论。主张责任自身有其较为独立的理论体系，具体包括主张责任的概念论、根据论、功能论、适用对象论、分配论、构造论、履行论等内容。主张责任在理论上不仅自成体系，而且是辩论主义中一条细小但又关键的线索，它与真实完整义务、诚实信用原则、法官释明等原理相互贯通，还是证明责任、摸索证明等机制赖以建立的土壤，更体现了修正辩论主义所强调的当事人武器平等、法院诉讼指挥和防止裁判突袭等理念，故主张责任在民事诉讼中的重要地位不言而喻。研究主张责任的目的是打破证明责任孤掌难鸣的状况，为我国民事诉讼体制的完善提供理论支撑与制度对策。主张责任自身理论的充实及相关制度的构建与完善，不仅有助于贯彻当事人主义的诉讼理念，还有助于保障庭审的集中化、实质化审理，此外，对于民事审判方式的改革具有重要的价值和意义。

当前，理论界对主张责任的研究，主要集中在辩论主义、要件事实、规范出发型裁判方法、当事人主义的诉讼模式、证明责任、主张的具体化、事实主张、具体化义务等问题上，并未对主张责任进行系统化、专门化的研究，对主张责任的功能、价值以及在民事诉讼中的定位缺乏清晰的认识。现有对主张责任的研究集中在对大陆法系国家民事诉讼主张责任法理的引介上，对主张责任在我国立法与司法实践中的现状以及主张责任在我国民事诉讼中的立法对接与实践运用等问题缺乏应有的讨论。鉴于此，本书以民事诉讼主张责任为主题进行系统研究，其特色与创新之处主要体现在以下三个方面。

第一，首次以“主张责任”为主题进行专门化、体系性研究。明确指出民事诉讼主张责任是由主张责任的渊源论、概念论、性质论、功能论、根据论、适用对象论、分配论、效果论、履行论等构成的理论体系。同时也指出主张责任法理研究的薄弱是主张责任未能在我国发挥应有作用的重要原因，对此，有必要加强对主张责任法理的研究，为主张责任的规则化、制度化提供理论支撑。

第二，改变以往对主张责任研究的粗疏态度，以精细化的研究态度对主张责任的法理进行剖析。以往总是将主张责任作为证明责任的“附属品”进行讨论，并未正确认识到主张责任的价值和意义。研究认为主张责任与证明责任虽共同构成要件事实论的基本内容，二者通常体现为“谁主张，谁举证证明”的关系，但两者有各自的内涵、根据和价值。主张责任具有独特的价值，主张责任不仅与真实完整陈述义务、具体化义务、诚实信用原则、法官释明等制度有着紧密的联系，同时也是证明责任、摸索证明等制度存在的基础。主张责任不仅具有实现武器平等、保障权益、防止裁判突袭等功能，同时还是判断是否承认辩论主义的试金石和检验当事人主义诉讼体制的基本标准之一。此外，在主张责任的分配问题上，以往的研究通常认为证明责任的分配决定了主张责任的分配，没有单独分配的必要。本书指出，基于证明责任与主张责任有着共同的实体法渊源且均存在于实体法与程序法的交叉处，两者在分配上具有原则一致性，但同时也应看到主张责任的分配不同于证明责任分配的地方。

第三，以中国问题、本土语境为立场，通过对我国现行立法规范的梳理和司法实践的调研，对主张责任的中国化路径问题进行了深入分析。运用规范分析的方法对我国《民事诉讼法》《民事证据规定》《民事诉讼法解释》中有关主张责任的条文进行了全面解析，描绘了我国主张责任的基本轮廓。通过实证调查访谈的方法，考察了我国法官、律师、当事人对主张责任的认知情况和适用现状。在此基础上，认真分析了主张责任中国化、本土化建构遇到的难题，并有针对性地提出了完善建议，即塑造主张责任的适用对象、分配、履行、效果等规则体系，构建高效的审前准备程序，确立当事人的真实完整陈述义务和攻击防御方法的适时提出义务，完善法院事实主张的释明机制。

本书是张润在博士学位论文的基础上修改完善而成。张润既是我指导的博士研究生，也是我指导的硕士研究生。2013 年 9 月，张润从西北政法大学推荐免试到北师大读研，学习刻苦，待人热心，做事踏实。硕士期间参与了我主持的司法部关于民事执行检察监督的课题研究，先后在《中共浙江省委党校学报》和《民事程序法研究》发表了两篇学术论文，得到了较好的学术训练。2014 年研二上学期，张润向我汇报了继续攻读博士研究生的想法，我欣然同意，建议他提前毕业考博。2015 年 5 月，张润顺利考上，继续跟着我研习民事诉讼法。博士期间，一方面要求他认真研读民事诉讼法学经典著作、教材和法条，进一步夯实民事诉讼法学科知识体系，另一方面也要求他关注民事诉讼司法实践，加强民事诉讼典型案例的研习。张润的硕士论文题目是《论法律观点指出义务》，博士论文题目是《民事诉讼主张责任研究》，可以说都是理论性非常强的选题，撰写难度很大。但是，在张润的努力下，他最终都还取得了不错的成果，得到了肯定。硕士论文获得第三届陈光中诉讼法学优秀硕士学位论文奖，博士论文获得了北京师范大学法学院优秀博士学位论文奖，并获得中国法学会的后期资助。

作为导师，我对张润博士学位论文的正式出版感到高兴，希望本书的出版能够引起民事诉讼法学界与司法实务界对民事诉讼主张责任问题的关注和深入研究。最后，祝愿张润在未来的学术道路上走得更远！也希望他能再接再厉，继续努力，期待他奉献出更多有价值的学术成果！

是为序！

熊跃敏

2023年10月

目　录

Contents

前　　言

一、问题缘起

（一）选题背景

如何分配法官与当事人在提供诉讼资料上的责任，是现代民事诉讼的核心问题。20 世纪 80 年代以来，我国法院以证明责任为理论指导开展了包括审前准备、庭审方式在内的一系列民事司法改革。以证明责任为理论指导开展的民事司法改革的主要目标是减轻法院的审判负担。在理论界与实务界的共同努力之下，改革初显成效，基本实现了从职权主义的诉讼体制向当事人主义诉讼体制的转变，在一定程度上减轻了法院的审判负担。

当事人主义的诉讼体制是以辩论主义、处分权主义作为制度构建的理论基石。依据通说，辩论主义的内容包括：第一，法院应当以当事人在辩论中所提出的事实作为裁判的根据，当事人未主张的事实，法院不能在判决中确认，即发生、消灭法律效果的直接、必要的事实成为判决的基础应以当事人辩论为限；第二，原则上一方当事人在诉讼中的自认具有免除对方当事人举证责任的效力，法院可以直接将其作为裁判的根据，即当事人没有争议的事实，法院必须受其约束，应将其作为判决的基础；第三，法院证据调查的对象以当事人申请为限。

辩论主义的核心原则或第一要义是当事人的主张责任，即当事人应在诉讼中积极主动地向法院提出诉讼资料，法官不得以当事人没有主张的事实作为裁判的基础。在采行辩论主义运作方式的民事诉讼领域，基于主张责任的法理，当事人必须积极地向法院主张于己有利的法律要件事实，否则将遭受诉讼上的不利益或败诉风险。此外，当事人的事实主张在符合具体化要求时，才被认为是适格的，也才能认为当事人已尽主张责任。

主张责任是证明责任的前提，两者之间一致性体现为“谁主张，谁举证”。然而，一直以来，理论界以主张责任与证明责任的分配具有一致性为由，仅仅对证明责任进行研究，将主张责任作为证明责任的附属对象进行分析，并没有对当事人的主张责任给予应有的关注和规定。鉴于此，以主张责任为主题进行研究，以期对主张责任的基本法理进行系统化、专门化的探讨。

（二）选题意义

对主张责任进行系统深入研究，具有如下意义与价值。

第一，以主张责任为题进行研究，有助于推动民事诉讼相关理论的发展。主张责任与辩论主义、当事人主义、证明责任等理论有着紧密的联系。例如，主张责任的理论根据是辩论主义，而辩论主义又关涉当事人主义诉讼体制的建立。主张责任在理论上不仅自成体系，而且是辩论主义中一条细小但非常关键的线索。主张责任不仅与真实完整义务、诚实信用原则、法官释明等原理相互贯通，还是证明责任、摸索证明等机制赖以建立的土壤，更体现了修正辩论主义所强调的当事人武器平等、法院诉讼指挥权合理行使以及防止裁判突袭等理念。因此，主张责任在民事诉讼争讼法理中具有举足轻重的作用。

第二，主张责任能够充实并能有效配合证明责任理论，充分发挥证明责任在司法实务中的作用。主张责任与证明责任是为了保障民事诉讼的顺利运行而形成的相互独立、分工配合的两个理论机制，两者之间相互依赖但并非隶属关系。如果说民事实体法与民事诉讼法是民事诉讼的“两驾马车”，那么证明责任与主张责任不啻为民事诉讼法理论的“两个车轮”。证明责任与主张责任的分配统一于要件事实理论，并具有高度的一致性，两者共同为民事诉讼法的顺利进行保驾护航。证明责任理论一直被誉为民事诉讼的“脊梁”，一直是证据理论甚至是整个民事诉讼理论中最为耀眼的明珠。也正因为如此，本应与证明责任理论平分秋色的主张责任备受理论和实务界的冷落，并没有得到应有的关注。由于缺乏主张责任的充实与配合，证明责任理论与制度在实务中的作用大打折扣。这不仅仅因为主张责任与证明责任有着一衣带水的紧密关系，更在于主张责任自身具有独立的理论与实践价值。①

第三，研究主张责任有助于深化约束性辩论原则在我国民事诉讼中的发展，推动当事人主义诉讼体制在我国完整确立。主张责任是辩论主义第一命题的逻辑派生，并且鉴于该命题的重要性，是否承认该命题被认为是辩论主义的试金石。目前，民事诉讼法学界关于诉讼模式的讨论已告一段落，而且鉴于辩论主义第二、三命题已经在我国获得了某种程度的确立，接下来将研究触角深入主张责任这一核心命题以及主要事实、间接事实等法技术领域可能更符合学术研究的进路。② 以主张责任为主题进行研究，其目的是打破证明责任孤掌难鸣的状况，进一步充实当事人主义的诉讼理论，为我国民事司法改革提供更为牢固的理论支点。

第四，从主张责任的功能来看，主张责任有助于法院避免无意义的证据调查，有助于实现实质性争点整理程序，避免庭审走过场，实现庭审实质化。主张责任的核心内容是要求当事人向法院提起诉讼时，尽量向法院

---

① 段文波：《规范出发型民事判决构造论》，法律出版社 2012 年版，第 115 页。

② 许可：《民事审判方法：要件事实引论》，法律出版社 2009 年版，第 18 页。

提出所有能够支持其权利请求的实体法上的事实理由，通过审查起诉阶段、审前准备阶段、法庭调查阶段不同的要求，促使当事人积极提供于己有利的事实主张，保证了法院审判效率的提高。有效整理争点的前提是当事人双方尽可能早地提出攻击防御方法，攻击防御方法的适时提出的要求为改善我国民事审前准备程序提供了具体的改革路径。主张责任能够有效避免当事人随着诉讼的发展，把请求原因事实、抗辩事实"一点一点往外拿"，导致程序无限制扩散、争执蔓延，最后形成拖沓不堪的"五月花"式的庭审，从这个意义上来看，民事主张责任为庭审的实质化打下了坚实的基础。

总之，当事人的主张责任和证明责任存在于民事实体法与民事程序法的交合处。在民事法学中，有关要件事实由何方当事人主张和证明的理论构成了要件事实论的主要内容，要件事实论的两大基础理论是主张责任论和证明责任论。与此同时，当事人的主张责任和证明责任均为辩论主义的基本内涵，是约束性辩论原则的核心要旨，两者的关系在我国通常被称为"谁主张，谁证明"，但是两者均有各自的内涵、根据和独立意义。因此，我们现在应该正本清源，正确认识主张责任在民事诉讼中的意义和价值，积极发展和充实主张责任的理论体系，通过完善相关的制度，发挥主张责任在集中审理、充实庭审、提高庭审效率等方面的功效。

二、文献综述

（一）国外研究现状

主张责任在德国起源于帝国时期的判例法，虽未得到立法的明确规定，但作为民事诉讼一条不言自明的原则存在。此外，主张责任还体现在一系列的相关规定和制度中。例如，《德国民事诉讼法》第 138 条就规定了当事人对事实的说明义务。[①] 这也是学者从法解释学视角对主张责任进行解读的基础。

德国学者罗森贝克教授认为，主张责任是一个与证明责任完全相适应的概念，两者的对象和范围基本上是相同的，主张责任的意义不明显小于证明责任的意义。在主张责任与证明责任关系的问题上，罗森贝克认为就逻辑性和时间性而言，主张均是在提出证据和收集证据之前发生，人们首先会发问什么必须被主张，而证明责任问题则是处于第二位的，即当提出的事实存有争议时才需要举证证明。主张责任和证明责任并非两个不同的问题，而是一个问题的两个方面。[②]

德国学者普维庭教授认为，主张责任其实是证明责任的所有实质性问题的延伸。主张责任，是指当事人必须提出确切具体的事实主张，以此来说服法官承认当事人所期望的法律后果的小前提——要件事实。根据不同的标准和视角，可以将主张责任划分为主观主张责任与客观主张责任、抽象的主张责任与具体的主张责任。主张责任的不同内涵意味着，从诉讼的开始直到结束都存在主观抽象的主张责任，亦即权利请求人主张请求成立的事实和权利之被请求人主张反驳事实的责任。同时，也存在主观具体的主张责任，它迫使当事人依据对方当事人的事实主张向法官提出更加确切的（涉及当事人主张的具体化问题）或者新的事实主张。主张责任的基础是辩论主义。[③] 德国经典的民事诉讼法教材也对主张责任进行了论述。例如，尧厄尼希教授在其所著的民事诉讼法教材中指出，“主张责任回答每

---

① 《德国民事诉讼法》第138条：（1）当事人应就事实状况作出完全而真实的陈述；（2）当事人对于对方当事人所主张的事实，应作出陈述；（3）没有明显争议的事实，如果从当事人的其他陈述中不能看出有争议时，即视为已经自认的事实；（4）对于某种事实，只有在它既非当事人自己的行为，又非当事人所亲自感知的对象时，才准许说不知。

② ［德］莱奥·罗森贝克：《证明责任论——以德国民法典和民事诉讼法典为基础撰写》，庄敬华译，中国法制出版社2002年版，第54~56页。

③ ［德］汉斯·普维庭：《现代证明责任问题》，吴越译，法律出版社2006年版，第15页。

一方当事人必须提出哪些主张的问题，如果他想避免诉讼上的不利、万不得已时的败诉。主张责任只存在于辩论主义领域内，因为只有那里双方当事人才应提出所需的事实”①。

日本学者新堂幸司认为，对于什么样的主要事实，确定由哪一方承担主张责任，亦即主张责任的分配，原则上遵从证明责任的分配。主张责任具有如下三方面的功能：第一，依照双方当事人的意思来形成争点，并从事实方面依据当事人的意思来限定判决应解决纠纷的事实范围；第二，具有指明当事人主张及举证活动方向的机能；第三，依据辩论主义，无论是哪一方当事人只要对对方辩论的事实穷尽攻击防御即可，因此主张责任在事实方面向当事人明确攻击防御目标，并排除以外打击之可能，进而实质保障其防御的机会。② 日本学者中村英朗教授认为，在民事诉讼中，将提出判决所需的事实资料的主张责任和提出证明所需的证据资料的立证责任交付当事人，同时，在公平原则下，依照一定基准，将责任让原告及被告分担主张责任和立证责任。③

（二）国内研究现状

近年来，越来越多的学者将目光投入主张责任的研究中，但仅有少数的文献专门探讨主张责任，④ 多数研究是围绕要件事实、证明责任、具体化义务、摸索证明等主题而展开的。

---

① ［德］奥特玛·尧厄尼希：《民事诉讼法》，周翠译，法律出版社 2003 年版，第 267 页。

② ［日］新堂幸司：《新民事诉讼法》，林剑锋译，法律出版社 2008 年版，第 307 ~308 页。

③ ［日］中村英朗：《新民事诉讼法讲义》，陈刚、郭美松译，常怡审校，法律出版社 2001 年版，第 203 页。

④ 参见邵明、欧元捷：《论现代民事诉讼当事人的主张责任》，载《武汉大学学报（哲学社会科学版）》2015 年第 2 期；欧元捷：《论民事诉讼主张责任法理》，载《山东警察学院学报》2016 年第 1 期；任文松：《要件事实与主张责任》，载《学海》2006 年第 5 期；等等。

1. 关于主张责任与证明责任的关系

段文波博士在《规范出发型民事判决构造论》一书中详细探讨了主张责任与证明责任的关系。[①] 主张责任是当事人没有主张相关事实而遭受的不利益；而证明责任是指要件事实真伪不明情形下一方当事人遭受的不利益或风险。两者均是当事人在一定条件下承担的不利益或风险。理论界就两者的关系主要有以下三种学说。一是“紧密勾连说”，认为当事人对某要件事实负担证明责任意味着该要件事实没有被证明的情形下当事人将承担相应的不利益。两者在规制的对象和承担责任的主体方面均有一致性。二是“互不相干说”，认为主张责任与证明责任在理论根据、功能作用、适用的诉讼体制以及分配的依据和范围等方面均有不同点。三是“折中说”，认为在多数情形下，就规制对象事实以及承担主体方面，两者原则上是一致的，但也有例外的情形，如在追究无权代理人的责任时，原告除了必须主张被告作为他人的代理人和自己订立契约外，尚须主张被告没有代理权，但被告就有无代理权须承担证明责任等情形。[②]

总体而言，主张责任与证明责任虽在规制对象、法律属性、分配基准具有一致性，但还是有诸多的不同。首先，两者的根据不同，主张责任的理论根据是辩论主义，证明责任的理论根据在于确保国民接受裁判的宪法权利。其次，两者的机能是不同的，证明责任的机能是引导法官指挥诉讼，证明责任为法院的诉讼指挥提供了基准，决定了法官对于诉讼中的管理和指挥以及法官行使释明权的对象，此外，证明责任及其分配还是区别本证与反证、请求原因与抗辩的标准；而主张责任的原初机能是解决诉讼要件亦即诉之合法性问题，主张责任还具有圈定法院审判对象的范围功能、提供诉讼信息功能等。综上所述，主张责任与证明责任虽有诸多一致

① 段文波：《规范出发型民事判决构造论》，法律出版社 2012 年版。

② 龙云辉、段文波：《略论证明责任与主张责任的关系》，载《法学评论》2008 年第 3 期。

性的内容，但这不能否定主张责任是一个自成体系的理论体系，这一点正是本书对其进行系统研究的出发点。①

2. 关于主张责任与要件事实的关系

许可博士在《民事审判方法——要件事实引论》一书中将主张责任理论定位为要件事实论的程序法基础。② 主张责任理论与证明责任理论共同构成了要件事实论的理论基础。该书对关于主张责任的若干认识误区进行了厘定，并对辩论主义的变迁以及协同主义的兴起对主张责任理论的影响进行了分析，最后对主张责任理论的程序化进行了详细阐述，即对攻击防御体系中的要件事实进行了论证分析。主张责任的适用对象是要件事实，并不适用于间接事实。至于诉讼中的重要间接事实，法官可以通过行使释明权使相关事实在辩论中有所体现。主张责任现代内涵的基本要素包括原告主张的请求原因事实和被告的抗辩事实。同时，该书指出我国经过多年的民事审判方式改革，作为辩论主义内涵的自认制度、禁止职权调查证据的规则在我国得以初步确立，但作为辩论主义核心内容的主张责任还没有得到相应的规定。今后，在推进民事诉讼体制转型的进程中，加强对主张责任的理论研究和制度构建是理论界与实务界共同的任务。

3. 关于主张责任的具体化问题

主张责任的具体化是主张责任原理的重要内容。关于主张责任具体化的研究，文献较多。③ 其中，以我国姜世明教授对具体化义务的研究颇为系统全面和深入。其以德国民事诉讼法的规定为视角，全面梳理了具体化

---

① 段文波：《要件事实理论下的主张责任》，载《法学评论》2006 年第 5 期。

② 许可：《民事审判方法——要件事实引论》，法律出版社 2009 年版。

③ 参见周成泓：《走向动态：民事诉讼当事人的具体化义务》，载《华南农业大学学报（社会科学版）》2010 年第 9 期；陈贤贵：《当事人的具体化义务研究》，载《法律科学（西北政法大学学报）》2015 年第 5 期；王聪、郑则川：《有序与效率：当事人主张的具体化义务研究——以民事诉讼为视角》，载《西南政法大学学报》2012 年第 1 期；林轲亮：《论民事证据声请中的当事人具体化义务》，载《社科纵横》2013 年第 5 期；等等。

义务的定义、本质、法依据，深入论证了承认具体化义务的基本理由，并对具体化义务要求的具体内容以及面临的理论难题作了阐释。[①] 占善刚教授认为，在采行辩论主义运作方式的民事诉讼领域，基于主张责任的法理，当事人必须积极地向法院主张于己有利的法律要件事实。当事人的主张只有符合具体化的要求才能被认为是适格的，也才能被认为当事人已尽主张责任。主张的具体化不仅要求当事人作出具体的陈述，而且还要求当事人作纯为恣意的、射幸的陈述。主张具体化的正当性依据在于保障法院的审理利益及对方当事人的防御利益。为使法院能有效判断当事人的主张是否具有证据调查的必要性，避免产生预断，主张的具体化应以满足法院的裁判重要性审查为基准。在情报偏在性事件中，应缓和主张具体化的要求，允许当事人为抽象的事实主张，以求当事人之间的实质公平。[②]

胡亚球教授关于当事人的具体化义务的研究同样颇有分量。他指出，当事人的具体化义务是民事诉讼奉行辩论主义、主张责任的必然产物，其性质是诉讼义务而非诉讼负担，其法理基础是辩论主义和程序利益保护。他指出 2012 年《民事诉讼法》中的诚实信用原则和包括证据交换、争点整理等内容在内的审前程序为具体化义务的运行配备了关联制度，应当建立以辩论主义为前提和主张责任为基础的具体化义务的系统规范体系。[③]

李凌博士对事实主张具体化义务的中国图景进行了分析。她认为，由于立法及理论上的不足，事实主张具体化义务在我国的实际运行中尚且存在诸多问题。当事人具体化义务起源于辩论主义，其与主张责任密不可分，随着程序的展开在诉讼中呈阶段性动态化表现。我国应当在明确主张责任及诉讼行为理论的逻辑基础上，进一步完善配套规则，实现事实主张

① 姜世明：《民事诉讼中当事人之具体化义务》，载《政大法学评论》2005 年第 88 期。

② 占善刚：《主张的具体化研究》，载《法学研究》2010 年第 2 期。

③ 胡亚球：《论民事诉讼当事人具体化义务的中国路径》，载《清华法学》2013 年第 4 期。

具体化义务的体系性构建。[①]

4. 关于事实主张的提出在起诉阶段的要求

也有学者以民事起诉状的改革为视角，对事实主张的具体化进行了深入研究。[②] 王学棉教授认为《中华人民共和国民事诉讼法》（以下简称《民事诉讼法》）第122条虽规定了起诉必须得有“具体”的诉讼请求，但并没有对何谓“具体”进行解释，也没有对诉讼请求是否满足“具体”的要求提供判断标准。为此，该文根据诉的种类分别对确认之诉、形成之诉、给付之诉中诉讼请求“具体”的判断标准进行了研究，认为具体的诉讼请求实际上是要求原告根据诉的种类，对于要求被告承担的责任形式及责任内容予以明确化和详细化。判断方法因诉的种类不同而不同。确认之诉、形成之诉只要明确请求法院确认的对象即可满足“具体”的要求。给付之诉的诉讼请求是否满足具体要求的判断方法是：原告提出诉讼请求之后，假定诉讼请求得到了法院的支持，义务人能否准确无误地履行义务，或者进入强制执行后，法院能否顺利执行，以达到自己的目的。如果能，则满足具体的要求，否则没有。[③]

曹志勋博士从比较法的视角分析了事实主张与实体法要件的关系以及事实主张的细节程度两方面的问题，介绍了主张具体化的理论背景以及主张具体化理论的局限性。大陆法系采取足以与其他同类法律关系区别说，而英美法系则长期以来坚持起诉陈述事实应当满足相应实体救济的条件，

---

① 李凌：《事实主张具体化义务的中国图景》，载《当代法学》2018年第1期。

② 主要文献包括张海燕：《“进步”抑或“倒退”：美国民事起诉标准的最新实践及启示——以Twombly案和Iqbal案为中心》，载《法学家》2011年第3期；张海燕：《论美国民事起诉标准的最优路径选择》，载《法学杂志》2014年第7期；邵明、周文：《论民事之诉的合法要件》，载《中国人民大学学报》2014年第4期；张海燕：《民事起诉事实论纲》，载《浙江学刊》2012年第6期；王学棉：《美国联邦民事诉讼中的主张具体化及对我国的启示》，载《民事程序法研究》2017年第1辑；等等。

③ 王学棉：《具体的诉讼请求》，载《国家检察官学院学报》2016年第2期。

美国最高法院更是在近年来将其提升到比较高的所谓合理标准。根据国情下我国立案和审前程序以及我国的法系传统，我国应当采取标准较低的识别说，并且以生活事实而非法律事实，作为立案形式审查的内容。①

刘敏教授主张民事起诉状的功能应当定位为起诉功能和准备功能，起诉功能是起诉状的本质功能。由此，起诉状要素应当分为必备记载事项和任意记载事项。起诉状对“当事人”的记载应当达到能够使当事人特定的程度。对“诉讼请求”的记载应当做到原则性与灵活性相结合。起诉状对“事实与理由”的记载只要达到辨别本案的诉讼标的即可。②

纪格非教授对我国民事起诉状的功能进行了研究，认为起诉状的程序功能和内容是由诉讼构造、诉答程序的功能、诉讼标的理论、判决效力制度、司法的经济性问题等共同决定的。我国起诉状的功能转型与内容再造应当与审前程序设置的整体目标相一致，同时兼顾我国的具体情况。应当弱化起诉状对于法院司法管理的辅助功能，减轻原告的法律论证负担，强化起诉状特定案件事实，促进争点整理程序方面的程序性作用，同时应当增强起诉状在内容方面的弹性，完善起诉状修改的程序。③

主张责任与证明责任具有非常紧密的联系，主张责任与证明责任虽在对象和范围上基本上相同，但主张责任的意义并不小于证明责任的意义，主张责任与证明责任并非两个不同的问题，而是一个问题的两个方面。对此，学者通常将主张责任融入证明责任中去探讨，没有充分认识到主张责任对当事人主张行为以及举证活动的行为指引功能。

总体而言，目前国内对主张责任的研究可以说是比较薄弱的，主张责任理论并未引起理论界的充分关注。以往的论著没有将主张责任与当

---

① 曹志勋：《立案形式审查中的事实主张具体化》，载《当代法学》2016 年第 1 期。

② 刘敏：《功能、要素与内容：民事起诉状省思》，载《法律科学（西北政法大学学报）》2014 年第 3 期。

③ 纪格非：《论我国民事起诉状的功能转型与内容再造》，载《现代法学》2013 年第 6 期。

事人攻击防御体系有机结合起来，通常将主张责任放入证明责任中进行简单讨论，并没有对此进行系统化、深入化的研究。正基于此，本书以主张责任为主题进行研究，其目的是打破证明责任孤掌难鸣的状况，进一步充实当事人主义的诉讼理论，为我国民事司法改革提供更为牢固的理论支点。

三、研究方法

本书采纳的主要研究方法包括规范分析方法、比较分析方法、实证研究方法以及程序与实体相结合的方法等。

第一，规范分析方法。规范分析方法是法学特有的一种研究方法。规范分析方法主要关注法律条文的结构体系、法的合法性、法的运行效果、法的实体内容等。可见，规范分析方法不仅包括分析法律条文本身，还包括考察法律条文运行实施的效果。对此，本书运用规范分析方法，一方面充分考察主张责任的规范依据，对主张责任与证明责任等相关范畴的关系进行辨析；另一方面考察主张责任原理在司法实践中贯彻实施的效果和存在的问题。

第二，比较分析方法。比较分析方法通常是指对两个或两个以上的研究对象进行比较考察，总结其异同，找寻其规律，进而实现相互借鉴的目标。本书将采取比较分析方法，通过比较德国、日本、美国在当事人主张责任及其具体化方面的理论和做法，为我国确立当事人主张责任原理的具体制度提供镜鉴。

第三，实证研究方法。本书将采取实证研究方法，力图寻找我国民事诉讼实践中主张责任的具体适用情况。对此，一方面，通过收集北京、江苏、辽宁大连等地法院制定的要素式审判规定和工作指引进行分析，了解要件事实裁判方法在司法实践中的运用情况；另一方面，本书选取北京、上海、南京、长沙、西安、深圳、武汉等地法院作为调研访谈法院，实地观察具体的司法实践，立足我国的司法实践，为我国是否确立当事人主张责任具体化制度提供立法资料。

第四，程序与实体相结合的方法。准确地说，程序与实体相结合是一种研究思路与视角。本书以程序与实体紧密结合的视角和方法，对主张责任的相关问题进行研究。主张责任的适用对象是要件事实，而要件事实中的"要件"是实体法法律要件，需要对实体法请求权和抗辩权构成要件进行分析，亦即需要对权利发生要件、权利妨碍要件、权利阻止要件和权利消灭要件进行分析和解构。民事诉讼主张责任是关于事实主张的原理和方法，不仅需要从民事诉讼程序的视角进行分析，还需要与民事实体法深度融合进行研究。

四、研究思路

本书以民事诉讼主张责任为主题进行研究，其研究的目标主要有两个：第一，系统梳理主张责任的基本原理，包括主张责任的概念、类型、功能、理论根据、适用对象、分配标准、法律效果以及具体化的基本规则；第二，重点探讨主张责任在我国民事诉讼中的具体应用问题，因为这关涉到辩论主义诉讼体制在我国的确立。在采行辩论主义的民事诉讼程序中，当事人的诉讼行为制约着法院的审判行为，并为其划定了裁判的界限。主张责任是辩论主义的核心命题之一，是指当事人提出于己有利的构成要件事实，否则将承担败诉的风险或不利益。主张责任的本质在于为法官评价当事人的事实主张提供了一项准则和规则。主张责任在民事诉讼体系中具有重要的地位，自身有其较为独立的法理体系，具体包括主张责任的概念、适用对象、分配法则、行为主张责任、结果主张责任等内容。本书除导论与结论外，共分为六章，文章的结构可以参见图 0－1。

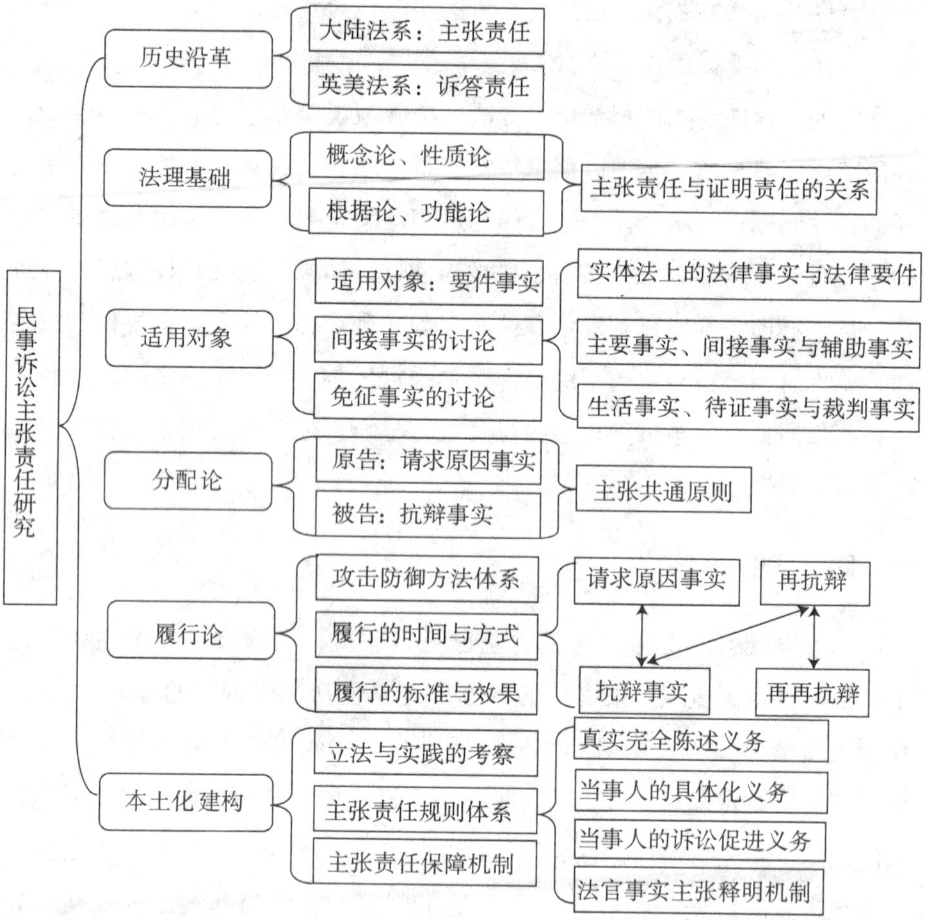

图0－1　本书研究思路框架

第一，详细回顾主张责任的历史沿革。通过对两大法系国家主张责任历史沿革及发展的考察可知，主张责任起源于德国帝国法院时期的判例，后发展成大陆法系民事诉讼中规制事实主张的一条不言自明的原则。主张责任是大陆法系民事诉讼中的概念，而英美法系与之对应的概念则是诉答责任。在大陆法系国家，除法国有明确的立法例外，其他国家并未在立法中明确规定，而是作为一项诉讼法理或原则对待。在英美法系国家，主张责任或诉答责任主要是通过相对完备的诉答程序和案情陈述制度以及书状制度进行贯彻的。重视和发展主张责任法理是科学规制当事人事实主张活动的必然要求。

第二，全面阐述主张责任的法理基础。主张责任根据不同的标准可以分为客观主张责任与主观主张责任、行为主张责任与结果主张责任等类型。主张责任具有行为指引、利益保障与裁判制约等功能。辩论主义是主张责任的理论根据，而主张责任是承认辩论主义的试金石，是检验当事人主义诉讼体制的基本标准之一。在规制裁判基础资料的形成过程中还受到协同主义理念的约束与规制。此外，厘清主张责任与诉讼标的、诉讼请求、证明责任、要件事实论以及民事诉讼体制的关系，有助于科学认识主张责任在民事诉讼中的重要地位。

第三，重点论析主张责任的适用对象。由于主张责任是约束性辩论原则的逻辑产物，主张责任的适用对象应当受到辩论主义适用对象的规制。当事人的主张分为权利主张、事实主张和法律主张，主张责任规范的是当事人的事实主张活动，而非权利主张和法律主张。在诉讼法上，当事人提出的事实可分为主要事实、间接事实和辅助事实。在实体法上，引起民事法律关系或民事权利形成、变更和消灭的客观现象称为法律事实，而能够引起民事权利义务关系发生变动的必要事实的总称被称为法律要件。理论上，通说认为主张责任的适用对象是要件事实，而非间接事实和辅助事实。要件事实是融合了民事实体法上法律事实和诉讼法上主要事实的特征而形成的、与要件事实理论契合的概念。

第四，着重分析主张责任的分配问题。主张责任与证明责任共同构成辩论主义和要件事实理论的两项基本内容。理论上，通常将主张责任与证明责任的关系概括为“谁主张，谁举证证明”。对此，有观点认为主张责任的分配取决于证明责任的分配，两者是依附与被依附、决定与被决定的关系。不可否认，基于主张责任与证明责任有着共同的实体法渊源，主张责任的分配与证明责任的分配具有原则一致性，但两者的分配仍存在不一致的地方，如证明责任倒置、免证事实、申请法院职权调查证据等情形。学说上，关于主张责任分配的理论观点纷纭，包括待证事实分配说和法律要件分类说等，其中以法律要件分类说为通说。在采行辩论主义的诉讼中，原告负责主张请求原因事实，被告负责主张抗辩事实。为了充分利用诉讼资料、节约司法资源和促进诉讼，主张共通原则便有适用的必要。

第五，具体阐释主张责任的履行问题。主张责任的履行需要借助攻击防御方法体系进行。民事诉讼攻击防御方法体系的构造体现为原告提出请求原因事实、被告提出抗辩事实、原告再抗辩、被告再再抗辩，如此往复。主张责任的履行包括履行的期限、方式、标准、主张失当的救济方式以及履行的法律效果等内容。理论上，主张的提出有法定提出主义、随时提出主义和适时提出主义原则，主张责任的履行则采行适时提出主义原则。根据当事人提出事实主张的形式，主张责任履行的方式分为书面方式和口头方式。针对当事人的不当主张，一般化的救济方式是通过法院的释明予以救济，而特殊的救济方式则是主张具体化的缓和。主张具体化缓和的范围通常限定在事实隔离和行业隔离的范围之内。

第六，详细探讨主张责任在我国的民事诉讼中的制度建构问题。通过对主张责任的立法规范和司法实践的双重考察发现，主张责任在我国并未有体系化的规定，司法实践中也存在诸多混乱现象。但从法解释学的视角来看，主张责任在我国现行立法中得以初步确立。然而立法对主张责任规定的模糊，主张责任规则的不健全以及相关配套制度的缺位，制约了主张责任应有功能的发挥。因此，一方面需要构建主张责任的适用对象、分配、履行、法律效果等自身的规则体系，确立事实主张的真实完全陈述义务、具体化义务和适时提出义务；另一方面需要完善相关配套制度，具体而言，需要构建高效的审前准备程序，完善诉答程序、争点整理程序，加强法官事实主张释明机制的建设。

第一章　主张责任的历史沿革

主张责任是辩论主义第一命题的逻辑衍生，同时也是辩论主义的核心要义。探讨主张责任的立法沿革与发展，应当从辩论主义的源流及变迁出发进行分析。需要交代的是，此处讨论大陆法系主张责任的确立及发展偏向于从民事诉讼立法的角度进行分析，主要探讨的是主张责任在德国、日本以及法国民事诉讼中的立法体例。在英美法系，与大陆法系民事诉讼主张责任类似的制度是诉答责任。本书主要探讨诉答责任在英国和美国民事诉讼程序中的体现和制度设计。

第一节　大陆法系国家民事诉讼主张责任的考察

早在罗马法时期就有辩论原则、主张责任的雏形。罗马民事诉讼程序可根据适用的时代分为三种：法定诉讼（per legis actiones）程序、程式诉讼（formula）程序、特别诉讼（extraordinaria）程序。其中，程式诉讼程序是指“原告请求裁判官作成一定程式之书状，交由民选推事依据书状所记载各项审究事实而为裁判之谓也。裁判官之职务，首在审查原告之请求是否合法；果尔合法，则作成一定程式之书状，移交由民选推事，而民选推事遂依据书状所载各项，审究事实而裁判之；反之，如原告之主张，显无法律上之依据，或被告之抗辩，显属正当，或被告对于原告之请求，完全承认者，是双方对于事实，已无争执，而所应审究者，仅系法律问题而已，故审究法律之裁判官，得径行裁判，而无作成书状移交民选推事之必要也”①。程式诉讼程序分为预审和复审，预审程序的进程为：民选推事之选定→原告之请求（表明原告的诉讼标的）→请求之原因（原告陈述系因何种原因而为请求）→判决要旨（裁判官嘱托民选推事如何判决）→前书（主要关于时效的备注）→抗辩（被告声明有利于己之事实）。被告抗辩的记载列于“原告请求”之后，以抵抗原告的请求。针对被告的抗辩，原告可提出答辩（replicatio），此处的答辩就是反抗辩，也就是对抗辩的抗辩；在这种情况下，给被告提供的补充辩解，就称为再抗辩，原告针对被告再抗辩的回答，就称为再答辩。② 原被告之间的主张抗辩就形成如下结构：主张（请求）→抗辩→反抗辩→再抗辩→再反抗辩……这种相互之间的抗辩与再抗辩可以多次进行下去。

罗马民事诉讼程序中原被告之间的主张＋抗辩结构对现今民事诉讼程序构造具有重要的影响。不仅如此，罗马法在长期的发展过程中，还形成了一系列对后世具有重要影响的制度和原则，诸如当事人主导的诉讼程序结构、举证责任理论、一事不再理原则等。当事人主导的诉讼程序结构是罗马民事诉讼程序的重要特征之一。罗马民事诉讼程序的启动权主要来自当事人之间的主张和抗辩，而不是法官的职权行为。③ 罗马法关于主张和抗辩的区别对主张责任的分配具有重要的影响。主张责任包括行为主张责任和结果主张责任，行为主张责任的分配就建立在主张（请求原因事实）与抗辩（事实）的基础之上。

---

① 陈朝璧：《罗马法原理》，米健等校，法律出版社2006年版，第559~560页。

② 黄风：《罗马私法导论》，中国政法大学出版社2003年版，第34页。

③ 周枏：《罗马法原论》，商务印书馆1994年版，第863页。

一、德国民事诉讼主张责任的历史沿革

在德国，关于法官裁判的事实基础的收集适用辩论原则或辩论主义或提出原则。该原则要求双方当事人提出作为法院裁判基础的事实主张，并在必要的时候应当举证证明。但是在适用职权探知原则或职权探知主义的情况下，法院有权设法获取和证明具有显著意义的事实。德国民事诉讼原则上适用处分权主义和辩论主义，例外适用职权探知原则。这也充分体现了“当事人是程序的主人”“当事人自由原则”“当事人自我责任”的内涵。[①] 辩论主义作为民事诉讼的基本原则，不仅是学术和实务界的共识，同时也可以从相关的法律条文中推断得出。比如从《德国民事诉讼法》第616条、第617条以及第293条第2句的反面推论可知争议材料能否进入诉讼、诉讼材料认定的必要性以及诉讼材料的确认，只能由当事人作出决定，并且根据该法第291条的规定，当事人没有提出的事实，法院不能对其予以考虑，除非该事实是显而易见的。从以上法律规定，可以得出事实资料的提出及其认定应当由当事人负责的结论，这就确立了辩论主义第一命题的内容，即法官不能以当事人未提出或主张的事实资料作为裁判的基础。主张责任是证明责任得以发生的前提，并且有其自身的独立性。正如德国学者罗森贝克教授所说：如果没有当事人提出某一主张，那么，其诉讼请求便不可能获得法院的支持。[②]

德国司法实践认为，提出诉讼请求的当事人应当承担主张责任和证明责任。主张责任在德国民事诉讼立法上并没有明文规定，正如辩论原则作为民事诉讼的公理存在一样，主张责任也是作为民事诉讼的一般性法理或

---

① ［德］汉斯－约阿希姆·穆泽拉克：《德国民事诉讼法基础教程》，周翠译，中国政法大学出版社2005年版，第63～64页。

② ［德］莱奥·罗森贝克：《证明责任论》，庄敬华译，中国法制出版社2002年版，第47页。

公理存在。这主要是由于主张责任的根据——辩论主义，没有在立法上加以明确规定。1877年制定颁布的《德国民事诉讼法》没有在条文中明确规定辩论主义原则。至于德国民事诉讼法中没有明文规定辩论主义，德国学者尧厄尼希在其著作《民事诉讼法》中解释道："清醒的立法者在于正常诉讼不同的地方说明应当遵循纠问主义而不是辩论主义，这也就足够了。"① 这就是说一般的或正常的诉讼采取的是辩论主义，"婚姻案件"等非正常的诉讼则采取的是纠问主义或职权主义。辩论主义作为大陆法系的德国民事诉讼中的最基本原则之一，与处分权主义一起共同构成衡量当事人主义诉讼体制的两大标准。

辩论主义将获取对裁判具有显著意义的事实材料的任务和责任交由当事人承担，贯彻了当事人自我责任的理念。作为辩论主义核心内涵的主张责任原理，对当事人事实主张活动进行了有效的规制。经过立法与实践的探索，主张责任原理被贯彻为一系列具体的制度。例如，准备书状制度、对事实的说明义务制度以及法院的释明义务制度等。

第一，准备书状制度。准备书状制度是言词辩论程序进行的重要方式。根据《德国民事诉讼法》第130条的规定，准备书状的内容包括当事人信息、诉请、作为声明理由的事实关系、对于对方当事人所主张的事实的陈述、当事人用来证明或反驳事实主张的证据方法以及对于对方当事人提出的证据方法的陈述等。此外，根据该法第132条的规定，记载有新事实或其他说明的准备书状应当在言词辩论一周前送达；而记载有对于新说明的答辩的准备书状至少应当在言词辩论三日前送达。

第二，对事实的说明义务制度。当事人对事实的说明义务主要通过真实完全陈述义务和诉讼促进义务两种制度进行。首先，《德国民事诉讼法》第138条从立法层面确立了当事人的真实完全陈述义务，从而打击诉讼谎

---

① ［德］奥特玛·尧厄尼希：《民事诉讼法》，周翠译，法律出版社2003年版，第124页。

言。当事人应当就事实状况以及对方当事人所主张的事实作出真实而完全的陈述。当事人真实完全陈述义务制度能够确保当事人事实主张的真实性、完整性，有助于法官明确案件争议焦点，实现庭审的集中化审理。其次，为了克服诉讼迟延的弊端，《德国民事诉讼法》第282条第1款确立了攻击防御方法的适时提出义务，在学理上被称为诉讼促进义务。该规定要求当事人应当及时地主张攻击手段和防御方法，亦即依照诉讼进行的状态及时提出事实主张。只要法官为双方当事人指定了主张特定事实的期间，当事人就必须注意这些期间。如果当事人未及时主张事实，法院可因其迟延提出而将其驳回。

第三，法院的释明义务制度。虽然辩论主义和主张责任将对裁判具有显著意义的事实资料的提出责任赋予当事人承担，但这并不意味着法官处于绝对的消极地位。立法为了保障法官对诉讼的实质指挥权，在《德国民事诉讼法》第139条确立了法官的释明义务。事实上，法官的这种影响对事实的提出具有不可忽视的作用。立法要求法官应当在诉讼中致力于双方当事人完整的陈述，尤其是补充某项不充分的事实陈述。法官的释明义务并没有限制辩论主义和主张责任，而是通过指示、提醒当事人补充事实陈述中不明确、前后矛盾或存在漏洞的地方。

二、日本民事诉讼主张责任的历史沿革

正如前述，1877年颁布并施行至今的《德国民事诉讼法》并没有明文规定主张责任。1890年颁布的《日本民事诉讼法》是仿效1877年《德国民事诉讼法》而制定的。《日本民事诉讼法》吸收和借鉴了《德国民事诉讼法》关于辩论主义、处分权主义等原则的内涵，确立了当事人主义的民事诉讼体制。但立法并未明文规定辩论原则和主张责任。日本在制定民事诉讼法时，其立法理由指出“本法律采用辩论主义是不言自明的”。日本学者高桥宏志教授亦解释道：“辩论主义是一项不言自明的基本原则，因

此法条对此并未作出直接的规定。”[①]《日本民事诉讼法》采取的是当事人辩论主义原则，诉讼资料、事实资料或证据资料的提出均由当事人负责。[②]在推行当事人自我责任原则的前提下，如果作为法院裁判基础的诉讼资料不足时，由此产生的不利结果亦应由当事人承担。

值得注意的是，主张责任的内容涉及诉讼资料和证据资料的区别。诉讼资料是指从当事人的辩论中获得的裁判资料，亦即作为法院裁判基础的事实；证据资料是指从证据调查所获得的内容，如证人证言等。根据辩论主义和主张责任的法理，法官不能以证据资料补充诉讼资料。

此外，在论及诉讼资料的收集权时，需要注意采行辩论主义和职权探知主义的范围。辩论主义的适用范围是以私的利益问题为对象的普通民事诉讼，但是在涉及公的利益的人事诉讼中采取的则是职权探知主义，具体参见《日本人事诉讼程序法》第10条第2款、第14条、第31条。当然，并非所有涉及公的利益的诉讼案件都完全采用职权探知主义，如《日本行政案件诉讼法》第24条就规定在涉及公的利益的行政诉讼案件中，只是部分采取职权探知主义。

在日本，有学者将主张责任界定为：在民事诉讼中，当事人如果不提出于己有利的事实，就会因法院不适用与该事实相对应的法律而导致自己承受不利的裁判，这种诉讼上的不利益或危险称为主张责任；并从客观的主张责任和主观的主张责任的两个层面来对主张责任进行考察。客观的主张责任是指在辩论终结时点对主张责任进行整理之际，因某主张被遗漏而产生的责任。从司法实践的情况来看，客观主张责任往往发生在以下这种极为罕见的情形，即在法院已经就请求原因事实作出释明的前提下，当事

① ［日］高桥宏志：《民事诉讼法：制度与理论的深层分析》，林剑锋译，法律出版社2003年版，第329页。

② ［日］中村英郎：《新民事诉讼法讲义》，陈刚、林剑锋、郭美松译，法律出版社2001年版，第203页。

人仍然不响应法院释明而遗漏主张。因此，实践中，在法庭辩论终结时点，法官基于原告遗漏应当主张的请求原因事实而作出原告败诉判决时，经常会形成法院违反释明义务的后果。相较于客观主张责任的发生，主观主张责任在现实中更能体现其自身机能，主观主张责任主要解决的问题是，在诉讼的初始阶段逐步确定审理的对象以及争点时，应当让哪一方当事人提出何种事实主张的问题。①

辩论主义原则的第一项要求是，对一定法律效果作出判断所必需的要件事实必须由当事人主张，而不能由法官自行决定案件审理的对象。从这个层面来讲，辩论主义充分体现了当事人的意思自治，反映了当事人享有的诉讼权能制约法官裁判行为的内容。辩论主义和主张责任赋予了当事人形成和决定案件审理对象的权能，但同时也规定了当事人应当承担及时而恰当地提出各自主张的责任以及对没有主张或主张不恰当的后果负责任。②可见，主张责任的双重含义充分体现了当事人主义诉讼体制的内涵。主张责任的内涵也呈现主张责任所具有的行为指引功能和裁判制约功能。

1890 年制定的《日本民事诉讼法》虽贯彻了当事人主义、辩论主义和主张责任的理念，但在实践中的贯彻并不是一帆风顺的。③ 正如日本学者染野义信所说，“从职权主义向辩论主义的转变并不仅仅体现在裁判程序上的变更，这种转变还必须基于诉讼当事人的自觉，也即确立近代化的权利意识或诉讼意识来进行”，“为了创设基于这个原则之上的一系列制度，必须对国民展开长期的训练”④。事实上，日本司法研修所以及法科大学院为了推行当事人主义的民事诉讼体制和规范出发型的民事裁判方法，对法

① ［日］高桥宏志：《民事诉讼法：制度与理论的深层分析》，林剑锋译，法律出版社 2003 年版，第 431 ~433 页。

② 王亚新：《对抗与判定：日本民事诉讼的基本结构》（第 2 版），清华大学出版社 2010 年版，第 40 页。

③ 刘学在：《民事诉讼辩论原则研究》，武汉大学出版社 2007 年版，第 20 页。

④ ［日］染野义信：《转变时期的民事裁判制度》，林剑锋译，中国政法大学出版社 2004 年版，第 127 页。

科专业学生及法曹人员进行要件事实论的民法教育和培训。

三、法国民事诉讼主张责任的历史沿革

与德国、日本民事诉讼立法没有明文规定辩论主义原则不同，《法国新民事诉讼法典》对辩论主义、主张责任的内容进行了较为明确的规定。《法国新民事诉讼法典》第一章规定了诉讼案件的指导原则，诚然此章的每个条文并非都是原则，[①] 但也可以从其规定中总结出一些基本原则，如我国学者沈达明教授就将其归纳为：处分原则、对立辩论原则、讼争一成不变原则、口头与书面兼用原则、要式主义与公开原则。[②] 法国学者文森、金沙尔在著作《法国民事诉讼法要义》中将其归纳为：保障诉讼民主运作原则、有关当事人与法官各自作用的原则、与诉讼程序的特点有关的基本原则等三个原则。其中，有关当事人与法官各自作用的原则又具体细化为主动原则、处分原则、尊重辩护权利原则、对审原则以及法官不得对争议进行处分的原则。[③] 辩论主义解决的是法院与当事人之间在诉讼中的角色分配问题。《法国新民事诉讼法典》第一章第三节规定了关于事实主张与提出的指导原则：一是根据第 6 条的规定，当事人为了使自己的"诉讼请求"或"诉讼主张"得到法院的支持，应当主张和提出支持其"诉讼请求"的"事实"；二是根据第 7 条的规定，[④] 法官裁判案件应当以当事人

---

① 有学者认为《法国民事诉讼法典》的第一章第一节并非每一条都可以表述为诉讼的一项基本原则，实际上相当于我国《民事诉讼法》中关于诉讼总则的规定。参见张卫平、陈刚：《法国民事诉讼法导论》，中国政法大学出版社 1997 年版，第 100 页。

② 沈达明编著：《比较民事诉讼法初论》，中信出版社 1991 年版，第 141 ~146 页。

③ [法] 让·文森、[法] 赛尔日·金沙尔：《法国民事诉讼法要义》（上），罗结珍译，中国法制出版社 2001 年版，第 545 ~637 页。

④ 需要说明的是，该条第 2 句中所说的"事实"是指已经在辩论中出现或者说已经被当事人提出，但并没有被当事人援用以便支持其权利主张的事实。参见刘学在：《民事诉讼辩论原则研究》，武汉大学出版社 2007 年版，第 23 页。

“辩论事实”作为裁判的依据，法官不得以辩论中没有涉及的事实作为裁判依据。德、日民事诉讼法中“辩论主义”原则的内涵，则主要体现在法国民事诉讼中的“推进诉讼原则”、“处分原则”和“两造对席听审原则”之中。[①] 第2条规定的“推进诉讼原则”采取的是当事人程序进行主义，即当事人有责任按照法定的形式和期限完成相应的诉讼行为。“处分原则”则主要在系争标的的确定、诉讼程序的启动和终结以及案件审判对象的形成方面发挥作用，“处分原则”的内容主要规定在第1条、第4条以及第5条之中。在证据提出与证明问题上，第9条规定了当事人有责任就诉讼请求之胜局所必要的事实提供证据加以证明。在法律适用问题上，第12条规定“法官按照争议适用的法律规则裁判争议”，实际上遵循了“法官知法”原则的要求，即“适用法律是法官的责任”。从《新民事诉讼法典》第1条至第16条的规定（见表1－1）可得出如下结论：无论是系争标的之确定，还是案件事实的主张，抑或案件证据的提供，《新民事诉讼法典》从立法层面均作出了明文规定，并强调当事人的主导作用。尽管《新民事诉讼法典》规定了法官对诉讼程序进程的管理权，但这种“管理”更多的是一种保障，并未对当事人的主导作用和地位形成负面影响，恰恰相反，两者是相互补充，相得益彰。可以说，法国民事诉讼法采取的是“当事人主义”的诉讼体制，并且从立法上明文规定了“辩论主义原则”“主张责任”的具体内容。比较我国与法国的民事诉讼立法体例，二者在总则部分是非常相似的，几乎每个法律条文都确立一项原则或理念，尽管这些原则不能都称为民事诉讼的基本原则。

① 刘学在：《民事诉讼辩论原则研究》，武汉大学出版社2007年版，第22页。

表1-1 《法国新民事诉讼法典》中有关主张责任规定[1]

序号	《法国新民事诉讼法典》条文内容	注释
第1条	除法律另有规定之情形外，惟有当事人提起诉讼；在诉讼因判决的效力或者依据法律终止之前，当事人有停止诉讼的自由	处分原则：当事人有权启动和终结程序
第2条	当事人引导诉讼进行，承担应由其负担的责任，按照要求的形式与期限完成各项诉讼行为	当事人程序进行主义
第3条	法官保障诉讼的正常进展，有规定期限与命令各项必要措施的权力	法官对程序进程保障与管理
第4条	系争标的依诸当事人各自的诉讼请求确定；此种请求依据提起诉讼的书状以及答辩状确定；但是，在附带之诉以充分联系附属于本诉时，系争标的得以附带之诉变更	当事人对争议标的的确定及变更
第5条	法官应当对所有请求事项并且仅对所请求的事项作出裁判	裁判对象
第6条	诸当事人为支持其诉讼请求，有责任援引适于作为此种请求之依据的事实	事实提出责任
第7条	法官不得以辩论中没有涉及的事实为裁判依据。法官得考虑在辩论中的全部材料中当事人可能没有特别提出用以支持其诉讼请求的那些事实[2]	辩论主义原则
第8条	法官得要求诸当事人提供其认为对解决争议有必要的事实说明	事实说明
第9条	应当由每一当事人依法证明其诉讼请求之胜局所必要的事实	提供证据证明
第10条	法官有依职权命令采取法律允许的各种证据调查措施的权力	法官职权调查
第11条	当事人有义务协助证据调查；但当事人不予协助或拒绝协助的后果，应由法官决断； 如一方当事人持有某项证据材料，法官得应他方当事人的请求，令其提交……	证据协力义务 文书提出命令
第12条	法官按照争议适用的法律规则裁判争议……	法官知法原则
第13条	法官得要求当事人提供其认为对解决争议有必要的法律上的说明	法律说明
第14条	任何当事人，未经听取其陈述或者未经传唤，不得受到判决	听审请求权
第15条	诸当事人应在有效时间内相互告知各自的诉讼请求所依据的事实上的理由，各自提出的证据材料以及援用的法律上的理由，以便各当事人阻止防御	防御权利原则

续表

序号	《法国新民事诉讼法典》条文内容	注释
第 16 条	法官在任何情况下均应明令遵守且自行遵守两造审理原则；诸当事人援用或提出的理由、解释与文件，只有如诸当事人能够进行对席辩论者，法官始得在其裁判决定中采用之；法官事先未提请诸当事人陈述意见，不得用其依职权提出的法律上的理由作为裁判决定的依据	对席听审原则

〔1〕本书援引的法国民事诉讼法律条文均出自《法国新民事诉讼法典（附判例解释）》，罗结珍译，法律出版社 2008 年版。关于诉讼的指导原则和非讼案件的特有规则的法律条文及相关的判例解释，可具体参见该书第 4～71 页。

〔2〕需要说明的是，该条第 2 句中所说的“事实”是指已经在辩论中出现或者说已经被当事人提出，但并没有被当事人援引以便支持其权利主张的事实。参见刘学在：《民事诉讼辩论原则研究》，武汉大学出版社 2007 年版，第 23 页。

第二节　英美法系国家民事诉讼主张责任的考察

主张责任本是大陆法系民事诉讼中的概念，起源于德国帝国法院时期。如果在英美法系民事诉讼进行比较考察，大陆法系的主张责任大致相当于英美法系的诉答责任。因此，本书主要考察英美民事诉讼中诉答制度的内容，以期总结出英美法系民事诉讼中当事人事实主张和抗辩的特征和经验。

一、英国民事诉讼主张责任的历史沿革

英国民事诉讼中的诉答责任主要体现在诉讼文书中的“案情陈述”部分。所谓案情陈述（statements of case），是指诉讼中正式使用的记载请求细节、答辩、反请求、对答辩的反驳等内容的法律文书。案情陈述的目的在于确定案件的争议焦点。案情陈述具有如下功能：一是告诉对方当事人他们必须会面，避免任何一方在审理时感到突然袭击；二是明确需要解决

的争议焦点，限制需进行的调查和需准备的证据，以便节省费用和缩短审理时间；三是向负责案件管理和审判的法官提供案情的简易说明。[①] 案情陈述的各种诉讼文书都是连续送达的，先是原告送达请求细节，之后是被告提出答辩，再接着就是原告对被告答辩的反驳。接下来，重点介绍一下案情陈述的具体内容。

第一，案情陈述的总体要求。对于原告而言，请求格式只需要包括对请求性质的简明陈述，其他案情陈述应该指出请求所依据的足够的事实细节。形成诉讼的原因或答辩的所有必要成分，都应该写在案情陈述中。如果省略个别的、必要的主张，案情陈述很有可能被法官撤销。案情陈述应当包括足够的背景事实，以便首次阅读案情陈述的法官能够理解请求或答辩所依据的主要事实。此外，每一个案情陈述都应当陈述属实的声明（statement of truth）加以确认。根据《民事诉讼规则》第 32. 14（1）条的规定，如果经陈述属实的声明确认的文书中存在虚假陈述或使他人作虚假陈述的，则当事人可能被认定为藐视法庭而受到相应的处罚。

第二，原告当事人陈述的请求细节。原告向法院提交的请求细节中应当指出请求原告的诉讼原因和所请求的救济，亦即需要记载诉讼原因的主要事实和造成争议的事实，这些事实在法律上是案件所根据的诉讼原因的主要因素。此外，原告的请求细节中还应当包括所请求的救济的细节。同德日起诉状记载的事实相比较来看，英国民事诉讼中请求细节包括的诉讼原因事实和所请求救济的事实，大致相当于德日的民事实体权产生的事实和民事救济权产生的事实。

第三，被告的答辩和反请求。答辩是针对原告的请求细节而提出的主

---

① 沈达明、冀宗儒：《1999 年英国〈民事诉讼规则〉诠释》，对外经济贸易大学出版社 2015 年版，第 125 页。

张。答辩必须按照诉讼规则规定的时间和程序向法院提出。根据《民事诉讼规则》第16.5（1）条的规定，被告的答辩应当包括如下内容：一是否认原告请求细节中的哪些主张；二是对哪些主张被告无法自认或否认，但要求原告予以证明；三是被告对哪些主张予以自认。其中，被告对原告请求细节中的主张进行否认，必须用答辩中的理由加以支持。这就是大陆法系民事诉讼中的附理由否认。否认应当针对请求细节中所提出的主张的基础，不能含糊其词，法院可能把含糊其词的否认作为自认处理。任何肯定的情形，任何抗辩都必须明确地提出。答辩状必须明确地指出对请求的答辩，如已履行、时效期间届满、欺诈或违法等事项。《民事诉讼规则》第20部分对被告提出反请求作出了明确规定。反请求是被告当事人的一种防御方法。① 反请求的诉讼标的不必与原告的诉讼具有相同性质，甚至不一定是类似的。唯一的限制是，反请求的当事人应该以他们出现在本请求中的相同的资格起诉和被诉。反请求在本质上是分别的请求。反请求与本请求之间如果缺乏相互关系，则很有可能被法院撤销。被告提出的反请求应当遵守关于请求细节的有关规定。

第四，原告对被告答辩的反驳和对反请求的答辩。当被告就原告的请求细节提出答辩时，其答辩书状应当送达原告，此时，原告可以就被告的答辩提出反驳，进而缩小案件争议焦点的范围。当被告提出反请求并送达原告时，原告可以针对被告的反请求提出答辩。原告对反请求的答辩应当遵循答辩的相关规则。反请求答辩陈述的事实同样需要用陈述属实的声明加以确认。②

综上所述，1996年修改的《民事诉讼规则》对当事人的诉答责任通过

---

① 沈达明编著：《比较民事诉讼法初论》，对外经济贸易大学出版社2015年版，第40~41页。

② 沈达明、冀宗儒：《1999年英国〈民事诉讼规则〉诠释》，对外经济贸易大学出版社2015年版，第125~128页。

案情陈述的方式进行了详细的规定。在案情陈述的文书中，原告应当如何提出请求和事实主张，被告针对原告的请求细节如何提出答辩，被告如何提出反请求，原告针对被告的抗辩如何反驳以及原告如何针对被告的反请求提出答辩。案情陈述实际上就是当事人实施攻击防御方法的载体，为当事人履行诉答责任提供了顺畅的程序结构。相较于我国民事诉答书状制度，英国民事诉讼规则确立的案情陈述制度具有很多值得可供借鉴的经验。例如，在诉讼规则中明确规定请求和答辩记载的格式、内容，以及提出的时间、送达等。

二、美国民事诉讼主张责任的历史沿革

对抗制是现代英美法系民事诉讼程序的基本特征之一。以美国为例，在对抗制下，提交案件的主动权与责任主要由代表当事人的律师承担。原告律师的职能包括：分析事实与提出法律依据、提交案件、审前收集证据、提交证据、参与庭审辩论、向陪审团主张有利于原告的结论等。被告律师具有与之相对应的职能和责任。而法官则在对抗制中处于相对被动的地位，但这并不意味着法官不能在诉讼中发挥相应的职能，恰恰相反，法官与律师在案件的发展及审理过程中均发挥着重要的作用。

具体而言，法官在对抗制下的职能包括："一是监督从奉召履行陪审义务的公民中组成陪审团；二是在审理时，向陪审团陈述案件的一般性质，以及他们在决定案件事实的责任；三是在审理时作为公断人，防止律师追究无关之事或过分纠缠于某一点；四是在收到所有证据之后，对陪审团就作出裁决时所应适用的法律原则作出指示；五是在审理终结后，考虑审理过程中是否存在有失公允的错误，以致必须重新审理。"① 事实上，在

① ［美］杰弗里·C.哈泽德、［美］米歇尔·塔鲁伊：《美国民事诉讼法导论》，张茂译，中国政法大学出版社 1998 年版，第 19～21 页。关于律师与对抗制的弊端，可具体参见本书第 103～107 页。

具体的诉讼案件审理实践中，尤其是在当事人诉讼能力不平衡的情形下，法官经常会扮演更加积极的角色，诸如对证据开示程序的总体引导、审理中的积极询问以及向陪审团作出临时解释等。

在以对抗制为基石的美国民事诉讼程序中，[①] 当事人的主张和抗辩则主要体现在较为发达的诉答程序之中，“法院只对当事人主张的争点事实（要件事实）进行审理，当事人对本案争点事实的提出承担诉答责任（主张责任）”[②]。诉答程序是指“双方当事人以交换起诉状和答辩状的方法为诉讼开始以及确定争点的程序”[③]。美国联邦民事诉讼诉答程序从发展历程的角度可以区分为普通法诉答程序、法典诉答程序、通知诉答程序（简化的诉答程序）和具体化诉答程序，其中前两者是美国《联邦民事诉讼规则》制定前的诉答程序，后两者是《联邦民事诉讼规则》确立的两种诉答程序。关于美国联邦民事诉讼诉答程序的类型、各自的内容及特点可以具体参见表1－2。美国《联邦民事诉讼规则》第8条确立了诉答文书的一般规则，即对原告的救济请求、被告的抗辩、诉答文书记载要求、诉答文书的解释等内容作了具体规定，确立了通知诉答程序规则。第9条（b）项对“欺诈、错误；心理状态”的诉答作了规定，确立了具体化诉答程序规则。接下来，通知诉答程序、具体化诉答程序的内容及具体适用作以评介。

---

① 在英美法系国家，对抗性辩论原则在某种意义上被认为是民事诉讼程序的基石。该原则的内容是多方面的，但其要旨则在于，法院应当作为旁观者并等待诉讼案件提交给其审判；并且在审判过程中，法官应当受到当事人所主张的事实和法律问题的约束。在程序进行上，除了那些显然涉及公共利益的事项外，法官应当保持其次要地位。Neil Andrews，*Principles of Civil Procedure*，Sweet & Maxwell，1994，p. 28.

② 日本民事诉讼法学者小林秀之在《アメリカ民事訴訟法》一书的第151～153页，对主张责任与诉答责任进行了比较。转引自陈刚：《证明责任法研究》，中国人民大学出版社2000年版，第73页。

③ 白绿铉：《美国民事诉讼法》，经济日报出版社1998年版，第37页。

表1-2 美国民事诉讼诉答程序的发展历程

类型	具体内容	评析
普通法诉答程序	1. 形式： ①口头诉答形式+②书面诉答形式 2. 特征： ①具有争点形成功能； ②具有建基于令状制度基础上的诉讼形式； ③书面诉答文书的高度形式化和技术化； ④浪费诉讼成本、低效、迟延等不足	普通法诉答程序也被称为“争点诉答”；形式非常严格的诉讼形式经常使诉讼正义实现受阻。如损害赔偿之诉中形成的诉讼主张不允许基于允诺契约之诉而主张赔偿救济；甚至原告在提出起诉主张时选择了错误语言都不行
法典诉答程序	1. 内容： ①1848年《菲尔德法典》废除普通法诉答形式，并规定民事诉讼只有一种统一的诉答形式，强调当事人对事实的诉答。法典诉答程序要求原告诉答时应当提出构成诉因的具体事实，并将事实分为最终事实、证据事实和法律结论或结论事实，只有最终事实符合诉答要求，证据事实和结论事实都不能用来说明诉答主张 ②民事诉讼中的诉答文书：起诉主张+异议+答辩+对答辩的回复+诉答文书一般规则+诉答文书的瑕疵与修正 2. 特征 ①采用统一的法典诉讼形式；②强调对于事实的陈述 3. 不足： 由于最终事实、证据事实、法律结论或结论性事实在逻辑上难以区分，法典诉答程序同样落入形式主义的泥淖之中	因法典诉答的目标是原告应当陈述发生的事实以便法院对其正确适用法律，强调对事实的陈述，故被称为“事实诉答”；法典诉答程序本质上是事实诉答程序，仅要求诉答者提供最终事实（构成诉因的事实），而不是法律结论或结论性事实。法典诉答程序强调最终事实与证据性事实、法律结论或结论性事实的区分

续表

类型	具体内容	评析
通知诉答程序	1. 内容 ①通知诉答程序的功能仅为进行起诉主张及其依据的公平通知，它不要求原告在其起诉主张构成诉因的所有基本因素和事件的具体细节，而是仅要求原告起诉主张通知被告和法院诉讼本质所必需的充分事实即可。②原告起诉状不需详细列出支持起诉主张的具体事实。但起诉主张中必须包括关于支持依据法律理论获得救济所必要的每一个实质要点的直接主张，必须包括关于这些实质要点的证据将会在庭审阶段被引入的公平推论的主张。③批准驳回起诉动议的标准是确信原告不能证明支持起诉主张的任何事实。 2. 通知诉答程序运行的保障制度 ①证据开示制度；②简易判决制度；③审前会议制度	通知诉答程序仅具有对对方当事人和法院就诉答主张及依据提供公平通知功能。这就需要通过证据开示、简易判决和审前会议等程序设计来实现普通法诉答程序和法典诉答程序的形成争点和陈述事实的功能，并制定了违反诉答文书真实性和违反证据开示和审前会议命令的制裁措施，强化了诚信原则在民事诉讼中的贯彻
具体化诉答程序	1. 内容 《联邦民事诉讼规则》第9条（b）款："对欺诈或误解提出的事实主张，应详细地陈述构成欺诈和误解的情节。但对于人的恶意、故意、认知以及人的其他心理状况，可以概括性地主张。" 2. 具体化诉答程序产生的原因 ①保护无故被告的名声；②防止无价值或突袭性诉讼；③对于已完成交易的抗辩；④为对方当事人提供准备回应性诉答的充分通知	起诉状应当是简单、明了的，是对被告进行原告起诉主张及其依据的一种公平通知。在欺诈或误解的情形，适用特殊规则，要求对构成欺诈、误解的具体情形进行具体化陈述

资料来源：美国联邦民事诉讼中普通法诉答程序、法典诉答程序、通知诉答程序、具体化诉答程序的具体内容，参见张海燕：《美国联邦民事诉答程序制度研究》，中国政法大学出版社2012年版，第12页、第25页、第42页、第85页。

（一）通知诉答程序

根据《联邦民事诉讼规则》第9条（a）款的规定，原告的救济请求诉答文书的内容："（1）简明地陈述该法院管辖权的依据，但法院已经具有管辖权并且该请求不需要新的管辖权依据支持的除外；（2）简明地陈述表明诉答者有权获得请求的救济；（3）诉答者所要求的救济判决的请求。可要求可选择的或有几种不同形式的救济。”针对原告起诉状的事实，被告在答辩状中并不需要提出比原告在起诉状中更为详尽的事实经过，但必须对某一主张作出承认或否认的明确表示。[①] 根据第 9 条（b）款第（1）项的规定，总体的抗辩要求是：“（A）以简短明确的措辞对对方当事人提出的每一个请求作出抗辩；并且（B）自认或者否认对方当事人的事实主张。”第 9 条第（b）款第（2）、（3）、（4）、（5）、（6）项对否认的概念、否认的类型、对部分事实主张的否认、对事实的不知以及不否认的法律效果作了明晰的规定。此外，第 9 条第（c）款进一步明确了积极抗辩的规则，即在对先行诉答文书提出诉答时，当事人应当积极提出如下抗辩：“合意和偿还；仲裁和仲裁裁决；风险承担；共同过失；破产免责；强迫；禁止反悔；缺乏对价；欺诈；违法；共同受雇人的伤害；对权利行使的迟延；许可；支付；免除义务；既判力；欺诈防止法；诉讼时效法；放弃权利。”不仅如此，第 9 条第（d）、（e）款对诉答文书的记载以及解释作了规定。在诉答文书的记载要求上，第 9 条第（d）款第（1）项要求“诉答文书中的每一项事实主张应当简单、明确和直接”。在诉答文书的解释问题上，第 9 条第（e）款要求“对所有诉答文书的解释，应有利于实现实体正义”。

为了保障通知诉答程序的有效运行，《联邦民事诉讼规则》第 11 条规定了诉答文书、申请书及其他文件的签名、文书内容的真实性以及违反文书真实性要求的制裁措施。作出这样的要求，在很大程度上是基于对“轻率诉讼”的规制。第 11 条第（b）款规定，律师或未由律师代理的当事人向法院提交诉答文书时应当满足真实性要求，向法院提交文书时应当证明是在经过合理调查并尽可能以其本人的知识、信息及信念的情况下作出

① 李响：《美国民事诉讼法的制度、案例与材料》，中国政法大学出版社 2006 年版，第 241 页。

的，同时应当确认如下事项：“（1）提出文书的目的并非为了骚扰他人、不必要地拖延诉讼或者增加无谓的诉讼费用等不正当目的；（2）在文书里所包含的请求、抗辩及其他法律主张，应当依据现行法律或依据对现行法的扩展、修改或变更或对新的法律的创制的严肃的争论而作出；（3）事实和其他事实论点应有证据支持，后者特别声明，如给予其进一步调查或发现的合理机会可能获得证据支持；（4）对事实论点的否认是基于证据，或者特别声明，其对事实论点的否认，是基于以不知情或缺乏信任为由的合理基础之上。”如果当事人及其律师违反诉答文书、申请书及其他文件的真实性要求而提起无价值诉讼时，原告或其律师将会被判令强制承担被告所产生的费用的经济制裁，此处的费用包括被告在答辩中产生的费用和律师费用。可见，《联邦民事诉讼规则》第9条的规定对原告主张和被告抗辩的诉讼行为确立了明确的指引。

（二）具体化诉答程序

具体化诉答是通知诉答程序的特殊情形，两者是《联邦民事诉讼规则》确立的相互补充、相互关联的诉答途径。现代通知诉答程序的主要目标是原告对被告和法院就其案件起诉主张及其依据进行公平通知，不同于普通法诉答程序、法典诉答程序的争点形成和事实展示功能。因此，通知诉答程序并不要求“原告在起诉状中详细列出起诉主张的具体事实”，但这不代表原告起诉不需要满足法律上的充分性。恰恰相反，通知诉答程序也要求原告起诉需要满足法律上的充分性，即“对支持起诉主张的条件、发生和事件进行陈述；起诉状必须包括关于支持依据法律理论获得救济所必要的每一个实质要点的直接主张，也必须包括关于这些实质要点的证据将会在庭审阶段被引入的公平推论的主张”①。通知诉答程序对诉答文书或申请书没有专门的格式

① 张海燕：《美国联邦民事诉答程序制度研究》，中国政法大学出版社2012年版，第59~60页。

要求，诉答书状记载的事实不区分最终事实、证据事实和法律结论或结论性事实，在一定程度上减轻了当事人及其律师的负担。可以说，通知诉答程序是一种比较自由、灵活的诉辩制度。为了保护无辜被告的名声、防止无价值或者突袭性诉讼、对于已完成交易的抗辩以及为对方当事人提供准备回应性诉答的充分通知，[①]《联邦民事诉讼规则》第9条第（b）款确立了具体化诉答规则，即“对欺诈或误解提出的事实主张，应详细地陈述构成欺诈和误解的情节”。据此，《联邦民事诉讼规则》就确立了通知诉答程序为原则、具体化诉答程序为例外情形的诉答程序体系。值得注意的是，此处的“欺诈、误解”是指“欺诈或误解的具体情形”，而不是“欺诈或误解的构成要素”，法院认为原告应当主张欺诈侵权的具体构成要素的观点是不恰当的。在理解具体化诉答程序中的“欺诈或误解”概念时不能受到法典诉答程序要求陈述诉讼主张的基本事实构成要素的影响。尽管具体化诉答程序要求在“欺诈或误解”的情形下，应当提供更多的事实性细节。但当事人对于人的恶意、故意、认知以及人的其他心理状况，可以概括性主张。这是因为对被告心理状态的具体化诉答要求是难以运行的。

第三节　两大法系民事诉讼主张责任的发展趋势

一、两大法系国家主张责任的比较

正如刘学在教授所言：“从各国民事诉讼法的规定来看，辩论原则并不一定表现为严格意义上的法律条文，在立法体例上讲，它包括特定法律体制下长期的司法活动所认可的辩论原则以及学者们对特定民事诉讼体制

① 张海燕：《美国联邦民事诉答程序制度研究》，中国政法大学出版社2012年版，第52页。

进行归纳、抽象出来的辩论原则。事实上，大多数国家的民事诉讼法都是将辩论原则的内容和精神隐含于具体的民事诉讼规则、程序和制度之中，而非明确规定所谓的‘辩论原则’条款。”① 作为辩论主义内涵之一，主张责任在立法体例上同样体现为两种：一种是以法国为代表的在立法中明确规定的立法体例；另一种是并未在立法中明文规定的立法体例，这也是大多数国家所采取的。本书将这两种立法体例归纳为“显性规定”和“隐性规定”。所谓“隐性规定”，是指虽未在立法条文中明确规定，但主张责任的精神和理念则体现在民事诉讼的一系列规则、程序、制度等内容中。用学者的话来讲，辩论原则、主张责任是民事诉讼中一条不言自明的原理。

通过对两大法系国家民事诉讼主张责任的历史沿革及发展进行考察，可以总结出以下几点内容。大陆法系的主张责任大致相当于英美法系的诉答责任。主张责任在各国民事诉讼中对规制当事人的事实主张活动发挥着重要的作用。主张责任本质上是规制当事人事实主张行为的规则。

（一）大陆法系国家民事诉讼主张责任的特点

主张责任在德国日本立法中并没有明确规定，而是作为一项不言自明的公理存在于民事诉讼中，并指导民事诉讼当事人的事实主张活动。主张责任仅仅适用于采行辩论主义的诉讼程序，并不适用于采行职权探知主义的诉讼程序。为了真正践行主张责任，立法和相关判例还确立了诚实信用原则、当事人的真实义务、诉讼促进义务和具体化义务以及攻击防御方法的适时提出义务，完善了法官的释明机制。可见，主张责任在德日大陆民事诉讼中不仅停留在公理或理论层面，更有具体的制度和规则予以贯彻和落实。与德国、日本的立法例不同，《法国新民事诉讼法典》第6条至第8条对当事人事实主张问题进行了明确规定，可以说是少有的在立法中明确

---

① 刘学在：《民事诉讼辩论原则研究》，武汉大学出版社2007年版，第19页。

规定主张责任的国家。法国作出明确规定的立法例，对我国确立约束性辩论原则、真正构建当事人主义的诉讼体制具有重要的借鉴意义。

（二）英美法系国家民事诉讼诉答责任的特征

英国民事诉讼中的诉答责任主要体现在“案情陈述”制度中。“案情陈述”制度对当事人如何在诉讼中提出诉讼请求、权利主张、事实主张等诉讼资料和证据资料作出了明确的规定，为当事人展开攻击与防御提供了平台，当事人履行诉答责任提供了顺畅的程序结构。其对我国的书状制度，比如民事书状的记载事项、格式、标准等都有借鉴意义，有利于为当事人履行主张责任搭建良好的平台。在以对抗制为基础的美国民事诉讼中，广泛的律师代理制度和发达的民事诉讼诉答程序为当事人履行诉答责任提供了良好的条件。《联邦民事诉讼规则》第 8 条确立了诉答文书规则，对原告的诉讼请求、被告的抗辩、诉答文书的记载要求、诉答文书的解释等内容进行了详细的规定。

二、民事诉讼主张责任的核心命题

一直以来，主张责任理论并未得到应有的重视。实际上，主张责任与民事诉讼中的诸多理论和制度密切相关，如证明责任理论、摸索证明、诚实信用原则、禁反言制度、当事人陈述制度、事案解明义务、真实义务、具体化义务、诉讼促进义务以及攻击防御方法的适时提出义务等。今后，有关主张责任的核心课题有二：一是要加强主张责任的理论研究，充实主张责任的法理，厘清主张责任与证明责任的关系，重塑主张责任在民事诉讼中的重要地位；二是要建立健全主张责任相关的具体制度，塑造主张责任自身的规则体系，构建现代民事诉讼的义务体系，完善主张责任的保障机制等。

第二章　主张责任的法理基础

主张责任是辩论主义的核心命题之一，其自身具有一套自成体系的理论。民事诉讼主张责任的法理，不仅包括基础法理，还包括主张责任的适用对象、主张责任的分配原理、行为主张责任的履行和结果主张责任的发生等内容。此部分重点讨论主张责任的基础法理，即主要讨论主张责任的内涵与外延、主张责任的历史沿革、主张责任的功能与根据，以及主张责任在我国民事诉讼中的定位等。

第一节　主张责任的概念

在界定主张责任的概念时，首先需要厘清主张的概念与类型。在诉讼法学上，主张是一个非常重要的概念，同时也是一个容易混淆的概念，比如主张与诉、诉之声明、诉讼标的、诉讼请求以及当事人的陈述等概念的区别。

一、主张与主张责任的概念

（一）主张的概念

主张责任概念的核心在于主张。“主张”不仅是学术用语，而且也是立法与司法实践经常使用的概念。但“主张”的内涵与外延在理论上并未达成共识，给立法和司法实践带来了困扰。通过查询辞典，可以发现“主张”具有三种不同的使用语境，即广义的语言学背景、法学语境以及诉讼法学语境。语言学背景下的“主张”是指意见或见解及其坚持意见的行为等；法学语境下的“主张”是指法律主体所持有的某种意思表示及其向特定对象作出意思表示的法律行为；诉讼法语境下的“主张”是指某项诉讼行为或诉讼制度，具有特定的内容且能发生一定的法律效果。本书则是在诉讼法语境下讨论主张和主张责任的，认为主张是诉讼法上的专业术语，具有特定的内涵。

刑事诉讼法学者认为“主张就是刑事诉讼主体在刑事诉讼中所提出的请求、意见、声明、见解、看法的总称，反映的是诉讼主体的立场、对待诉讼的态度和主观目的预期”①。近年来，我国民事诉讼法学者对“主张”进行了应有的关注，对主张进行了较为体系化的研究。例如，暨南大学的闫庆霞副教授以“当事人民事诉讼主张研究”为题，对民事诉讼当事人的权利主张及其论证、事实主张及其证明进行了专门研究，并在书中将民事诉讼主张定义为“民事诉讼当事人提出的能够产生诉讼法律效果并形成法院实体裁判基础的陈述，其外延包括权利主张和事实主张”②。

武汉大学刘丹博士以“民事诉讼主张研究”为题，对民事诉讼主张的概念、类型、客体、规则等基础理论以及立法条文进行了系统性梳理，构建了较为完整的民事诉讼主张制度体系。刘丹博士认为“民事诉讼主张是指在民事诉讼过程中，当事人就与胜诉理由有关，可能影响裁判结果的各项事实、权利的存在与否以及法的观点，向法院表达，要求其采用并产生

---

① 梁玉霞：《刑事诉讼主张及其证明理论》，法律出版社2007年版，第5页。

② 闫庆霞：《当事人民事诉讼主张研究》，法律出版社2013年版，第17～19页。

诉讼上的法律效果的行为，也指该行为表达的内容和观点。”① 民事诉讼法学者已就主张包含事实主张和权利主张达成共识，正如德国学者罗森贝克教授所言：“主张是指由原告以诉讼请求提出的权利主张或被告提出的该请求不合法或不正当的权利主张，以及由负有证明责任的当事人提出的事实主张的总称。”② 实际上，关于主张外延的分歧在于主张是否包括法的观点主张。

笔者认为，民事诉讼主张不仅包括事实主张和权利主张，而且应当包括法的观点。理由如下：一是从当事人向法院寻求救济的内容来看，当事人除了主张权利和相关的事实，还应当就支持自己诉讼请求的法的观点加以阐述，从当事人的诉讼行为来看，权利、事实和法的观点无法割裂，共同构成主张的内涵；二是从生活纠纷事实转换为法律事实的过程中，法律评价中自然包括法的观点；三是虽然从法官知法原则出发，当事人关于法的观点的主张对法官并不具有强制的拘束力，但从民事诉讼法学的发展来看，防止突袭裁判理念、法律观点指出义务或法讨论义务等理论和制度兴起，当事人主张中的法观点越来越引起法官的重视。此外，法观点的主张有助于法官形成心证，作出公正的裁判结论。在民事诉讼法上，当事人陈述、声明、诉、诉讼标的以及诉讼请求与主张容易混淆，有必要加以厘清。

第一，主张与当事人陈述之间的关系。民事诉讼中的当事人陈述可以分为涉及“主张”的当事人陈述与涉及“事实”当事人陈述。涉及“主张”的陈述是指当事人围绕权利存在与否的“请求”层面的陈述，包括攻击型与防御型主张的陈述；涉及“事实”的陈述可以分为关于权利存在与

---

① 刘丹：《民事诉讼主张研究》，武汉大学2016年博士学位论文，第10页。

② ［德］罗森贝克、［德］施瓦布、［德］戈特瓦尔德：《德国民事诉讼法》（上），李大雪译，中国法制出版社2007年版，第432～433页。

否的要件事实或主要事实的陈述以及关于间接事实、辅助事实的陈述。[①] 而主张分为权利主张、事实主张和法的观点的主张。通常，权利主张与涉及“主张”的当事人陈述相对应，而涉及“事实”层面的当事人陈述与事实主张相对应。不难发现，主张与陈述有重合的部分。但是值得注意的是，主张责任中的主张的范围明显小于当事人陈述的范畴，仅仅是当事人关于要件事实的陈述。我国学者邵明教授认为当事人陈述有广义和狭义之分，广义的当事人陈述包括当事人对案件事实、诉讼请求和诉讼标的之主张或陈述，狭义的当事人陈述是指当事人对案件事实的主张或陈述。基于此，就将主张责任等同于陈述责任。[②] 当然，将主张责任与陈述责任等同的前提在于当事人主张或陈述的是要件事实或主要事实。实际上，在德国民事诉讼法上，“主张”和“陈述”在表达上有相通之处。德国学者尧厄尼希教授在《民事诉讼法》教科书中也将主张责任（Behauptungslast）等同于陈述责任（Darlegungslast）。[③]

第二，主张与声明之间的关系。声明是指当事人向法院提出的要求其为一定行为的意思表示。[④] 民事诉讼法上的声明包括诉之声明和证据声明两种。诉之声明是大陆法系国家及地区民事诉讼中的概念，是指当事人在自己的权利受到侵害时，向法院作出的有利于自己的判决声明。[⑤] 实体法上的权利主张是当事人诉之声明的基础，而诉之声明是当事人实现实体权利主张的方式和途径。主张与诉之声明的区别在于，诉之声明是当事人向法院寻求司法救济的具体形式和方式，而主张除了包括作为诉之声明基础

① 王亚新、陈杭平：《论作为证据的当事人陈述》，载《政法论坛（中国政法大学学报）》2006 年第 6 期。

② 邵明：《我国民事诉讼当事人陈述制度之“治”——从民事诉讼证明的角度分析》，载《中外法学》2009 年第 2 期。

③ ［德］奥特玛・尧厄尼希：《民事诉讼法》，周翠译，法律出版社 2003 年版，第 267 页。

④ 王甲乙、杨建华、郑建才：《新民事诉讼法》（上），台北，三民书局 2005 年版，第 109 页。

⑤ 田平安：《民事诉讼法学研究》，高等教育出版社 2008 年版，第 31 页。

的权利主张之外，还包括事实主张和法的观点的主张。证据声明是指当事人要求为证据调查之声明。[①] 具体而言，证据声明是指当事人为证明其所主张的事实而申请法院就特定的证据方法进行调查的诉讼行为。证据声明和主张均是当事人攻击防御的方法，并且证据声明的功能之一就是使事实主张特定化，但是两者功能不同，发生的时间也不同。[②]

第三，主张与诉、诉讼标的、诉讼请求之间的关系。“诉是指当事人向法院提出的，请求特定法院就特定的法律主张或权利主张（诉讼上的请求）进行裁判的诉讼行为。”[③] 诉是原告向法院提出的裁判请求，目的是请求法院对自己受损的权益予以司法救济。一般认为，诉的构成要素包括：一是诉的主体，即当事人。二是诉讼标的与诉讼请求。需要说明的是，诉讼标的与诉讼请求共同构成诉的客体或诉讼对象。诉讼标的是指民事诉讼当事人之间争议的请求法院审判的民事实体法律关系或民事实体权利，它是民事诉讼的核心和法院裁判的对象。而诉讼请求有广义和狭义之分，广义的诉讼请求包括诉讼标的和诉讼请求，狭义的诉讼请求是指原告请求法院审判的以诉讼标的为基础的具体实体请求，包含具体的审判请求和实体请求。[④] 三是案件事实。我国传统的民事诉讼理论笼统地将诉的理由作为

---

① 姚瑞光：《民事诉讼法论》，中国政法大学出版社 2011 年版，第 300 页。

② 证据声明是采行辩论主义方式运作民事诉讼的必然要求。在辩论主义之下，法院原则上不能依职权进行证据调查，须经过当事人的申请才能进行。通常，证据声明应当满足一定的条件：一是证据声明须使应证明的事实特定化（未特定证明主题的证据声明在学理上称为摸索证明或探知证明）；二是证据声明须具体说明要求法院进行证据调查的证据方法（为了避免侵害对方当事人的防御权以实现适切、迅速地进行证据调查的目的）。关于证据声明的条件、时期以及法院对证据声明采纳与否的判断，可具体参见占善刚：《证据协力义务之比较法研究》，中国社会科学出版社 2009 年版，第 29 页。

③ 张卫平：《民事诉讼法》，法律出版社 2016 年版，第 185 页。

④ 邵明：《现代民事诉讼基础理论：以现代正当程序和现代诉讼观为研究视角》，法律出版社 2011 年版，第 169 ~171 页。

诉的构成要素之一。[①] 实际上诉的理由包括当事人提起诉讼和进行诉讼的事实上和法律上的根据，前者是指案件事实根据，后者是指法律依据。[②] 实际上，受到当事人负责事实、法官负责法律原则（法官知法原则）的影响，发现法律和适用法律是法官的职责，当事人在诉状中提供的法律依据并不必然拘束法官。基于此，支持诉讼标的或诉讼请求的实体法依据并不必然成为诉的构成要素。主张与诉、诉讼标的、诉讼请求的关系体现为：权利主张主要体现在诉讼标的和诉讼请求之中，事实主张主要体现在案件事实之中，而法的观点主要体现在法律依据之中。

（二）主张责任的概念

关于主张责任的概念，日本学者认为“所谓主张责任，是指在口头辩论中，因为当事人没有主张某要件事实致使该法官认定该事实存在，从而导致法官不认可以该要件事实为前提的法律效果而产生的不利益或者风险”[③]。该学说在日本为通说。[④] 在德国，主张责任（Behauptungslast）也被称为阐述责任、辩论责任、证实责任、说明责任、引证责任或提出责任。值得注意的是，上述概念的内涵并非完全相同。德国学者普维庭认为：“主张责任指的是，当事人必须提出确切具体的事实主张，以此来说服法官承认当事人所期望的法律后果的小前提（要件事实）。”[⑤] 德国学者穆泽拉克认为：“如果当事人没有就于己有利的主要事实或要件事实加以主张，则法院不会适用相应的法律规范，当事人会因此受到不利裁判。此

---

① 柴发帮：《民事诉讼法学》，北京大学出版社 1998 年版，第 30 页。

② 王福华：《民事诉讼法学》，清华大学出版社 2015 年版，第 171 ~172 页。

③ ［日］伊藤滋夫：《要件事实的基础》，许可、小林正宏译，法律出版社 2022 年版，第 138 页。

④ ［日］高桥宏志：《民事诉讼法——制度与理论的深层分析》，林剑锋译，法律出版社 2003 年版，第 431 页。

⑤ ［德］汉斯·普维庭：《现代证明责任问题》，吴越译，法律出版社 2006 年版，第 67 ~68 页。

种不利益或者危险即所谓的主张责任。”[①] 我国学者李浩教授认为，主张责任是指“当事人对应当由自己主张的要件事实若不加以主张，便有受法院不利判断的危险”[②]。

从上述学者关于主张责任概念的界定来看，主张责任的内涵主要包括：第一，当事人应当就于己有利的要件事实加以主张，这种主张是行为意义上的主张，即当事人在诉讼过程中就要件事实应当适时加以主张，以此说服法官承认当事人所期望的法律后果的小前提。第二，当事人向法院提起诉讼的目的是实现自己的诉讼请求，通过提出案件有关的要件事实，从而发生以该要件事实为前提的法律效果。当当事人应当就于己有利的要件事实加以主张而未主张时，法院则不会适用相关的法律规范，这样便不会发生如当事人预期的法律效果，由此带来的不利益或风险将会由负主张责任的当事人承担，这就是结果意义上的主张责任。第三，主张责任的第三层含义是指禁止法院以未经当事人主张、辩论的要件事实作为裁判的基础。因主张责任是辩论主义第一命题的逻辑产物和反向推论，故此层含义是辩论主义第一命题的必然要求。辩论主义第一命题的要义是“指直接决定法律效果发生或消灭的要件事实，只有在当事人的辩论中出现才能作为法院裁判的基础，法院不得将当事人没有主张的事实作为裁判的基础”[③]。

从主张责任的三层含义来看，主张责任理论还应当解决以下几个问题：首先，当事人没有向法院提供足够的事实主张时，法官应当如何裁判案件，这是对法官的要求；其次，负有主张责任的一方当事人至少应当主张多少事实，应当在何时提出主张，才能避免遭受不利益或风险，这是对当事人的要求；最后，既然主张责任适用的是要件事实，那么负有主张责

① ［德］汉斯－约阿希姆·穆泽拉克：《德国民事诉讼法基础教程》，周翠译，中国政法大学出版社2005年版，第242页。

② 李浩：《民事证明责任研究》，法律出版社2003年版，第35页。

③ 张卫平：《我国民事诉讼辩论原则重述》，载《法学研究》1996年第6期。

任的当事人是否无须就对方当事人承担主张责任的要件事实或间接事实加以主张，如果就对方当事人负主张责任的要件事实加以主张，将会发生怎样的法律效果。

上述问题主要涉及以下问题：主张责任的根据是什么？主张责任与法官职权主义、当事人主义之间的关系如何？主张责任的适用对象是什么？主张以何种方式提出？主张应在何时提出？主张的法律效果如何？主张责任的类型如何划分？主张责任在当事人之间如何分配？主张共通性原则的具体含义是什么？主张责任如何具体化？主张责任履行的保障制度和具体规则如何设置？对于当事人的不当主张应当如何补救？主张责任与证明责任的关系如何？主张责任在整个民事诉讼中如何定位？主张责任的性质如何分析？

这些问题都应当是主张责任理论研究的重要内容，这就给我们布置了两大任务：一方面要塑造主张责任的内部结构，充实主张责任的基本法理，使人们全面认识主张责任的面向；另一方面要厘清主张责任的外部关系，重新审视主张责任与证明责任的关系，发挥主张责任在要件事实裁判方法中的重要作用，从主张责任的视角反思诉讼行为理论和民事诉讼体制发展的方向。

二、主张责任与相关范畴的关系

（一）主张责任与诉讼标的、诉讼请求的关系

诉讼标的理论是民事诉讼模式理论向当事人主义，尤其是其中的辩论主义迈进的重要工具。事实调查的边界范围的廓清需要依靠诉讼标的。[①]辩论主义强调法院认定的事实必须来自当事人的辩论。但如果不明确哪些

---

① 刘哲玮：《论民事诉讼模式理论的方法论意义及其运用》，载《当代法学》2016 年第 3 期。

事实属于审判所需要的事实，则不仅当事人无法有效地履行其主张责任，法院也难免自觉地逾越辩论主义的边界。事实边界与诉讼标的确定息息相关，且可能因为诉讼标的的认定方式的不同而产生明显差异：如果采取实体法说，则诉讼标的是原告主张的法律关系或权利，而这些法律关系或权利的确定有效均有待相关事实予以支撑，因此当事人需要主张和辩论的事实以及法官需要审理的事实，都应只限于具有实体法可评价的事实，而非案件的全部生活事实，否则可能影响诉讼的效率，对于法官的审判也会形成干扰。①

如果采诉讼法说，则诉讼标的是原告的诉的声明与其主张的原因事实，原告应当尽量多地提供生活事实，再由法官从中挑选整理出可能存在的实体权利予以全面审理，以实现纠纷的一次性解决。不难看出，在实体法说下，法官恪守古典的辩论主义具有现实可能性，当事人需要对其主张的证据、事实和法定的权利主张全面负责，三者一以贯之，逻辑完整。相反，在诉讼法说下，辩论主义就将面临较大的修正压力：由于当事人摆脱了法律评价的职责，当事人提供的事实和证据是否能够满足法官评价案件的需要，会因为主体的不一致产生天然的困难，在当事人提供的生活事实尚有欠缺时，为了追求纠纷的正确解决，法官对事实探知的压力自然会增加。②

德国理论通说虽然采诉讼法说，但由于有强制律师代理制度，由律师帮助当事人确定事实的提供，事实提供者和法律适用者分离的矛盾并不突出。但在我国，追求实质正义的司法观念和强调纠纷解决的诉讼目的都对古典辩论主义构成挑战，在此情境下如果能通过诉讼标的的确定，准确定位法院审查事实的范围，将有助于推动辩论主义和诉讼模式理论在我国司

---

① 许可：《当事人主义诉讼体制下法官审判方法的基础》，载《国际关系学院学报》2008 年第 1 期。

② 熊跃敏：《辩论主义：源流与变迁》，载《现代法学》2007 年第 2 期。

法实务中的接受度。

（二）主张责任与证明责任的关系

第一，证明责任概念的“提纯”。证明责任理论是法律适用理论非常重要的组成部分。证明责任理论由证明责任的概念论和证明责任分配论构成。其中，证明责任概念论和本质论是研究证明责任的起点，直接关系到证明责任在理论上的探讨和实践中运用。证明责任概念本身存在含混不清，用语混乱、不统一的问题，比如使用“举证责任”① “举证证明责任”②“证明责任”③ “双重含义的举证责任”④ 等术语。因此，有必要对证明责任概念进行厘清和“提纯”。

根据德国学者罗森贝克教授的界定，证明责任有两层含义：第一层含义是指一方当事人为了避免败诉，通过自己的行为对有争议的事实加以证明的责任，此种责任称为举证责任（Beweisfuehnengslast）；第二层含义是指不考虑负有证明责任的当事人的任何证明活动，只考虑诉讼活动的结果，以及重要事实的不准确性，此种责任称为确认责任（Feststellungslast）。对此，也有学者将其称为主观的（形式的）证明责任和客观的（实体的）证明责任。⑤

德国另一位研究证明责任的学者普维庭教授，对证明责任的概念及其

---

① 如我国《民法典》第1230条、2001年制定发布的《最高人民法院关于民事诉讼证据的若干规定》等司法解释均使用“举证责任”概念。

② 比如2015年制定发布的《最高人民法院关于适用〈中华人民共和国民事诉讼法〉的解释》第91条就创造性地使用了“举证证明责任”概念。

③ 在我国的民事诉讼中，通常使用“证明责任”来指称证明责任制度，将当事人承担的提供证据的责任称为“举证责任”，以此来区分证明责任和举证责任的概念。

④ 双重含义的举证责任是将其分为行为意义上的举证责任和结果意义上的举证责任，其中，行为意义上的举证责任对应主观的证明责任，而结果意义上的举证责任对应客观的证明责任。

⑤ ［德］莱奥·罗森贝克：《证明责任论——以德国民法典和民事诉讼法典为基础撰写》，庄敬华译，法律出版社2001年版，第16～18页。

种类进行了阐释和分析。普维庭教授对主观和客观的证明责任、抽象与具体的证明责任、本证证明责任和反证证明责任进行了界别。人们对主观证明责任和客观证明责任的认识已取得共识，这一点可以从各国引进证明责任理论的实践得到佐证。值得讨论的是主观证明责任与抽象具体证明责任的结合的概念界分，正如普维庭教授所说“主观证明责任的双重含义被忽略了，因而必然导致误解”①。

普维庭教授还将主观证明责任具体分为主观抽象证明责任和具体的证明提供责任。至此，传统“双重含义”上的证明责任包括客观证明责任和主观证明责任，主观证明责任包括主观抽象证明责任和主观具体证明责任。其中，客观证明责任本质上是案件事实真伪不明时由一方当事人承担的一种不利裁判风险。主观抽象的证明责任是指提出权利主张的一方当事人为了避免出现事实真伪不明而导致产生客观证明责任所承受的一种行为负担责任。② 主观具体证明责任的含义与普维庭教授使用的具体的证明提供责任相同，也就是在诉讼过程中提供具体的证据资料的责任。主观具体的证明责任规制的是当事人的具体的诉讼证明活动，与客观证明责任以及主观抽象的证明责任具有不同的品性，后者则游离于具体的诉讼过程之外，完全独立于具体的诉讼活动而存在。然而，无论是理论探讨还是司法实践中，证明责任项下的概念经常被混用，困扰着证明责任理论的发展，尤其是给证明责任分配原则和规则形成冲击。

因此，我国学者胡学军教授认为，主观证明责任与客观证明责任分工不明、相互竞争，导致概念内部不协调，事实裁判理由可在两者之间随意取舍，存在相当的不确定性；加之内涵模糊，容易引起混淆，将主观证明责任，尤其是主观具体证明责任作为证明责任的组成部分必然引

① ［德］汉斯·普维庭：《现代证明责任问题》，吴越译，法律出版社2006年版，第9～20页。

② 胡学军：《具体举证责任论》，法律出版社2014年版，第67页。

起证明责任作为一个整体概念的性格分裂，并导致其分配标准与分配规范模糊不清的现象，应将主张主观具体的证明责任剔除出证明责任的范畴，也就是将证明责任中提供具体证据这一层含义独立出来，将辩论主义下的提供证据责任与证明责任制度“联姻”，从而形成新的概念，即“具体举证责任”。“提纯”后的证明责任仅指原来的客观证明责任，将其与主观证明责任中的主观抽象证明责任一起形成“抽象证明责任”概念的内涵。这就形成抽象证明责任与具体证明责任“二元分立”的模式概念体系构造。①

对此，笔者也非常赞同上述的概念“纯化”，理由包括以下两个方面：一方面，将传统主观证明责任中的主观抽象证明责任“提纯”，融入抽象证明责任概念之中，符合事实与法律的二元划分，能够较好地实现各自的功能区分，即抽象证明责任针对法律适用问题，属于实体法范畴，具体举证责任针对事实认定问题，属于程序法范畴；另一方面，将主观证明责任中提供证据责任的含义分离出来，能够确保抽象证明责任的确定性，尤其是证明责任分配原则和规则的稳定性和可预测性。此外，具体举证责任概念的提出正是在证明责任双重含义理论共识的基础上发展的，具体举证责任并非对双重含义证明责任的背离，恰恰相反，是证明责任论在我国语境下的必要补充。并且，坚持证明责任对应法律问题和具体举证责任对应事实问题的二元结构，能够实现正确分配诉讼风险前提下对“证明难”和恣意事实认定的克服。②

第二，主张责任与证明责任的关系。在讨论主张责任与证明责任的关系之前，需要交代的是此处讨论的证明责任与传统意义上的证明责任概念

① 胡学军：《具体举证责任论》，法律出版社2014年版，第62～66页。

② 任重：《论中国“现代”证明责任问题——兼评德国理论的新进展》，载《当代法学》2017年第5期。

不同。正如前述，此处的证明责任包括传统的客观证明责任和主观抽象证明责任两层含义。主观抽象的证明责任在原则上总是符合客观证明责任的，在诉讼之前不过是客观证明责任在特定层面上的反射或投影，因此，主观抽象证明责任的性格与客观证明责任更为密切。[①] 总体而言，此处的证明责任主要是指案件事实真伪不明时当事人需要承担的败诉风险或不利益。关于主张责任与证明责任的关系，德国学者罗森贝克教授曾说："主张责任和证明责任并非两个不同的问题，而是一个问题的两个方面。"[②] 可见，罗森贝克教授是将主张、证明责任作为一个体系概念进行使用的。

理论界对主张责任与证明责任的关系有不同的认识，归纳起来，主要有"紧密勾连说"、"互不相干说"和"折中说"三种见解。"紧密勾连说"认为主张责任和证明责任在规制对象和责任承担方面，原则上都具有一致性。该说为日本实务界的通说，被日本司法研修所的培训教材采用，即无论是主张责任的分配依从证明责任的分配，还是说主张责任是证明责任通过辩论主义过滤后在主张层面的投影，主张责任的分配基础只能是规定该当法律效果发生要件的实体法。主张责任和证明责任都是由因发生法律效果而受益的当事人承担。[③]"互不相干说"认为主张责任与证明责任两者具有完全不同的法理。该说主要是从两者的根据、作用、适用的诉讼体制以及分配依据和范围不同进行论证的。"折中说"认为就规制对象事实以及承担责任的主体而言，两者原则上是一致的。但在根据和范围问题上也存在不一致的情形。

为了深入探究主张责任与证明责任的关系，我国学者段文波教授详细

---

① 毕玉谦：《关于主观证明责任的界定与基本范畴研究》，载《西南政法大学学报》2008 年第 3 期。

② ［德］莱奥·罗森贝克：《证明责任论——以德国民法典和民事诉讼法典为基础撰写》，庄敬华译，中国法制出版社 2002 年版，第 51 页。

③ ［日］日本司法研修所编『民事訴訟における要件事実（第一巻）』（财团法人法曹会，1985 年）200～201 頁。

比较了主张责任的相同点和不同点。在相同点上，主要体现在以下三个方面。一是规制对象上。两者的规制对象均是限定于要件事实。二是法律属性方面。两者均为当事人所承担的一种诉讼上不利益或负担，而非义务或责任。三是分配基准上。无论哪种学说，都承认主张责任和证明责任在分配基准上的高度一致性。在不同点上，主要体现在根据和机能上。首先，两者在根据上不同，证明责任的法理根据在于确保国民接受裁判的宪法权利，也就是法院不得拒绝裁判的法理；而主张责任的根据在于辩论主义。其次，在机能方面，证明责任解决的问题是案件事实真伪不明时，法官如何裁判的问题，本质上是为法官提供裁判规范依据，在诉讼中表现为引导法官指挥诉讼以及为区别本证与反证、请求原因与抗辩提供标准；而主张责任的原初机能是解决诉之合法性问题，此外还具有划定审理对象、信息提供等派生功能。①

第三，主张责任与具体举证责任的关系。根据辩论主义的基本法理，当事人在具体的诉讼中应当承担主张责任和提供证据责任。主张责任是指当事人应在诉讼中提出自己的权利主张及要件事实主张，否则可能遭受诉讼上的不利益。当事人在提出权利主张和事实主张之后，应当对所主张的事实提供证据加以证明。② 如果当事人不提出证据，仍然要遭受不利的后果。当事人的这种提供证据责任是辩论主义语境下的概念。证明责任语境下的提供证据责任，在大陆法系的德国和日本，也称为主观证明责任，是指负担证明责任的当事人内在地应负担提供证据资料的责任，而且应当负担将事实证明到超过证明标准的责任，否则案件事实处于真伪不明状态下的不利判断风险仍应由该方当事人承担。可见，辩论主义视角下的提供证

① 段文波：《规范出发型民事判决构造论》，法律出版社2012年版，第187~198页。

② 翁晓斌、周翠：《辩论原则下的法官实质指挥诉讼与收集证据的义务》，载《现代法学》2011年第4期。

据责任强调的是法院与当事人在证据资料收集方面的权限和分工问题；而证明责任语境下的提供证据责任则增加了提供证据应当满足证明标准要求的内容。①

在采行辩论主义的诉讼体制之下，主张举证是一种紧密联系、不可分离的关系，离开主张即无所谓举证，言及举证必须先有主张。无论是司法实务界还是理论界，主张从发生的时间先后顺序而言，主张都在举证之前。因此，在采取辩论主义的诉讼程序之中，首先，会问何种法律规定的要件事实，应当由何方当事人进行主张？其次，当要件事实存有争议时，会问应当由何方当事人承担举证证明责任？也就是说，当事人须主张有利于己的事实，如有争执且须举证。主张责任与举证责任虽为不同层次的问题，但就两者皆为基于事实之存否未明所发生的问题来看，则具有共同的轴心，因而主张责任之分配原则与举证责任之分配原则相同，就该当事实负有举证责任的当事人，对之亦有主张责任，两者比结合归于当事人之一方。此种主张与举证之关系，在罗马法上已有“证明之义务，存在于主张之人，而不存在于否认之人”之原则。

对于上述主张责任与举证责任原则上一致之通说，也有持相反见解者，或以经验法则、法规等以例，其虽须主张，但无须证明论据。但由于主张责任及举证责任乃关于法律规定要件事实之问题（事实问题），并非关于经验法则或法规之问题（法律问题），故此说显然误解了问题之层次。又有以所有之要件事实虽均须证明，然而裁判上之自认或拟制自认之事实、显著之事实等，均无须证明其理论之根据，如果离开具体情形进行讨论，则举证责任同样及于所有之要件事实，故此说不正确。②

① 胡学军：《具体举证责任论》，法律出版社 2014 年版，第 59 页。
② 骆永家：《民事举证责任论》，台湾商务印书馆 1981 年版，第 55 页。

（三）主张责任与要件事实论的关系

正如前述，要件事实这一术语源于德语词汇“Tatbestandsmerkmale”，其原意是指“要件特征”或“法律要件要素”，然而在“要件事实理论”的语境下，其含义逐渐演变为“与发生某一法律效果（权利的发生、妨碍、消灭、阻止）所必需的法律要件的构成要素相对应的案件具体事实”。[①]“要件事实理论”是日本司法研修所在对法律职业共同体进行培养时所推行的教学内容。[②] 为了推行要件事实教育，日本司法研修所的裁判官还编写了一系列有关要件事实的教材，如1985年编写的《民事訴訟における要件事実》（第一卷）和1992年编写的《民事訴訟における要件事実》（第二卷）以及1999年编写的《紛争類型別の要件事実——民事訴訟における攻撃防御の構造》等。在理论界，要件事实论的代表人物当属伊藤滋夫教授，其所著的《要件事実の基礎》一书奠定了其在该领域的重要地位。在日本，要件事实论已成为一种重要的民事诉讼思维，是整个法律职业共同体共同的思考方法。[③]

从裁判方法或审判方法视角言之，要件事实论是一种较好实现程序法与实体法融合的审判方法，因此，要件事实论也被称为“诉讼结构下的法学方法论”或者“当事人主义的审判方法”。要件事实论是要件事实思维

---

① 许可：《民事审判方法——要件事实引论》，法律出版社2009年版，第310页。

② 日本司法研修所创建于1947年，以培养未来法三曹为目标，法曹是日本对法律职业的专门用语，包括裁判官或法官、检察官和律师或辩护士。从事法曹的渠道，首先是在司法考试合格被录取为司法研修生。只有在司法研修所研修结业后才有可能成为法官、检察官和律师。日本司法研修所的基本理念是使研修生掌握以法庭实务为中心的基本知识和技能，培养高度的伦理概念和职业意识。其教育内容的特征是重视作为实务教育的要件事实论和事实认定。在司法研修所，关于要件事实种类及其具体内容的知识以及从纠纷中抽出要件事实的工作，被认为是从事民事诉讼实务最起码的基本功。要件事实在研修所的重要性，可以从司法研修所被称为“要件事实研修所”得到佐证。

③ 章恒筑、夏瑛：《日本要件事实论纲——一种民事诉讼思维的展开》，载《法学家》2005年第3期。

经过体系化和系统化升华而成的理论。要件事实论在理论上可以分为三大部分，即主张责任理论、当事人的攻击防御方法理论以及证明责任理论。其中，证明责任理论是要件事实论的实体法基础，主张责任理论是要件事实论的程序法基础，而当事人的攻击防御方法理论是要件事实论在诉讼实务中的具体展开。[①] 自2005年以来，经过章恒筑、邹碧华等法官，许可、段文波等教授的共同努力，源于日本的要件事实论的研究迅速从比较法研究进入本土化构建与实践阶段。

目前，"要件事实论"已然成为理论界与实务界共同关注的焦点。在具体实践与运用方面，则以"要件审判九步法"为典型代表。时任上海市长宁区人民法院院长的邹碧华法官以要件事实理论为基础，结合民事审判实践，创设了"要件审判九步法"，并出版了《要件审判九步法》一书，弥补了要件事实理论研究缺乏实践基础的遗憾。"要件审判九步法"是一种以权利请求为出发点，以实体法律规范构成要件分析为基本手段的审判方法。

具体而言，"要件审判九步法"分为以下九个步骤：（1）固定权利请求；（2）确定权利请求基础规范；（3）确定抗辩权基础规范；（4）基础规范构成要件分析；（5）诉讼主张的检索；（6）争点整理；（7）要件事实的证明；（8）事实认定；（9）要件归入，作出裁判。[②]

从这九步裁判过程来看，要件事实论与主张责任具有非常紧密的关系。正如前述，主张责任是要件事实论的程序法基础，这种程序法基础主要体现为主张责任在诉讼程序中的具体化，换句话说，主张责任在诉讼程序中体现为请求原因、抗辩、再抗辩、再再抗辩……的攻击防御方法体

---

① 关于要件事实论作为一种审判方法的论述，具体参见许可：《民事审判方法——要件事实引论》，法律出版社2009年版。

② 有关"要件审判九步法"的具体内容及如何展开，可参见邹碧华：《要件审判九步法》，法律出版社2010年版。

系。可见，主张责任是以要件事实为理论基础的审判方法不可或缺的重要组成部分。“要件审判九步法”主要是从法官的视角进行观察的，是对法官利用要件事实理论进行裁判过程的提炼和总结。主张责任主要规制的是当事人的事实主张行为，主要关涉“要件审判九步法”中的“诉讼主张的检索”“争点整理”“要件事实的证明”“事实认定”等几个步骤。主张责任一方面要求当事人提出于己有利的主要事实或要件事实，保证了诉讼的顺利进行，同时也保障了当事人攻击防御的平衡；另一方面禁止法官“越俎代庖”替当事人提出事实主张，防止了来自法官的主张和裁判的突袭，同时也要求法官分清主张责任的分配，适时行使释明权，确保当事人有效提出事实主张。[①]

（四）主张责任与民事诉讼体制发展的关系

自20世纪90年代始，我国应当构建何种以及如何构建民事诉讼体制的问题，一直是理论与实务界共同的话题。民事诉讼体制的结构概念最初是由张卫平教授提出的。张卫平教授在著作中全面、系统地分析了当事人主导型诉讼体制和职权干预型诉讼体制的区别、我国民事诉讼体制转型的成因和根据，以及转型涉及的审判方式改革、原则重建、制度调整、理论发展等内容。[②] 随着我国社会主义市场经济的蓬勃发展，作为为经济发展“保驾护航”的民事诉讼制度，尤其是反映一国诉讼制度本质的诉讼体制模式，转型需求日益强烈。经过理论与实务界近二十年的努力，民事诉讼体制转型在理论上虽形成一定共识，但从2007年、2012年《民事诉讼法》的修改来看，体现民事诉讼体制转型的体制性作业仍未完成。有学者以目

---

① 邹碧华、许可等：《民商事审判方法》，法律出版社2017年版，第9～17页。

② 具体参见张卫平：《转换的逻辑——民事诉讼体制转型分析》，法律出版社2007年版；张卫平：《民事诉讼基本模式：转换与选择之根据》，载《现代法学》1996年第6期。

的论、诉讼标的论、既判力论三大基本论题和处分原则、辩论原则两项核心原则为参照进行分析和评估，认为我国《民事诉讼法》及其相关司法解释中并未贯彻当事人主导型诉讼模式的基本要求，在总体上仍然是以职权干预型诉讼模式为内核。[①] 可见，在我国，构建当事人主义的民事诉讼体制正是当下民事诉讼法学理论界与实务界共同的任务。

重塑辩论原则是构建当事人主义诉讼体制的重要内容。重塑辩论原则的目标便是约束性辩论原则或辩论主义。由于主张责任是约束性辩论原则或辩论主义的逻辑命题之一，因此，在构建当事人主义诉讼体制的过程中，确立并践行主张责任便成为重要任务。在理论上，主张责任被看作约束性辩论原则的试金石，是衡量当事人主义诉讼模式的核心要素。主张责任的确立与否，直接关涉约束性辩论原则在我国民事诉讼中的真正确立。缺乏主张责任内涵的辩论原则，不是真正意义上的辩论主义，主张责任充实了辩论主义的内涵。构建主张责任制度是重塑我国民事诉讼中辩论原则的必由之路。

第二节　主张责任的性质

一、权利、义务、责任的界别

研究主张责任的法律性质，实际上是讨论主张责任对于诉讼主体而言是一项权利，还是一项义务，抑或是一项责任或负担。因此，厘清权利、权力、义务、责任的概念及其相互间的逻辑关系，是讨论民事诉讼主张责任制度法律性质的关键所在。权利、权力、义务、责任是法学理论中的基

① 任重：《论中国民事诉讼的理论共识》，载《当代法学》2016 年第 3 期。

本概念，同时也是基本的法律术语。可以说，权利是整个民事法学研究的出发点和逻辑起点，在整个法律体系中占据核心的地位。值得注意的是，与权利紧密相连的概念在立法时是并未界定的，正如美国学者庞德所言："在法律授予法律权利、权力和特权，强加法律义务和责任，承认自由时，它并没有创设或者界定法律权利、法律权力、特权、义务或责任的概念。"① 为了厘清民事程序法上权利、义务、责任或负担的内涵，有必要从民事实体法上权利、权力、义务、责任或负担的概念及其相互之间的逻辑关系说起。依据通说，民事权利的本质是特定利益和法律之力的结合。正如我国著名的民法学者佟柔先生所说："民事权利是指民事主体为了实现某种利益，依法为某种行为或不为某种行为的可能性。"② 可见，利益是权利的重要元素，权利还表现为权利主体的一种行为自由。与权利紧密关联的概念是权力、义务、责任或负担。接下来，具体分析一下权利、义务、责任相互间的逻辑关系。

第一，实体法上权利、权力、义务、责任之间的逻辑关系。民事权利与权力之间的逻辑关系主要体现在两者的区别上。具体而言，包括：(1) 权利和权力的主体不同，权利的主体是私人，权力的主体是公法人及其授权主体；(2) 行使的目的不同，权利行使的目的是维护私人利益，而权力行使的目的是维护公共利益；(3) 特点不同，权利主要存在横向关系中，权力主要存在纵向关系中；(4) 功能不同，权利是实现私人利益或需要的工具，权力是执行国家治理功能的工具；(5) 内容不同，权利的主要内容是利益，权力的主要内容是支配，这种支配不见得带来利益；③ (6) 范围不同，权利的适用范围是私法关系，主要遵循意思自治原则和自由处分原

① [美] 罗斯科·庞德：《法理学》(第4卷)，王保民、王玉译，法律出版社2007年版，第34页。
② 佟柔：《民法总则》，中国人民公安大学出版社1992年版，第65页。
③ 徐国栋：《民法总论》，高等教育出版社2007年版，第166~167页。

则，而权力的适用范围则是公法关系，一般而言不得干预私权利的正常行使。事实上，有时出于维护公共利益的需要，权力可以依法介入私法关系，干预民事权利的行使。处理权利冲突的公共利益优先规则和禁止权利滥用原则就是具体体现。仍然值得强调的是，权力与民事权利的界限是明显的，权力不能越界，不能妨碍民事权利的正常行使。①

民事权利、民事义务与民事责任之间的逻辑关系主要体现在民事法律关系中。民事法律关系是民法的核心概念，它是由民事权利、民事义务和民事责任三者有机结合而成的。② 民事法律关系的内容包括民事权利义务关系和民事权利责任关系，民事权利义务关系与民事权利责任关系是具有时序性的，并且可以相互转化。在两种法律关系中，权利的性质是不同的，在权利义务型民事法律关系中的民事权利是一种原权利或本权利，在权利责任型民事法律关系中的民事权利则是一种救济权。③ 与康德在权利、义务、责任及其相互关系问题上提出的权利（人性自由）→责任→义务的理路不同，④ 民法上的权利、义务、责任的逻辑关系体现为权利→义务→责任的发展路径。民事权利和民事义务是民事法律关系的内容，民事责任

---

① 崔文星：《论民事权利与权力、义务、责任的逻辑关系》，载《大连海事大学学报（社会科学版）》2009 年第 6 期。

② 值得注意的是，民法理论在界定民事法律关系的构成要素时并没有明确指出民事责任是其构成要素，而仅仅指出民事权利和民事义务是民事法律关系的要素和内容。然而，基于民事义务的违反即产生民事责任的基本原理，民事法律关系的内容中实际上已经隐含了民事责任这一要素。具体参见梁慧星：《民法总论》，法律出版社 1996 年版，第 77 页。

③ 丁海俊：《论民事权利、义务和责任的关系》，载《河北法学》2005 年第 7 期。

④ 关于法哲学上的权利、义务与责任的关系，康德在其《法的形而上学原理》一书中认为人只有一种天然权利，即符合自然法则的自由权利，自由是与生俱来的权利，人的自由即是权利。作为权利的自由是具有你我关系的约束性，并由此产生责任，责任的主要内容是义务。责任是相互关联和互动的，有内在和外在的责任两种。人的内在责任的根据是“把自己视为目的”，人的外在责任的依据是“不把他人视为手段”，也就是“不侵犯任何人”。责任的相互关联和互动指的就是“互不侵犯”。人的基本权利就是把自己和他人作为目的而非手段或工具。康德认为义务是一切责任的主要内容，这也就是说义务与责任同义。

是民事权利和民事义务实现的法律保障。民事权利和民事义务是相对应存在的，没有无义务的权利，亦没有无权利的义务。民事义务的违反是产生民事责任的前提，即违反民事义务即发生民事责任，民事责任是违反民事义务的法律后果。

第二，民事程序法中权利、义务、责任、负担等概念的界别。一般而言，人们不会混淆诉讼权利与诉讼义务、负担的区别。容易引起误识的是义务、责任、负担三者之间的含义。（1）义务的概念。根据《牛津法律大辞典》的解释，“义务”这一术语起源于拉丁文的“债务”和法语的“责任”，是指向他人承担的必须满足一种法律上的不利条件。法律上的义务是指按照法律应该从事或遵守的命令式行为模式，通常用于规范未来发生的行为。法律中明示或默示的义务性规定通常为惩罚违反义务的制裁性规定所支持。但是，制裁并非义务的构成要素。即使不存在制裁的义务或不可强制执行的义务也是义务。理想社会中的人们无须制裁仍然履行各自的义务。制裁之有无并非法律义务存在或者有效性的检验标准。法院对某项义务的承认与否才是关键。① （2）责任的含义。“责任”一词，在英语中有“responsibility”和“liability”之分。其中，根据《牛津法律大辞典》的解释，“responsibility”主要有以下几种含义：“①一般情况下，如果一个人做到了注意与事前考虑且考虑到其行为的可能后果，则可以说他是负责任的；②如果某个人的行为是导致某些事件发生的重要因素，则可认为他应当对某些事件发生负责；③当一个人达到一定的年龄，根据其智力与生理状况，可认为他有能力理智地控制自己的行为，而且可以公平地认为他应对自己的行为后果承担法律上的责任，则可认为他应负法律上的责任；④道德意义上的责任。”② 而“liability”则是指受他人权力、法律规

① ［英］戴维·M. 沃克：《牛津法律大辞典》，李双元等译，法律出版社 2003 年版，第 349 页。

② ［英］戴维·M. 沃克：《牛津法律大辞典》，李双元等译，法律出版社 2003 年版，第 965 页。

则支配，要求做或不做某事这样一个法律概念。责任既可产生于自愿行为，也可由于某些法律规则的强制力而产生。根据责任的法律根据，责任通常分为民事责任和刑事责任。责任这一术语有时也用指制裁或惩罚本身。在分析权利和义务时，该术语也被用以作为“服从”的同义语和“权利”的关联词。[①]（3）负担的内涵。“负担”（burden）是指担负的，因而解除某种债的义务。合同的负担是合同的义务；在普通法上，地役权的负担是允许他人行使该项权利的义务。“Burden of proof”是指举证责任。与“burden”相关的术语是“burdens”，该术语是指苏格兰法上的负担。在苏格兰法中，指任何涉及人或财产的限制、约束或妨碍，特别是指支付金钱的负担。这种责任可以是属人的，在这种情况下该人就必须向契据授予者或第三人支付赔偿金；这种责任也可以是对物的，在此场合这一负担是用以影响并可以在领土之外支付。“burdens”这一术语也指公共责任，即指应向国家当局支付的款项。[②]

值得注意的是，在大陆法系的民事诉讼中，一般用“last”来指称责任或负担。在诉讼中某一诉讼行为由当事人决定是否承担则称为负担或责任，并且当事人是承担负担还是拒绝承担并容忍由此产生的不利，听任他们自己来决定。即双方当事人没有义务陈述事实并且为之举证，他们只是必须容忍不利的后果，这样的后果他们可以通过履行“负担”而避免。诉讼上的负担在一定程度上与实体法上的责任或职责（obliegenheit）并列。[③]“last”原意是“负担”的意思，但在法律中常被翻译为“责任”，因此，“behauptungslaet”被翻译为“主张责任”，而“beweislast”被翻译为“证明

① ［英］戴维·M. 沃克：《牛津法律大辞典》，李双元等译，法律出版社 2003 年版，第 697 页。

② ［英］戴维·M. 沃克：《牛津法律大辞典》，李双元等译，法律出版社 2003 年版，第 144 页。

③ ［德］汉斯－约阿希姆·穆泽拉克：《德国民事诉讼法基础教程》，周翠译，中国政法大学出版社 2005 年版，第 243 页。

责任”。①

关于“责任”与“义务”的区别，德国学者棱特（Lent）认为在区分两者的标准问题上，不宜将立法者的表述方式和民事活动意义上的制裁概念拿来作为区分责任和义务的标准。二者的区分应当从当事人的行为评价中去寻找答案。棱特指出义务的本质在于，法律要求人们对义务无条件遵守，违反了义务就等于违法；而在存在责任的场合，当事人的责任是自愿的。与此相应，当事人违反责任，并不等于违法；而违反义务就是违法的，是应当被禁止的。棱特的学说被现代民事诉讼全盘继承。斯图拉（Sturner）将违反责任的不利后果分为两类：一是当事人自愿放弃（放弃法律保护）的不利后果；二是不以当事人意志为转移的法定的风险分配的不利后果。在义务领域，对其认定采取的标准是行为的违法性。虽然说这种区分标准在实践中被广泛采用，但效果并非预期般理想。这主要是因为在每一个具体场合，都要按照这种标准对法律规定的内在含义进行推测，然而这种推测和理解是比较难以把握的，可操作性不强。这就使得在实践中将某一项具体的法律制度纳入当事人的义务范畴还是责任范畴，是存有分歧和争议的。

如果对“制裁”作相对狭义的理解，它是为了法律义务的实现可以违背当事人的意志的强制手段，例如，直接强制、秩序责任、违反秩序的罚金和措施的重复使用等。强制不是义务的代名词，也不是义务的标准。这主要是因为立法者虽然规定了某个义务，而且实际上也实现了该义务，但是由于实践原因，立法者最终还是放弃了强制手段。可见，在民事诉讼中，只有当事人拒不出庭时才可以动用强制手段。只有从责任和义务的不同“目的方向”中，才能得到责任之不利后果与义务制裁的区别。值得注

① ［德］汉斯－约阿希姆·穆泽拉克：《德国民事诉讼法基础教程》，周翠译，中国政法大学出版社2005年版，“翻译说明”第4～5页。

意的是，不利后果与制裁这组概念在语言上是不好区分的，人们在使用时容易混淆。这就需要根据其使用的不同语境加以具体分析辨别。至此，可以总结出不利后果，包括来自制裁的不利后果和来自责任的不利后果两种类型。责任的意义在于推进和加快诉讼的进程，它独立于当事人的行为。不能因为没有履行某个诉讼责任就被视为违反法律，这正是人们所期待的。而且因为通说，违反诉讼责任绝不属于违法或者应当受到谴责的范畴，相应地，其不利后果也就根本不可能是损害赔偿、刑事处罚、行政处罚或类似结果。

总言之，不遵守责任的不利后果不能超出具体的诉讼程序之目的，因为当事人的危险仅仅在于他一开始就自愿接受的某种风险，即部分或全部败诉。当事人自己错过所有胜诉机会，或者当事人直接导致败诉的所有行为，都属于不遵守责任的不利后果；相反地，所有针对当事人的措施，亦即维护诉讼程序不容破坏的措施，则必定属于违反义务的制裁。对此，有哪些具体的制裁措施呢？首先可以肯定的有上述的强制措施，如直接强制、秩序责任、违反秩序的罚金、特别费用、特别成本等。

二、主张责任性质的学说论争

当事人为了获得法院于己有利的裁判，应当积极主张必要的事实，并且应当就其主张的事实，提供必要的证据。这种主张及举证活动，是一种义务还是一种权利，抑或一种负担或责任？在结果主张责任或客观主张责任不发生此种问题。主观主张责任或行为主张责任与当事人的诉讼活动有关，此种主张责任是义务、权利还是负担抑或责任？不同的性质定位将会影响当事人进行诉讼活动的动机。

（一）“义务说”

将当事人的主张活动视为一种义务，是由“未经主张的事实乃不存在，未经举证的事实乃非真实或虚伪”拟制而得出，以发生不利于己的结果作为强制当事人为主张及举证活动的手段。这种观点值得商榷，理由如下：第一，就未经当事人主张的事实，法院仅不得将其作为判决的基础而已，并非据此可以得出该事实不存在或不真实；第二，当事人之所以致力于主张活动，主要是为获取胜诉利益的利己心所驱使，法律上并未给当事人课以任何强制或制裁措施；第三，从义务的履行目的来看，系为了权利人的利益。基于权利与义务的相对性原理，义务的履行应当有权利人的存在，但是当事人所进行的主张活动，显然是为了自己的胜诉利益，并不存在所谓的权利人之存在。如果说要将当事人的主张责任视为“义务”，那么这种“义务”也并非法律意义上的“义务”，并且也仅仅是对自己的“义务”，而非对他人之“义务”。[①]

（二）“权利说”

将当事人的主张责任视为一种权利，其基本的逻辑是：当事人在诉讼中主张某种有利于己的法律规范要件事实，并举证证明该事实为真实时，便可获得法院的胜诉判决。进一步从宪法赋予人民的诉讼权、听审请求权的视角出发，推导出当事人的主张责任是一种权利。笔者认为，这种观点同样值得反思。作为权利，权利放弃的后果仅仅是使权利人未享受该项权利，通常不会发生不利于该权利人的后果。但是主张责任则不同，如果当事人不履行主张责任，法院将会作出不利于负主张责任当事人的判决，通常是败诉判决。将当事人的主张责任定位为当事人的一种权利，这显然与权利的属性相违背。此外，法定听审请求权是民事程序法上的一项基本原则，具有宪法上的地位和意义。当事人主张事实并提供证据证明事实存在以获取胜诉判决就是法定听审请求权的具体体现，是法定听审请求权的内

① 骆永家：《民事举证责任论》，台湾商务印书馆 1981 年版，第 57 页。

容之一。但是我们不能因为宪法赋予人民法定听审请求权和诉讼权，就直接推导出主张责任是当事人的一种权利。在一定程度上，主张责任是民事程序法为确保民事诉讼程序有序推进与运行而确立的一项制度，与宪法赋予人民的法定听审请求权和诉讼权在目的上是有区别的，两者不能混淆。

（三）“负担说”

“在诉讼法理上，诉讼负担是指当事人因未实施某种诉讼行为而可能接受的不利后果。当事人积极实施诉讼行为，就是为了摆脱诉讼负担的承担。诉讼负担的存在是当事人实施诉讼行为的动因。诉讼负担与当事人的诉讼行为之间的关系表现为：诉讼负担是诉讼行为的基础，诉讼行为是诉讼负担的派生。”[①] 依据权利与义务对应的思维方式，与诉讼权利相对应的是诉讼义务，作为诉讼义务，以往的理论多是从抽象的义务来描述的，如依法诚信地行使诉讼权利的义务、遵守诉讼秩序的义务等，这种抽象义务的论述实际上没有注意到民事诉讼的特殊性，没有区别诉讼义务与诉讼负担的区别，诉讼义务与诉讼伦理的区别。就民事诉讼的特殊性而言，许多过去被认为是义务的内容实际上是当事人的诉讼负担而已。基于当事人的自我责任，除了法律明确规定之外，当事人在民事诉讼中原则上没有作为的义务。在当事人不作为时，法院会据此作出相应的裁判，对当事人不利的结果就成为一种诉讼负担。例如，当事人不出庭、不提出证据、事实主张以及其他攻击防御行为，既没有答辩义务，也没有诉讼实施义务。当事人不出庭时，法院可以缺席判决。当事人通常没有必须出庭的义务。[②]

从上述论述可知，当事人的主张责任在法律性质上不是义务，亦非权

---

① 张卫平：《程序公正实现中的冲突与衡平——外国民事诉讼研究引论》，成都出版社 1993 年版，第 60 ~63 页。

② 张卫平：《民事诉讼法学》，法律出版社 2017 年版，第 128 ~129 页。

利。要弄清楚主张责任的法律性质，应当从当事人不履行主张责任所发生的法律后果进行研究。在采行辩论主义的民事诉讼中，当事人不主张有关的构成要件事实，法院便不得将其作为裁判的基础和根据。从这个层面来看，当事人履行主张责任实际上是当事人为获取法院胜诉判决所采取的必要举措。换句话说，当事人进行主张活动，是当事人为了避免遭受法院的败诉判决而不得不承担的负担。当然，这种负担并非要求当事人必须实际履行，如果当事人愿意放弃获得法院胜诉判决的目的，不介意遭受败诉，当事人便可卸下此负担。

可见，将当事人的主张责任的法律性质界定为负担或责任是通说观点。① “与法官的行为相比，当事人的主张行为和证明行为看起来像权利，而从负有证明义务的当事人的角度来看，它看起来像义务。但是，从将双方当事人的地位和法院的地位一起来考虑这一提高了的立足点来看，人们既不能谈主张或证明的权利，也不能谈主张或证明的义务，或者如果按照一般的语言习惯，案件情况使当事人的诉讼行为看起来像权利或像义务，那么权利和义务就不是对立物。”②

正如前述，当事人向法院提起民事诉讼的目的是获得法院有利于己的胜诉判决，从这个角度而言，当事人进行主张活动和举证证明行为是当事人获得胜诉判决的前提条件，是当事人实现诉讼目的的实际必要性。对此，有学者将主张责任界定为“当事人为获得法律上的利益而不得不提出某一具体的事实主张，以便促成法院据此产生具体法律适用效果的必要

---

① 骆永家：《民事举证责任论》，台湾商务印书馆1981年版，第58页；姚瑞光：《民事诉讼法论》，中国政法大学出版社2011年版，第335页；蔡章麟：《民事诉讼法》，台北，五南图书出版股份有限公司1974年版，第301页。

② ［德］莱奥·罗森贝克：《证明责任论——以德国民法典和民事诉讼法典为基础撰写》，庄敬华译，中国法制出版社2002年版，第62~63页。

性”①。在民事诉讼权利、义务之外，人们便使用“责任”或“负担”这样一个中性术语来表达当事人实现胜诉判决的必要性。与此种“负担”或“责任”相对应的是诉讼上的不利益，如不利后果、驳回申请甚至败诉等。这种诉讼上的不利益与当事人不履行主张责任的行为是紧密联系的。

第三节　主张责任的类型

讨论主张责任的类型划分问题，实际上是为了方便与举证证明责任相关概念进行辨析。在具体的诉讼中，当事人的主张责任是发动现实的客观证明责任的前提。在主客体诉讼观下，主张责任的作用长期遭到轻视，甚至忽视，而在主体际的诉讼观下，主张责任的价值得到极大彰显，因为主张责任是当事人行使自由处分权的具体体现。从行为与结果相统一的视角看，主张责任是指当事人在诉讼中应将支持其诉讼请求的法律规范的要件事实向法院及时提供，否则将遭受由此带来的不利益或败诉风险等法律后果。从诉讼构造或规范层面来看，客观的证明责任规定了主张责任的内容和形式，主张责任与客观证明责任是同构的。基于主张责任与客观证明责任的关系，主张责任可以分为主观主张责任和客观主张责任，其中，主观主张责任又可分为主观抽象的主张责任和主观具体的主张责任。② 此外，从法官裁判的视角来看，当事人的主张责任可以分为行为意义上的主张责任和结果意义上的主张责任，前者主要解决的是当事人如何在诉讼过程中提出于己有利的事实的问题；后者主要解决的是当事人没有提出或没有提出适格的事实主张，将会产生何种法律后果的问题。

① 毕玉谦：《民事证明责任研究》，法律出版社2007年版，第8页。

② 李可：《举证责任研究——法理的视角》，贵州人民出版社2004年版，第59页。

一、客观主张责任与主观主张责任

在德国，主张责任仅仅适用于采行辩论主义或实行提出原则的诉讼程序中。因为在采行辩论主义的诉讼程序中，提出裁判所必需的诉讼资料的责任由当事人负担。德国学者普维庭教授将主张责任区别为客观主张责任和主观主张责任。“所谓主观主张责任是指，当事人在诉讼的初始阶段（但是在某些特定条件下，特别是遇有案情复杂的案件，也不能排除在诉讼发生的初始阶段就发生此类情形）为法院确定审理对象以及形成明确的争点有提出事实主张的必要性，或者因未能提出或者未能适当提出事实主张造成不利益的风险负担。所谓客观主张责任是指，在诉讼终结（或者最后一次言词辩论终结）时，法院发现因某种事实主张的欠缺或遗漏而将此发生的不利益判归其中一方当事人承受的风险负担。”① 在日本，也有学者认为主张责任可以分为客观的主张责任和主观的主张责任。现实中发生的客观主张责任在司法实践中比较罕见，即在法院已经就请求原因事实作出释明的前提下，当事人仍然不响应法院释明的情形。②

客观主张责任解决的是当事人没有向法院提供足够的事实主张，法官应当如何裁判案件的问题，也就是说，在当事人没有向法院提供足够事实主张的情况下，法官是否可以裁判当事人承担由此带来的不利益或败诉风险；主观主张责任解决的一方当事人应当至少提供多少事实主张，以及在何时提出事实主张，才能避免遭受不利益或败诉风险。③

主观主张责任又可分为抽象主张责任和具体主张责任。抽象的主张责

---

① 毕玉谦：《民事证明责任研究》，法律出版社 2007 年版，第 9 页。

② ［日］高桥宏志：《民事诉讼法：制度与理论的深层分析》，林剑锋译，法律出版社 2003 年版，第 432 页。

③ 邵明、欧元捷：《论现代民事诉讼当事人的主张责任》，载《武汉大学学报（哲学社会科学版）》2015 年第 2 期。

任是指权利请求人主张请求成立的事实和权利之被请求人主张反驳事实的责任，抽象主张责任贯彻诉讼程序的全过程，从诉讼的开始直到诉讼的结束都存在抽象的主张责任。具体的主张责任是指要求当事人依据对方当事人的事实主张向法官提出更加确切的或者新的事实主张。具体的主张责任并非在当事人之间一成不变，在一定条件之下是可以相互转换的，而抽象主张责任自始至终都是不可改变的。[①] 抽象主张责任是随着证明责任产生的，其要解决的是谁必须提出主张的问题。而主张如何具体提出才具有裁判上的重要意义，则是由具体主张责任或者实质化主张责任的要求和当事人的事实阐明义务所确定的。具体的主张责任与具体的举证责任相对应，但客观证明责任则不受其影响。[②]

二、行为主张责任与结果主张责任

客观主张责任是从法官裁判的视角进行界定的，可以说客观的主张责任为法官提供了一种裁判规范，即负主张责任的当事人如果没有提供特定的要件事实或主要事实，那么法官就可以判定其因未完成事实主张而承担诉讼上的不利益或败诉风险；而主观主张责任是从当事人的诉讼行为和诉讼程序推进的视角进行界定的，主观主张责任为当事人的诉讼行为提供了指引，主观主张责任实际上暗含了主张责任在当事人之间的恰当分配，只有原告和被告的主观主张责任分配清晰明确，原被告在诉讼程序中才能顺利有效地进行事实主张与抗辩。从这个意义上来说，笔者主张将主张责任分为行为意义上的主张责任和结果意义上的主张责任。

行为主张责任是指负责主张于己有利的要件事实，解决要件事实由何

① ［德］汉斯·普维庭：《现代证明责任问题》，吴越译，法律出版社2006年版，第68页。

② ［德］罗森贝克、［德］施瓦布、［德］戈特瓦尔德：《德国民事诉讼法》（下），中国法制出版社2007年版，第857页。

方当事人如何主张的问题；结果主张责任是指负主张责任一方当事人不主张于己有利事实而有可能遭受败诉等不利后果，解决当事人未具体主张时法院如何裁判的问题。[①] 行为主张责任与普维庭教授的主观主张责任相对应，结果主张责任则对应于客观主张责任。

采取行为意义上的主张责任和结果意义上的主张责任的划分，一方面由于主观、客观主张责任的用语比较抽象，不如行为、结果主张责任易于理解；另一方面基于证明责任双重含义界定的借鉴，按照大陆法系关于证明责任的通说，证明责任分为结果意义上的证明责任和行为意义上的证明责任，将主张责任分为行为主张责任和结果主张责任，有助于当事人有效履行主张责任和方便法官正确裁判案件。此外，强调行为主张责任的意义也有助于澄清人们对主张责任仅有客观主张责任（不利益或败诉风险）的误识。

此外，主张责任采取行为主张责任和结果主张责任的分类，有必要与主张责任和提供主张责任的分类进行比较分析。我国学者陈刚教授在其《证明责任法研究》一书中区分了主张责任和提供主张责任两个概念，主张责任是指当事人对自己没有主张的要件事实，因法院不认可相当于该要件事实为构成要件的法律发生效力而承担的诉讼上的不利益。主张责任是一个抽象的概念，它是当事人在具体诉讼中实施主张行为的动因，当事人是为了摆脱主张责任才实施具体的主张行为的，从这个层面来说，主张责任先于提供主张责任，提供主张责任是主张责任的逻辑派生或投影。[②] 从主张责任与提供主张责任的关系论述来看，陈刚教授书中的主张责任与客观主张责任或结果意义上的主张责任相对应，而提供主张责任则对应于行

---

① 邵明、欧元捷：《论现代民事诉讼当事人的主张责任》，载《武汉大学学报（哲学社会科学版）》2015 年第 2 期。

② 陈刚：《证明责任法研究》，中国人民大学出版社 2000 年版，第 32 页。

为意义上的主张责任或主观主张责任。

第四节　主张责任的根据

主张责任是辩论主义第一命题的逻辑衍生，主张责任的理论建构自然依赖于辩论主义的原理。主张责任的根据是辩论主义。随着现代社会对辩论主义的修正，尤其是协同主义对辩论主义的影响，在阐释主张责任的根据时有必要厘清其与协同主义的关系。主张责任规制的是当事人的事实主张活动，是对事实资料形成的规制。辩论主义赋予了当事人在诉讼资料形成方面的主导权，其重点在于诉讼资料的形成结果，亦即未经当事人主张的事实，法院不得将其采纳为裁判的基础；而协同主义是对辩论主义的修正，同时亦受到辩论主义的约束。协同主义主要体现为对当事人诉讼资料形成过程进行规制，即通过具体化为事实主张释明机制、法律观点指出义务、当事人真实完全陈述义务、诉讼促进义务、攻击防御方法的适时提出义务等制度，对当事人的事实主张的形成过程进行规制。

一、辩论主义

（一）辩论主义的主要内涵

辩论主义是现代各法治国家民事诉讼所普遍遵循的基本原则。我国学者将其称为“约束性辩论原则”。在大陆法系国家，辩论主义的基本含义有三：第一，直接决定法律效果发生或消灭的必要事实必须在当事人的辩论中出现，没有在当事人的辩论中出现的事实不能作为裁判的依据；第二，当事人一方提出的事实，对方当事人无争议的，法院应将其作为裁判的依据；第三，法院对案件证据的调查只限于当事人双方在辩论中所提出来的证据。①

我国《民事诉讼法》第12条确立了辩论原则,② 即“人民法院审理民事案件时，当事人有权进行辩论”。在我国民事诉讼中，辩论原则是指当事人就有争议的事实问题和法律问题，在法院主持下陈述各自的主张和意见，互相进行反驳和答辩，以维护自己合法权益的原则。③ 辩论原则是民事诉讼中一项非常重要的原则，它是我国《民事诉讼法》中体现当事人民主权利的重要原则，是实体法上意思自治原则、私法自治原则在民事诉讼中的具体体现，同时也是人民法院确定案件事实真相的重要手段。辩论原则不能与法庭辩论混为一谈，法庭辩论是贯彻辩论原则的一部分、一个阶段，除了法庭上的言词辩论之外，还包括在整个诉讼过程中的书面或口头形式的辩论。从我国辩论原则的立法规定来看，其核心在于强调当事人有权进行辩论，当事人在诉讼过程中辩论的内容对法院裁判没有实质的拘束力，法院可以在当事人的辩论之外进行证据调查和事实认定。这种形式意义上的辩论主义与德日大陆法系国家及地区民事诉讼中的辩论主义或约束性辩论原则强调对法官的约束与制约明显不同。正如前述，辩论原则是当事人意思自治原则的具体体现，强调当事人的辩论对法院裁判的制约与拘束，意义重大。正如学者指出，“贯彻辩论原则，需要正确处理辩论与裁判的关系。由于双方当事人的辩论是法院查明案件真实情况的重要手段，这就需要在民事诉讼中坚持一切需要由审判来解决的问题，都应当由当事人双方在法庭上互相进行辩论。只有经过辩论的事实，才能作为裁判的基础”④。

---

① 张卫平:《转换的逻辑:民事诉讼体制转型分析》，法律出版社2007年版，第273~274页。

② 1982年3月8日颁布、1982年10月1日起施行的《中华人民共和国民事诉讼法（试行）》第10条首次在民事诉讼法中确立了辩论原则，即民事诉讼当事人有权对争议问题进行辩论。

③ 江伟、肖建国主编:《民事诉讼法》，中国人民大学出版社2008年版，第56页。

④ 常怡主编:《民事诉讼法教程》，重庆出版社1982年版，第58~60页。

我国实行形式意义上的辩论原则或“非拘束性”辩论原则，但其存在一些弊端，这就促使学者们反思、重塑辩论原则的内涵。学者们在借鉴大陆法系民事诉讼的辩论主义或约束性辩论原则含义的基础上，赋予了辩论原则新的内涵，即“辩论原则是指只有当事人在诉讼中所提出的事实，并经辩论才能作为法院判决依据的一项诉讼制度或基本原则”①。德国民事诉讼中的辩论原则，也称辩论主义、提出原则、当事人主义，是指当事人双方应当有责任提出判决的基础事实和证据手段。法律规定原则上遵循辩论主义，主要体现为：一是法院只允许将其裁判建立在当事人提供的事实基础之上；二是对哪些已提出的事实应由法院收集证据，取决于当事人的行为。② 在日本，通说认为辩论主义的内涵有三：一是直接决定法律效果发生或消灭的必要事实（主要事实），只有在当事人的辩论中出现才能作为判决的基础（换言之，法院不能将当事人未主张的事实作为判决的基础）；二是法院应当将双方当事人没有争议的主要事实作为判决的基础，法院应当受到自认的约束；三是法院能够实施调查的证据只限于当事人提出申请的证据，即禁止法院职权证据调查。③ 在日本民事诉讼中，辩论主义是作为反映法官和当事人在诉讼中角色分配的重要原则，该原则保障当事人作为裁判基础的事实和证据的提出、案件争点的形成方面的主体性地位。④采行约束性辩论原则是民事诉讼的本质决定的。正如日本学者兼了 、竹下守夫教授所言：“民事案件，通常是私人之间可以自由解决和处分的利益纠纷。尽管以国家的权力解决纠纷，但国家对每个案件的解决结果并没有直接的利害关系。所以倒希望尽可能使解决的结果接近于当事人之间自

① 张卫平：《我国民事诉讼辩论原则重塑》，载《法学研究》1996年第6期。

② ［德］奥特玛·尧厄尼希：《民事诉讼法》，周翠译，法律出版社2003年版，第124～125页。

③ ［日］高桥宏志：《民事诉讼法：制度与理论的深层分析》，林剑锋译，法律出版社2004年版，第329～330页。

④ ［日］吉野正三郎『民事诉讼における裁判官の役割』（东京成文堂，1990年）208頁。

主地解决纠纷。正因如此，对案件作出判决，也应以当事人在辩论中出现的纠纷内容为限。”① 此外，谷口安平教授也曾指出“即使当事者要求国家通过诉讼来解决他们之间的纠纷，国家仍应最大限度地尊重当事者自由处分自己权利的自律性。处分原则是在当事者直接处分自己实体权利这方面尊重他们自由的表现，而在此延长线上，辩论原则意味着从程序方面尊重当事者间接地处分自己权利的自由。这正是近代的民事诉讼制度的本质要求”②。

（二）辩论主义与主张责任的关系

第一，主张责任是辩论主义的逻辑产物。正如前述，辩论主义的第一命题是指直接决定法律效果发生或消灭的必要事实必须在当事人的辩论中出现，没有在当事人的辩论中出现的事实不能作为裁判的依据。辩论主义的第一命题就是我们通常所说的主张责任。辩论主义决定了法官和当事人之间的权利义务划分。理论界通说认为辩论主义是主张责任的根据和理论基础。因此，主张责任是辩论主义的逻辑产物，是辩论主义三原则之一。主张责任的规则化和制度化有助于贯彻辩论主义的理念。例如，在请求返还借款的诉讼中，存在返还的合意以及借钱给被告的事实由原告负责主张，而被告则对已经清偿、因错误而无效、因欺诈而取消等事实负有主张责任。关于返还期限的事实，以前一般认为应由被告负责主张，但现在诉讼实践中的做法却是着眼于期限通常包括在关于返还的合意中这一点，因而要求原告进行主张。③

---

① ［日］兼子一、竹下守夫：《民事诉讼法》，白绿铉译，法律出版社 1995 年版，第 70 页。

② ［日］谷口安平：《程序的正义与诉讼》，王亚新、刘荣军译，中国政法大学出版社 2002 年版，第 2 页。

③ ［日］谷口安平：《程序的正义与诉讼》，王亚新、刘荣军译，中国政法大学出版社 2002 年版，第 153 页。

第二，主张责任被看作是否承认约束性辩论原则的试金石。主张责任对构建辩论主义或约束性辩论原则十分重要。[①] 毫无疑问，主张责任与辩论主义原则是存在紧密联系的。不过，如果人们依据辩论主义原则所追求的目标——禁止法官自己提出事实并在诉讼中使用，作为法官如何处理当事人未提出的事实的标准，那么人们对辩论主义原则的理解就存在偏差。原因在于，对于当事人未主张的所有事实，法官并非一律将之视为没有发生来处理。以《德国民法典》第932条为例，如果当事人主张，他自己为物之所有权人，并对抗提出所有权异议的第三人，那么，有关物之善意取得问题，就绝对不会从任何一方当事人那里得到，法官也不得因为当事人未提出他是否善意而视为原告没有善意。法官也很少从善意不存在以及从恶意出发，相反，法官必须更多地依据《德国民法典》第932条第1款的主张规范及证明责任规范（除非……）出发，法官在没有提供有关善意的事实主张的情况下，只能认为原告是善意的，除非被告提出相反的主张（包括必要的证明）。显然，这样的结果是无法从辩论主义原则推导出来的。[②] 我国民事诉讼法律规范还没有确立约束性辩论原则。改革的深水区集中在第一要义的构建，也就是主张责任制度的构建，具体而言是指要克服司法实践中法官通过证据资料填充诉讼资料的做法。[③]

第三，主张责任是民事诉讼中自我责任法理的具体体现。民事诉讼中的自我责任是当事人私权自治的衍生与具化。自我责任是指当事人应当对其诉讼行为所引起的法律后果承担责任。尤其是当需要事实一定行为才能获得对其有利的诉讼后果时，当事人须对其未作出一定的行为或者未能及时作出一定的行为而引起的对其不利的诉讼后果承担责任。当事人自我责

① 任重：《论中国民事诉讼的理论共识》，载《当代法学》2016年第3期。

② ［德］普维庭：《现代证明责任问题》，吴越译，法律出版社2006年版，第67~68页。

③ 任重：《论中国民事诉讼的理论共识》，载《当代法学》2016年第3期。

任的法理根据在于民事实体法的意思自治原则、裁判事实的构建性、对抗与判定的程序结构、当事人的理性原则以及法院裁判的可接受性。[①] 当事人在诉讼中提出主张的行为是诉讼行为的重要内容，尤其是当事人的事实主张行为。作为规制当事人事实主张行为的主张责任制度，是自我责任的具体内容之一。正如德国学者亨克尔所言“权利保护请求权不仅以当事人在诉讼中提出的权利主张的正当性为条件，而且也受当事人在诉讼中行为的影响。这意味着，当事人在很大程度上自己对诉讼结果负责而且可以在相应的范围内自由安排诉讼的进展。简言之，公民针对国家享有的、要求在具体诉讼中作出公正判决的请求权是以负责任地使用诉讼法为寻求救济的公民提供的自由为条件的”[②]。由于现代民事诉讼以为当事人提供充分的程序保障为重要特征，当事人自我责任的承担应当以法院为其提供切实有效的程序保障为前提，只有在为当事人提供充分的程序保障之后，追究当事人的自我责任才具有正当性基础。同理，主张责任是当事人自我责任的具体体现，同样受到程序保障理论的“关照”。具体而言，一方面要求法官应当在当事人履行行为主张责任的过程中切实履行诉讼指挥职能，向当事人解释清楚不履行主张责任的法律后果；另一方面要求法官在适用结果主张责任之前，应当对当事人的失当主张行使释明权，为当事人的失当主张提供有效的救济方式。

二、协同主义

（一）协同主义的基本面向

“协同主义”，也被称为“协动主义”或“合作主义”。该概念最早由

① 李浩：《民事诉讼当事人的自我责任》，载《法学研究》2010年第3期。

② ［德］沃尔弗拉姆·亨克尔：《程序法规范的正当性》，载［德］米夏埃尔·施蒂尔纳编：《德国民事诉讼法学文萃》，赵秀举译，中国政法大学出版社2005年版，第7页。

德国学者贝特尔曼（Bettrmann）提出，其实质含义是“合作”，1978年由德国著名法官鲁道夫·瓦瑟尔曼（Rudof Wasseman）在出版的《社会民事诉讼》使用后被日本、韩国继受与发展。随着民事诉讼体制或诉讼模式研究的深入，多数学者均将其作为一种新的民事诉讼模式进行研究。协同主义诉讼模式是指在民事诉讼中，充分发挥法官与当事人的积极作用，法官与当事人之间以及当事人相互间协同推进诉讼的一种诉讼模式。[①] 倡导协同主义诉讼模式的学者认为我国民事诉讼应当引入释明义务、法律观点指出义务以及真实义务等内容。[②] 在案件事实解明与探知问题上，协同主义认为这不是当事人一方的责任，也不是法院单方面的责任，而是两者共同的责任，法院与当事人应当协同发现案件事实，并在此基础上作出正当的裁判结论。[③] 在协同主义诉讼模式研究如火如荼之时，也有学者对其进行了质疑与反思，认为“协同主义诉讼模式似乎把法律问题和事实问题的解决都寄托于法官与当事人共同作业，然而这种方式会导致权利义务主体错位，破坏当事人在事实提出方面的权利，架空其责任，引起法院与当事人责任分担界限的混淆”[④]。对此，笔者认为，辩论主义作为分配法院与当事人在诉讼中作用的基准，强调当事人在事实提出与资料收集方面的主导性，符合私权自治和自我责任的基本法理。但是在事实资料收集方面，辩论主义未必能够尽善尽美。为了弥补这一缺陷，协同主义理念的提出似乎给出了解决方案，即构建法官与当事人在事实资料收集方面的协作共同体。这种协动的资料收集体系面临的问题是如何让相互对抗的当事人自愿

---

① 张珉：《协同主义诉讼模式：我国民事诉讼模式的新选择》，载《国家检察官学院学报》2005年第6期。

② 吴杰：《辩论主义与协同主义的思辨——以德、日民事诉讼为中心》，载《法律科学（西北政法大学学报）》2008年第1期。

③ 唐力：《辩论主义的嬗变与协同主义的兴起》，载《现代法学》2005年第6期。

④ 刘明生：《对协同主义之检讨》，载《民事程序法研究》第12辑，厦门大学出版社2014年版，第94～108页。

参加到这种协动机制中来。① 因此，这就需要从制度上加以落实。协同主义则是主要通过强化法院的释明义务和当事人的诉讼促进义务来实现法院与当事人在事实资料收集等层面的合作。②

（二）协同主义与主张责任的关系

由于主张责任是辩论主义的逻辑产物，是辩论主义的核心命题之一，因此，对主张责任与协同主义关系的探讨，本质上是对辩论主义与协同主义的关系的认识，同时也是对当事人主义诉讼体制与协同主义诉讼体制关系的理解。尽管协同主义相关的制度在实践中存在异化的现象，但这并不能否认协同主义的价值和作用。在协同主义与辩论主义、当事人主义之间关系问题上，笔者认为，协同主义是对当事人主义的补充，应当受制于辩论主义。在诉讼资料的形成方面，辩论主义与协同主义还存在明显的分工，辩论主义赋予当事人在诉讼资料形成方面的主导权，重点在于诉讼资料的形成结果，强调当事人在事实主张方面对法官裁判的制约；而协同主义则是对辩论主义的补充的修正，目标是解决实践中当事人实质不平等的问题，重点在于诉讼资料的形成过程，强调法官对当事人在事实主张方面的程序保障。③ 协同主义作用的对象是当事人事实主张的形成过程，而协同主义理念下与此有关的制度则主要是当事人的真实完整义务、诉讼促进义务、诚实信用原则和法官的释明义务。

第一，当事人的事案解明义务。民事诉讼的目的在于发现真实、保障实体权利。法院要正确适用法律、作出正当裁判需要有坚实可靠的事实基础。为法院裁判提供事实基础，就需要构建科学的事案解明义务制度。可

① 段文波：《协动主义的理论之维》，载《中国海洋大学学报（社会科学版）》2012 年第 3 期。

② 熊跃敏、张伟：《民事诉讼中的协同主义：理念及其制度构建》，载《法治研究》2012 年第 1 期。

③ 许可：《论当事人主义诉讼模式在我国法上的新进展》，载《当代法学》2016 年第 3 期。

见，构建事案解明义务制度已成为民事诉讼的核心课题之一。理论上，事案解明义务分为“法院与当事人之间”和“当事人相互之间”两种。前者是辩论主义视角下的概念，是有关法院与当事人在事实提供上的权限和分工；后者受到辩论主义的间接影响，涉及的主要问题在于负有主张责任的当事人在欠缺主张时，对方当事人应否以及在何种程度上进行协力？换句话说，负主张责任的当事人无法使其主张具备一贯性、具体性的要求时，不负主张责任的当事人应否以及如何协助其履行该等责任？其核心在于当事人之间是否存在“事案解明义务”。①

此处重点阐释法院与当事人之间的事案解明义务。事案解明义务，也称事案解明协力义务，是指当事人对于事实厘清负有对相关有利和不利事实的陈述或说明义务，以及为厘清事实而提出相关证据资料（文书、勘验物等）和忍受勘验的义务。② 可见，事案解明义务是个集合概念，在内容上包括当事人的陈述义务、文书提出义务、勘验协力义务、信息披露义务等。③ 其中，陈述义务在事实主张领域发挥着重要作用。在民事诉讼中，当事人以两种身份呈现：一是作为诉讼主体向法院陈述事实主张以明确诉讼关系；二是作为证据方法接受法官的询问，向法院报告其所经历、体验的事实。前者是诉讼资料，属于事实主张的范围；后者是证据资料，属于举证范畴。④ 立法规定当事人在事实主张过程中应当适时履行陈述义务，有助于落实当事人的主张责任，使当事人的主张责任能够通过陈述义务、

---

① 陈玮佑：《民事诉讼上当事人之真实完全义务与事案解明义务的关系》，载《台湾法学杂志》2015年第283期。

② 姜世明：《民事证据法实例研习（二）暨判决评释》，台北，新学林出版股份有限公司2006年版，第7～18页。

③ 庞小菊、徐英倩：《不负证明责任当事人的事案解明义务》，载《国家检察官学院学报》2015年第3期。

④ 段文波：《〈民事诉讼法〉修改应当关注作为证据的当事人》，载《西南政法大学学报》2012年第3期。

出庭义务等具体义务得以实践。实际上，当事人的陈述义务也有具体的要求，比如真实陈述和完全陈述。

第二，当事人真实、完全陈述义务。对当事人真实完全义务的研究离不开协同主义诉讼观的兴起，当事人真实完全陈述义务以协同主义理念为基础。在立法上，《德国民事诉讼法》第138条第1款规定，“当事人应就事实状况为完全而真实的陈述”。这在学理上被称为当事人真实及完全陈述义务。主张责任法理的作用对象是当事人的事实主张活动。协同主义理念下的真实完整义务对当事人的事实提出与主张具有重要的规制作用。在事实主张过程中，要求当事人负有的真实完整陈述义务，是当事人在诉讼法上所负的诚实、谨慎和适当地进行诉讼之义务的核心，属于当事人协助法院发现真实的协力义务。就当事人真实完全陈述义务的规范功能予以观察，其不仅具有制裁诉讼上欺诈以维护诉讼公正之进行的功能，而且还具有避免滥诉及要求当事人在某种程度上负有共同协力发现真实义务的意义。[①] 当事人真实完全陈述义务的法理基础在于，在采行辩论主义的诉讼程序中，当事人行使处分权可以影响法院真实发现和裁判结果，但须注意的是，当事人并无权处分事实真相，只是有权决定提出哪些事实供法院作为裁判基础。因此，理论上虽承认当事人就是否以及如何提出诉讼资料享有自由决定之权，但为了追求形式真实尽可能与实质真实相符，维持判决的客观正确性，防止民事诉讼因采用当事人提出主义可能出现判决不符客观真实之弊端，特别是防止当事人操纵事实真相，不当利用司法权以规避法律规定，诈欺法院作出不实判决，故而在立法上规定当事人的真实完全义务。当事人真实完全陈述义务并非课以当事人依客观真实陈述之义务，仅仅要求当事人不得故意违背其主观所认知的真实而虚伪陈述。可见，当事人的此种真实义务是一种主观真实义务，而非客观真实义务。当事人若

① 姜世明：《民事诉讼中当事人之真实义务》，载《东吴法律学报》2005年第16卷第3期。

违反真实义务，除法律有特别规定之外，原则上并无制裁法律效果。但若法院已知当事人故意虚伪陈述，因该陈述不符合客观真实而不存在，法官无须对此斟酌考量，不受该陈述的拘束，并且不得将其采为裁判的基础。[①]从我国民事诉讼立法与司法实践来看，在当事人的事实主张过程中，有必要重塑当事人的真实完全陈述义务。具体而言，一方面要从制度上保障当事人的调查取证权，合理建构违反当事人义务的惩罚机制，明确当事人真实义务的界限和范围；[②] 另一方面对当事人真实义务的法解释学解读应当立足辩论主义，以不应过分加重当事人的负担为底线，真实义务的底线是坚持私权保护而不是发现真相，发现真相的手段应当是当事人的主张，而非法官主动依职权发现真相。[③]

第三，当事人的诉讼促进义务。所谓诉讼促进义务，是指为合理分配司法资源，兼顾诉讼经济及保障当事人程序利益之要求，乃要求当事人承担对于对方当事人依据诚实信用原则进行诉讼的义务，及对于法院协力迅速进行诉讼的义务，以此保护对方当事人的程序利益及其他诉讼制度使用者受迅速裁判的利益。质言之，诉讼促进义务即要求当事人在诉讼过程中尽自己最大努力和善意推动程序的进行。[④] 理论上，诉讼促进义务分为一般和个别两种类型的诉讼促进义务。一般诉讼促进义务是指要求当事人在言词辩论终结前的适当时候提出攻击防御方法。《德国民事诉讼法》第 282 条对一般诉讼促进义务进行了规定，即“当事人各方都应该在言词辩论中，按照诉讼的程度和程序上的要求，在为进行诉

---

① 张文郁：《当事人之真实、完整陈述义务》，载《月旦法学教室》2009 年总第 83 期。

② 纪格非：《我国民事诉讼中当事人真实陈述义务之重构》，载《法律科学（西北政法大学学报）》2016 年第 1 期。

③ 任重：《民事诉讼真实义务边界问题研究》，载《比较法研究》2012 年第 5 期。

④ 陈桂明：《论当事人在诉讼中的促进义务》，载陈光中主编：《诉讼法理论与实践》（下册），中国政法大学出版社 2003 年版，第 57 页。

讼所必要与适当时候，提出他的攻击和防御方法，特别是各种主张、否认、异议、抗辩、证据方法和证据抗辩”。而个别诉讼促进义务，是指当事人应当在法官所指定的期间内提出攻击防御方法。[①] 个别诉讼促进义务，在立法条文中则主要体现为法官在诉讼的各个阶段为当事人指定一定的期间，要求当事人在被指定的期间内及时提出相应的诉讼资料。例如，《日本民事诉讼法》第162条规定，“审判长可以指定应提出答辩状或记载主张有关特定事项的准备书状或者应申请有关特定事项证据的期限”[②]。在当事人的事实主张活动中，立基于协同主义理念的诉讼促进义务有助于当事人主张责任的履行。首先，就原告而言，它要求原告在递交的起诉状中明确记载符合法律规定的事项，以便对方当事人和法院尽早明确纠纷的争点和实质所在。其次，就被告而言，它要求被告在法定期限内依法提出答辩状。无论是原告的起诉状还是被告的答辩状，都应当满足时间和内容的适当性。[③]

第五节　主张责任的功能

归纳起来，主张责任在民事诉讼中具有行为指引、利益保障与裁判制约三大功能。在这三大功能之下，主张责任还具有促进信息的流动与开示、实现实质性争点整理、促进沟通对话以达成和解、划定裁判对象与范围、防止法官裁判突袭与当事人诉讼突袭等多项子功能。

---

① 王甲乙：《自由顺序主义之检讨》，载杨建华主编：《民事诉讼法之研讨（三）》，台北，三民书局1990年版，第336~337页。

② 刘萍：《论民事诉讼当事人之诉讼促进义务》，载《天津大学学报（社会科学版）》2010年第1期。

③ 王合静：《论当事人之诉讼促进义务》，载《河北法学》2009年第6期。

一、行为指引功能

在过去，主张责任的行为指引功能不受司法实践的重视，人们强调结果主张责任的意义，对行为主张责任的机能并未给予应有的关注。令人欣慰的是，近年来，学者们开始重视主张责任的行为指引功能。[①] 在主张责任的实际功能上，不单单强调用严防法官干涉的方式来维护当事人主义，也开始重视主张责任促进信息流动和防止突袭裁判的机能。[②] 当事人主张责任的行为指引功能主要体现为对当事人参加诉讼的积极指引和不当诉讼行为的规制两方面。

第一，主张责任制度的细化与落实为当事人展开充分的攻击防御提供了积极指引。在“对抗与判定”[③] 的民事程序结构之下，“对抗”不是目的，“对抗”的本质在于为当事人搭建一个解决纠纷的平台，即要求当事人通过请求、主张、抗辩、自认、否认、反驳、异议、举证、质证、争执、辩论等一系列活动，将案件有关的事实和证据引入诉讼中，并在辩论原则、处分权原则、职权探知与职权调查原则以及释明原则等原则的指导下，促使法官对案件争议事实形成心证以认定事实，并在此基础上给出裁判结论，进而定分止争。可见，民事诉讼的纠纷解决过程和逻辑体现为：虽然法官处于裁判者的地位，但裁判结论的形成并非由法官决定，恰恰相

---

① 吴泽勇：《民间借贷诉讼中的证明责任问题》，载《中国法学》2017 年第 5 期；倪培根：《论德国环境侵权因果关系要件的证明策略及其启示》，载《法律适用》2017 年第 15 期；胡晓霞：《主张证明责任视角下的民法——以不当得利为切入点》，载《暨南学报（哲学社会科学版）》2011 年第 3 期等。

② 欧元捷：《论民事诉讼主张责任法理》，载《山东警察学院学报》2016 年第 1 期。

③ 王亚新教授在研究日本民事诉讼制度时，将日本民事诉讼的结构概括为“对抗与判定”。我国经过几十年的民事审判方式改革后，民事诉讼结构实际上也采用了这一程序结构。关于“对抗与判定”程序结构的具体内容，参见王亚新：《对抗与判定：日本民事诉讼的基本结构》，清华大学出版社 2002 年版，第 57 页。

反，当事人的对抗行为推动法院判决的逐步形成，当事人诉讼行为对诉讼进程及诉讼结果起着决定性的作用。[①] 在裁判事实的建构活动中，当事人处于核心关键的地位。既然裁判事实与裁判结论的形成是由当事人决定的，如何在诉讼中提出有效的事实主张和证据就成为当事人关心的焦点。在奉行辩论主义、处分权主义的民事诉讼体制之下，诉讼具有较强的程式性、技术性等特点，这就要求当事人具有一定的诉讼能力。诉讼能力的强弱直接关系案件的胜败。因此，这就需要确立一种制度帮助当事人在诉讼中正确提出有利于己的事实与证据，有效展开攻击防御，从而获取法院的胜诉判决。主张责任制度恰好为当事人在诉讼中展开有效的攻击与防御提供了支持。这种支持主要体现为主张责任制度确立了详尽的攻击防御方法体系，[②] 明确了当事人的攻击方法与防御方法，这就使得原告知晓应该提出哪些请求原因事实，同样使被告知晓应当提出哪些抗辩事实。正如学者所言，以要件事实为核心亦即以请求原因事实、抗辩及再抗辩事实组成的攻击防御体系为双方当事人在诉讼中组织举证提供了清晰的目标和方向。[③] 主张责任制度不仅要求当事人对事实提出具体的事实主张，而且还要求当事人诚信诉讼，适时、完整提出事实主张。当事人适时、具体、完整提出事实主张，有助于促进诉讼信息的流动与开示，随之而来的便会是促使当事人衡量诉讼进行下去自己胜算几何，这会大大有助于促进当事人进行沟通对话，达成和解与调解，终结诉讼程序。

第二，主张责任制度的具体运用有助于规制当事人不当的诉讼行为。

---

① 李浩：《民事诉讼当事人的自我责任》，载《法学研究》2010 年第 3 期。

② 在日本，攻击防御方法是指当事人提出作为自己请求基础的法律及事实上的主张、对他方当事人的主张进行否认，提出证据声请及对其作出否认、证据抗辩等一切诉讼资料。参见林屋礼二＝小野寺规夫『民事诉讼法小辞典』（信山社，1999 年）80 頁。

③ 段文波：《要件事实理论下的攻击防御体系——兼论民事法学教育》，载《河南财经政法大学学报》2012 年第 4 期。

当前，我国民事审判实践遇到了诸如争点整理效果不佳、审判效率有待提高，以及部分当事人滥用诉权、虚假诉讼、恶意诉讼、无理缠诉、诉讼突袭等问题。主张责任制度规制上述当事人不当诉讼行为的功能主要体现在以下两个方面：一是结果主张责任的存在有助于规制当事人任意草率诉讼的行为。在推行立案登记制的背景下，部分当事人任意、草率进行诉讼，强调结果主张责任的意义，在于告知当事人不能提出相应的事实主张要承担败诉的风险，这样一来会使得当事人谨慎诉讼，减少无理缠诉的现象；二是行为主张责任的履行有助于规制当事人实施诉讼突袭的行为。行为主张责任要求当事人负责提出于己有利的事实，对于己有利的事实主张并非任意为之，恰恰相反，事实主张作为当事人诉讼行为之一种，同样受到诚实信用原则、真实完全义务、具体化义务、诉讼促进义务等制度的影响与制约。主张突袭在司法实践中经常被诉讼欺诈者使用，这在一定程度上是由于法律没有限制当事人在诉讼的任何阶段提出自己的任何诉讼主张造成的。[①] 2012 年《民事诉讼法》将证据随时提出主义修正为适时提出主义，对规制诉讼迟延与证据突袭起到了重要的作用。“适时提出主义”不仅适用于证据资料的提出，同样也适用于事实主张的提出，这是由主张在时间与逻辑上发生在举证之前决定的。在诚实信用原则、真实完全义务、具体化义务、诉讼促进义务、适时提出主义等观念与制度的指引下，主张责任也就具有了规制虚假诉讼、恶意诉讼以及诉讼突袭等功能。

二、利益保障功能

主张责任的利益保障功能主要体现在主张具体化制度上。在大陆法系

---

① 主张突袭是诉讼突袭欺诈的一种，除此之外，诉讼突袭还包括证据突袭、诉讼请求的突袭、诉的突袭等内容。关于民事诉讼欺诈的概念、类型及应对策略，具体可参见李龙：《民事诉讼欺诈与应对策略研究》，载《人民司法》2006 年第 5 期。

的民事诉讼中，如果当事人向法院所提出的事实主张不满足具体化的要求，其可能被认定为不适格的主张，这就有可能导致法院不会将其作为审理的对象，即当事人会被认定为未尽主张责任而承担败诉的不利益。[①]“主张具体化有两方面的内涵：一是指当事人向受诉法院主张法律要件事实时，不能仅抽象为之，而应当作出具体的陈述；二是指当事人所提出的事实主张不能是凭空捏造的或仅为射幸式的陈述，而应当具有一定的线索或根据。”[②] 对当事人提出事实主张“具体化”的要求，是为了实现维护法院审理利益、对方当事人的防御利益以及作为证据方法的第三人的利益的制度要求。就这个层面而言，作为主张责任重要内容之一的主张具体化制度，实际上被预设了如下三个方面的利益保障功能。[③]

第一，保障当事人的攻击防御利益，确保攻击防御的平衡。建立在主张责任基础之上的具体化义务制度，要求当事人在诉讼过程之中对案件事实的陈述要具体详细，并具有基本的合理性和证据线索。具体而言，就是要求当事人的主张性陈述、争议性陈述以及证据声明应当满足具体化的要求。[④] 在采行辩论主义的民事诉讼中，一方面，主张责任的具体化要求负有主张责任的当事人适时提出事实主张，不能仅抽象地进行事实主张，否则会出现攻击方向或目标的不明确，致使对方当事人难以进行有效的防御；另一方面，面对负有主张责任当事人所提出的事实主张，另一方当事人在进行抗辩时也应满足具体化的要求。面对负有主张责任一方当事人提

---

① 畑瑞穗「主张的具体化」法学教室第 11 期（2000 年）。

② 占善刚：《主张的具体化研究》，载《法学研究》2010 年第 2 期。

③ 有学者从维护法院审理利益、保障对方当事人的防御利益以及保护作为证据方法的第三人的利益三个方面论证了主张具体化的正当性基础和法理依据。保障法院、对方当事人以及作为证据方法的第三人的利益是主张具体化的法理根据，反过来，我们同样有理由认为主张具体化被预设了利益保障的制度功能。有关主张具体化的法理根据，参见占善刚：《主张的具体化研究》，载《法学研究》2010 年第 2 期。

④ 胡亚球：《论民事诉讼当事人具体化义务的中国路径》，载《清华法学》2013 年第 4 期。

出的事实主张，对方当事人可以采取自认、否认、沉默以及不知陈述四种立场和态度，[①] 通常以自认和否认为主。但是出于某种难以启齿的事由或维护自身利益的需要，保持沉默也是会发生的。实际上，不知陈述在司法实践中也是常常发生的，只不过这种防御态度经常被法官拟制为自认，在一定程度上与平等保障攻击防御利益的要求不符。对于当事人因对方所主张的事实并非自己所为或非自己认识能力所及，因时间久远、记忆力衰退、失忆、患病等因素导致的客观上的不知或记不得的情形，法院若将其拟制为自认，势必加重不负举证责任一方当事人的诉讼负担，使其遭受诉讼上的不利益。因此，在当事人作出不知陈述的行为时，法官应结合生活经验，考量所陈述的事实与当事人之间的关联程度、陈述的事实距离诉讼的时间间隔以及当事人不能作出明确陈述的原因是否合理等因素后，综合作出判断，既不能将之全盘推定为争执，也不能将之无限制地拟制为自认。[②] 在原告提出请求原因事实→被告提出抗辩事实→（原告）再抗辩→（被告）复再抗辩→（原告）复再再抗辩的攻击防御体系中，原告详细主张请求原因事实，被告具体提出抗辩事实，这样能够确保攻击防御的平衡，同等保护当事人的利益。如果只对一方当事人要求事实提出的具体化，而对另一方当事人不作此方面的要求，那很有可能致使详细提出事实主张的一方当事人遭受情报开示的不利益。这与民事诉讼中当事人无义务为了对方胜诉而披露情报的法理不符。[③]

此外，主张责任具体化平等保护当事人的攻击防御利益，确保攻击防御的平衡，是民事诉讼当事人武器平等原则的基本要求。根据姜世明先生的定义，“武器平等原则是指当事人无论其在诉讼中为原告或被告，或诉

① ［日］新堂幸司：《新民事诉讼法》，林剑锋译，法律出版社 2006 年版，第 372 页。

② 张润：《民事诉讼中当事人的“不知陈述”研究——兼评〈民诉证据解释（征求意见稿）〉第 18 条》，载《河北科技大学学报（社会科学版）》2016 年第 4 期。

③ 畑瑞穗「民事诉讼における主张过程の规律」法学协会杂志第 1 期（1997 年）。

讼外系高低阶层之关系，于诉讼中之地位一律平等；法官因此负有经由客观公正程序进行，无成见地使用与评价当事人双方之主张，无偏私地运用法律及履行其他程序上义务，以确保当事人之平等；而经由武器平等原则，乃得强化正确判决获得之可能性”①。武器平等原则具体包括地位平等、机会平等以及风险平等三个方面的内容。② 其中，机会平等是指法官在诉讼程序中应当给予双方当事人平等的机会，对于作为裁判基础的所有事项，应当给予当事人充分的主张及说明的机会，同时也应给予对方当事人提出相应主张和防御方法的机会。可见，主张责任是武器平等原则具体制度化的表现，为平等保护双方当事人的攻击防御利益提供了制度保障。

第二，维护法院的审理利益。主张责任制度维护法院审理利益的功能主要体现在以下几个方面。一是能够避免法院进行无意义的证据调查。在采行辩论主义的民事诉讼中，法院并不需要对当事人提出的所有事实进行证据调查。当一方当事人对负有主张责任的当事人提出的事实进行自认时，经过自认的事实，法院就没有必要进行证据调查。法院在判定证据调查的必要性时，首先得知道哪些事实是当事人有争执的事实。法官要从事这项工作的前提是当事人对事实已经具体提出。当事人若仅为抽象地主张事实，法院将无法有效判断该事实主张是否有证据调查的必要性。③ 主张责任要求负有主张责任的当事人提出具体的事实主张，对方当事人有针对性地作出明确回应以及提出具体的抗辩事实，有助于法官厘清当事人没有争议的事项，明确争执的事实，从而对事实是否具有证据调查的必要性作出有效的判断，避免无意义的证据调查。二是能够实现实质性争点整理程序，避免庭审走过场，实现庭审实质化。④ “在新一轮司法体制改革中，完

① 姜世明：《民事程序法之发展与宪法原则》，台北，元照出版有限公司 2003 年版，第 162 ~163 页。

② 沈冠伶：《诉讼权保障与裁判外纷争处理》，台北，元照出版有限公司 2008 年版，第 28 ~29 页。

③ 畑瑞穂「主张・否认のありたについて」民事诉讼杂志 47 期（2001 年）。

④ 段文波：《要件事实理论下的主张责任》，载《法学评论》2006 年第 5 期。

善'以庭审为中心'的民事诉讼制度改革已经成为民事司法领域改革的重要部分。"① 高效的审前准备程序，尤其是争点整理程序是充实庭审、实现庭审集中化的前提和条件。而有效整理争点的前提是当事人能够尽早提出攻击防御的方法。在民事诉讼中，并非当事人之间发生争议的所有事实都是案件的争点，仅仅是争执的要件事实才是争点。在主张责任制度下，请求原因事实和抗辩事实等要件事实能够较好地被当事人提出，为高效整理争点提供了条件。三是主张责任有助于节约司法成本，避免诉讼迟延，提高审判效率。

第三，保护作为证据方法的第三人的利益。作为证据方法的证人，具有如实作证的义务，在法庭上应当如实回答法官的提问。在民事诉讼中，负主张责任的当事人如果仅抽象地主张事实或提示证明主题即可要求作为证据方法的第三人作为证人接受法院的询问，将会使证人必须回答法院就不特定的多数事实所进行的询问，这对于证人来讲显然有些苛刻。② 主张责任制度有助于证人避免过分"受良心之纠葛"而回答与查明案件事实无关的、琐细的、无聊的质问，从而维护证人的人格利益。

三、裁判制约功能

民事诉讼主张责任的裁判制约功能主要体现为划定法院审理的对象，防止法院事实突袭性裁判。

首先，当事人通过主张责任划定其证明行为指向的对象与范围的同

① 蒋惠岭：《重提民事诉讼中的"庭审中心主义"——兼论 20 年来民事司法改革之轮回与前途》，载《法律适用》2015 年第 12 期。

② ［日］佐上善和：《民事诉讼における模索证明について——不适法根据の检讨》，载《民商法杂志》（日本）1978 年临时增刊《法と权利》。转引自占善刚：《主张的具体化研究》，载《法学研究》2010 年第 2 期。

时，也划定了法院在事实问题上所应当关注的焦点与范围。[①] 主张责任的核心要义是，只要能够产生一定法律效果的主要事实或要件事实未在当事人的辩论中出现，法院便不能将其作为裁判的基础和根据。法院的事实认定等裁判活动必须立足于当事人事实主张和权利主张。这是法官中立性、消极性的基本要求。在民事诉讼中有“不告不理”原则，即如果当事人未向法院提出诉讼或未提出有关的诉讼请求，则法院不会审理当事人未提出的诉请。相应地，在主张责任制度之下，法院一般不会对当事人未主张的要件事实或主要事实进行事实审理与认定。也许有人会质疑，如果法官始终保持这样的立场与态度，在审判实践中很有可能产生负面效应，如裁判结论与实质正义相背离，裁判的可接受性不强，难以获得当事人对裁判正当性的认可等。

其次，主张责任不仅仅是要划定法院在事实审理上的焦点与范围，更为重要的是要防止来自法院的突袭性裁判，从而贯彻处分权主义，尊重当事人意思自治与保障私权。“突袭性裁判”概念肇始于德国，但立法并未对其进行界定，主要是由学者从诉讼当事人心理预期的视角进行定义。[②] 在德国，“突袭性裁判”被称为司法之“癌”，对司法具有严重的危害性，在规制方面亦具有很大的难度。“突袭性裁判”是由邱联恭教授翻译并引入学界与立法界，之后逐渐为理论界与实务界所认知与接受。[③] 学者主要

---

① 毕玉谦：《民事证明责任研究》，法律出版社 2007 年版，第 8 页。

② 德国学者凯特姆拜尔（Kettembeil）教授将其界定为：突袭发生的基础源于根据现行法律规定，以及个案基础事实的状态，通常预测司法机关会给出特定的审判结果，而司法机关却作出不符合期待，甚至相反的审判结果的情况。而通常预测司法机关所要给出的审判结果，是根据通说而产生的审判结果。参见姜世明：《民事程序法之发展与宪法原则》，台北，元照出版有限公司 2009 年版，第 107 页。

③ 可以参考邱联恭教授、刘明生博士的研究成果：1980 年邱联恭教授第一次研讨会上提出“突袭性裁判防止”的理论，报告全文参见邱联恭：《突袭性裁判防止》，载《民事诉讼法之研讨（一）》，台北，三民书局 1986 年版，第 27 ~62 页；刘明生：《突袭性裁判防止之研究》，载《民事诉讼法之研讨（十八）》，台北，元照出版有限公司 2012 年版，第 229 页。

是从法官的释明义务的视角对“突袭性裁判”的概念进行界定的。例如，邱联恭教授认为：“隐存于形成心证过程及判决的一定误谬与不完全，原可经由当事人及时提出较充分的攻击防御方法，或陈述必要的意见（包括证据分析），而适时予以治愈或补全，以避免经济上浪费或错误、不完全的发生时，则因未适时赋予当事人（律师）提出攻击防御方法或陈述意见，以促使治愈或补全该谬误或不完全的机会，将终至该谬误或不完全仍然残存。在此情况下，当事人为谋补救该残存谬误或不完全的裁判，不得不支出本可节省的劳力、时间、费用。此种隐含谬误或不完全的裁判，是在未赋予当事人上述机会情况下作成，即为突袭性裁判。”① 而姜世明教授则认为，“突袭性裁判主要是指法官违反事实上的与法律上的释明（指示）义务，而这种裁判以两造未获得适当的程序保障下所发现的事实或法律见解作为其裁判的基础与依据，以致造成法院所为之裁判乃非当事人以通常情状所得预期裁判结果之意外效果”②。学者杨严炎认为前述概念的界定虽明确了突袭性裁判防止的目的与价值，但在概念界定的简洁性要求上有所不足，“突袭性裁判，是指法官违反事实上和法律上的释明义务，没有公开自己的心证，从而剥夺了受不利裁判之当事人就相关事实与法律适用表明自己意见从而影响法官的机会，并在此基础上作出的超出当事人合理预期的裁判”③。

从上述概念的界定来看，“突袭性裁判”包括事实认定的突袭和法律适用的突袭。前者是指由于当事人所认识、理解的事实与法院作为裁判基础的事实不一致而形成的突袭；后者是指法院在诉讼中，有关法律适用方

---

① 邱联恭：《突袭性裁判防止》，载《民事诉讼法之研讨（一）》，台北，三民书局 1986 年版，第 35 页。

② 姜世明：《民事程序法之发展与宪法原则》，台北，元照出版有限公司 2009 年版，第 109 页。

③ 杨严炎：《论民事诉讼突袭性裁判的防止：以现代庭审理论的应用为中心》，载《中国法学》2016 年第 4 期。

面，没有释明或没有适度释明，没有公开自己的心证，以保障当事人就判决适用的法律陈述意见之机会，以致该裁判所据为法律基础的法律观点非为当事人所能预期造成的突袭。① 对于法律适用的突袭，则主要依靠法官心证公开与法律观点指出义务来进行规制；而对于事实认定的突袭的规制，不仅需要法官适时履行释明义务，更多地要依靠主张责任制度的践行来实现规制的目的。从发生原因的视角来看，事实认定突袭可以分为当事人在辩论中已经提出但与法官认识不一致产生的突袭和当事人没有在诉讼中提出有关的事实主张而法院将其作为裁判基础产生的突袭两种类型。后一种就是违反辩论主义和主张责任的具体表现。主张责任制度的践行能够有效防止法官实施后一种类型的事实认定突袭，进而防止法官作出突袭性裁判。

① 熊云辉:《论突袭性裁判》，载《法律方法》2014 年第 2 期。

第三章　主张责任的适用对象

主张责任的适用对象主要解决的是当事人在诉讼中必须提出何种事实的问题。探讨主张责任的适用对象主要涉及以下两个问题：一是主张责任适用对象的范畴，即主张责任的作用对象是事实范畴还是法律范畴，问题实际上是指主张责任作用的对象是事实主张、法律主张抑或权利主张；二是主张责任的适用对象的内容，这个问题主要指主张责任的对象是否包括间接事实，尤其是重要的间接事实。

第一节　主张责任的适用对象概述

一、主张责任适用对象的范畴

探究民事诉讼主张责任的适用对象，是保障当事人履行主张责任的基本要求。由于民事诉讼当事人的主张责任是约束性辩论原则的逻辑派生，是约束性辩论三原则的核心命题之一；因此，讨论主张责任的适用对象，有必要将其与约束性辩论原则的具体内容或适用对象进行比较研究。实际上，辩论主义的规制对象决定着当事人主张责任的作用对象或适用对象。

约束性辩论原则或辩论主义是现代法治国家民事诉讼所普遍遵循的基本原则。现今对辩论主义或约束性辩论原则的内涵已达成共识，主要体现为以下三命题或三原则：一是直接决定法律效果发生或消灭的必要事实必须在当事人的辩论中出现，没有在当事人的辩论中出现的事实不能作为裁判的依据；二是对于当事人一方提出的事实，对方当事人没有争议的，法院应当将其作为裁判的基础；三是法院对案件证据的调查只限于当事人双方在辩论中所提出的证据。[①] 对此，有学者将（约束性）辩论原则界定为：对于作为法院裁判对象和裁判基础的诉讼资料（诉讼标的、案件事实和证据），原则上应当由当事人提出并且必须经过双方当事人的充分辩论，否则，法院不得据以作为裁判的基础。从其定义来看，约束性辩论原则或辩论主义的作用对象是作为法院裁判对象和裁判根据的辩论资料或诉讼资料。具体而言，裁判资料或诉讼资料主要包括诉讼标的、案件事实和证据资料等内容。[②] 在适用约束性辩论原则或辩论主义时，往往涉及与诉讼请求、诉讼标的、主张的事实、自认等内容的关系问题。首先，在辩论主义与诉讼请求的关系上，基于辩论主义的基本法理，当事人的诉讼请求对法院裁判对象具有拘束作用，法院裁判应当受到当事人诉讼请求质和量的限制与约束，既不能超出当事人的诉讼请求实施超裁，也不能漏掉当事人的诉讼请求进行漏裁。其次，在辩论主义与诉讼标的关系问题上，同样应当遵守辩论主义的机理，即法院裁判行为应当受到当事人主张的约束和限制。具体而言，法院应当按照当事人在诉讼中指明的诉讼标的进行裁判，法院裁判的诉讼标的应当与当事人在诉讼中主张的诉讼标的具有同一性，否则法院据此作出的裁判结论缺乏当事人认同的基础，与此同时也很有可能对当事人造成裁判突袭。值得注意的是，尽管法院在诉讼标的方面受当

---

① 张卫平：《转换的逻辑：民事诉讼体制转型分析》，法律出版社 2007 年版，第 274 页。

② 刘学在：《民事诉讼辩论原则研究》，武汉大学出版社 2007 年版，第 93 ~97 页。

事人主张的约束，其对于诉讼对象的权利或法律关系的性质认定却不受当事人观点的约束。最后，辩论主义与案件事实的关系，从约束性辩论原则的第一命题来看，法院作为裁判基础的事实，必须由当事人在诉讼程序中主张和辩论。当然，并非作为法院裁判基础的事实都必须由当事人主张。日本民事诉讼理论认为，只有当事人所主张的主要事实才对法院具有约束力，即辩论原则只适用于主要事实或要件事实，不适用于间接事实和辅助事实。① 从辩论主义的三大命题来看，辩论主义还涉及与自认事实的关系以及在公益诉讼、人事诉讼中的适用等问题，这些将在后文详述。

对于民事诉讼主张责任适用对象属于何种范畴的问题，可以转换为以下两个问题：一是主张责任的作用对象是事实范畴还是法律范畴，这个问题实际上是主张责任作用的对象是事实主张还是法律主张。二是讨论主张责任的适用对象与诉讼请求之间是何种关系，这个问题实际上是主张责任作用的对象是权利主张还是事实主张。

事实主张与法律主张。对于第一个问题，笔者认为主张责任的适用对象属于事实范畴而非法律范畴，也就是说主张责任作用的对象是当事人的事实主张，而非法律主张。辩论主义解决的是当事人与法院在诉讼资料提供上的作用和角色分配问题，此处的诉讼资料只包括事实和证据，不包括法律。法律主张之所以不属于主张责任的作用对象，主要是受到“法官知法”原则的影响。“法官知法”原则在立法上并未明文规定，但一直以来被视为不言自明的诉讼原理，为大陆法系民事诉讼广泛肯认，并作为分配法院和当事人在诉讼中权能、角色和责任的基准。“法官知法”原则的核心要义是指当事人负责提供事实，法官负责适用法律，法律的解释与适用属于法官专有的权限和职责，且法官适用法律裁判案件原则上不

① 张卫平：《我国民事诉讼辩论原则重述》，载《法学研究》1996 年第 6 期。

受到当事人法律见解或主张的约束。[①] 一般认为，“法官知法”原则在一定程度上虽保护了缺乏法律知识的当事人，减轻了当事人在法律观点上的主张责任。

笔者认为，这种结论是存在假设前提和预设语境的，即在法治相对落后、国民法律素养相对较低的国家及地区，“法官知法”原则才有生存的土壤。然而，在法治相对健全、国民法律素养相对较高、律师代理制度比较发达、国家普法制度比较健全的国家及地区，仍然不重视当事人在法律适用上的听审请求权，亦即不赋予当事人就案件的法律适用问题向法院陈述自己的意见和主张自己的法律观点的机会，这种做法本质上是法院专断思想的产物，不符合现代法治的基本要求。就这个层面而言，解释与适用法律并非法院专有的权限，作为承受案件裁判结果的当事人，同样有权主张自己的法律观点和参与法律的适用。这就给法官提出保障当事人法律适用方面的听审请求权的要求，即一方面要求法官给予当事人机会陈述自己法律观点或见解的主张，另一方面要求法官在裁判过程中遇到自己的法律见解与当事人主张的法律观点不一致时，及时履行法律观点指出义务，就案件法律适用问题与当事人进行适当的讨论，充分考量当事人的法律见解，及时修正自己的法律观点，从而作出被当事人认可和接受的裁判结论。当然，从防止突袭裁判和保障当事人法律适用方面的听审请求权的目的出发，我们可以认为“法官知法”原则或“当事人负责事实，法官负责法律”原则在某种程度上进行了适度的修正，法院在一定程度上应当受到当事人法律主张的约束，但这并不能据此推导出法律主张就属于辩论主义和主张责任的作用对象和范畴的结论。

对于第二个问题，笔者认为有必要就权利主张、诉讼请求以及事实主

---

① 熊跃敏：《民事诉讼中法院的法律观点指出义务：法理、规则与判例——以德国民事诉讼为中心的考察》，载《中国法学》2008 年第 4 期。

张之间的逻辑关系进行系统梳理，进而回答主张责任的作用对象与当事人的诉讼请求、诉讼标的之间的关系以及事实主张与权利主张的关系等问题。权利主张是指民事诉讼当事人对一定实体法权利存在与否作出的具体陈述。一般而言，在民事诉讼中提及权利主张，多数情况下是指原告的权利主张，如给付之诉中的请求权、积极确认之诉中的支配权和形成之诉中的形成权等。当然，被告也可以提出权利主张，如给付之诉中的抗辩权等。原告的权利主张是当事人进行诉讼的目的。当事人的权利主张构成诉的内容，是法院裁判的对象。①

事实主张与权利主张。权利主张通常存在于诉讼请求之中。在大陆法系国家的民事诉讼中，体现原告权利主张的概念主要有“申请”② “请求”“诉讼上的请求”等。这些概念与我国民事诉讼中的“诉讼请求”概念相似。在德国民事诉讼中，对于当事人“请求”的性质主要有“权利保护说”和“请求说”两种观点。“权利保护说”认为原告提出的“请求”是针对被告的，是原告向被告提出的一定权利或法律关系存在与否的主张。“请求说”则认为原告提出的“请求”是针对法院的，是原告要求法院作出特定权利保护形势的判决的主张。日本民事诉讼法学者新堂幸司教授则主张从不同的视角或意义上去理解和把握“请求”的概念，进而认为“请求”概念有广义和狭义之分，狭义上仅指原告针对被告提出的一定权利或法律关系存在与否的主张；而广义上除了包括狭义上的概念外，还包括原

① 闫庆霞：《当事人民事诉讼主张研究》，法律出版社2013年版，第58~59页。

② 德国民事诉讼法学者尧厄尼希教授认为原告必须提起确定的申请。该申请包括原告的权利主张，例如，他本人是某特定物的所有人，要求被告偿还1000欧元或者请求离婚。参见［德］奥特玛·尧厄尼希：《民事诉讼法》（第27版），周翠译，法律出版社2003年版，第122页、第164页。穆泽拉克教授认为申请包括实体申请和诉讼申请，前者必须在起诉状中明确列明，法院应当受该申请的拘束；后者只涉及程序，如申请指定期日、申请移送管辖、证据申请等。参见［德］汉斯－穆泽拉克：《德国民事诉讼法基础教程》，周翠译，中国政法大学出版社2005年版，第36~37页、第58页。

告针对法院提出的权利保护请求。[①] 原告的权利主张和原告的“请求”本质上是对同一事物的不同表达，原告的权利主张主要是从当事人之间的争讼法律关系出发进行界定的，而原告的请求则是从当事人与法院之间的审判法律关系进行表达的。中国民事诉讼语境下的“诉讼请求”，是指原告向法院所提出的保护其民事权益的具体内容，是原告在诉讼中提出的实体权利请求，包括请求法院确认某种法律关系或法律事实、请求对方当事人履行给付义务以及请求变更或消灭一定的民事法律关系。[②] 而在德日民事诉讼中，“诉讼请求”的含义则使用“请求趣旨”或“诉之声明”等术语来表达。中国法语境下的“诉讼请求”除了包括当事人向法院提出的保护其民事权益的实体内容之外，还包括向法院提出的程序利益请求，比如关于诉讼费用的判决请求等。原告的权利主张与原告的诉讼请求的区别在于权利主张不包括诉讼费用等程序利益相关的请求，除此之外，两个概念可以互用，并且在实践中也经常互用。[③] 笔者认为，在理解原告的权利主张和诉讼请求两个概念时，一定要注意其使用的语境，人们在使用“诉讼请求”时，通常是想表达具体的实体权利内容，而在使用“权利主张”场合，往往是为了与“事实主张”相对应或者从整体上概括表达实体法权利内容。

二、民事诉讼案件事实的概念界定

（一）事实的概念

“事实”是一个移植的法律术语，可以追根溯源到拉丁词 factum 和 res

① ［日］新堂幸司：《新民事诉讼法》，林剑锋译，法律出版社 2008 年版，第 217 页。

② 全国人大常委会法制工作委员会民法室：《〈中华人民共和国民事诉讼法〉条文说明、立法理由及相关规定》，北京大学出版社 2012 年版，第 199 ~ 120 页；王福华：《民事诉讼法学》，清华大学出版社 2015 年版，第 309 页。

③ 闫庆霞：《当事人民事诉讼主张研究》，法律出版社 2013 年版，第 60 ~ 62 页。

facti 。在哲学领域，“事实”概念一直处在近代思考的核心位置。[①] 对于“事实”的概念，理论界众说纷纭，归纳起来，主要有以下三种观点。[②]

一是“自在之物说”。此说是从哲学本体论出发进行的界定，认为事实就是外在于人的事物、事件及其过程。英国著名哲学家罗素认为：“事实是不论我们对之持有什么样的看法而该是怎么样就是怎么样的东西。”[③] 奥地利著名哲学家维特根斯坦也认为：“世界就是所发生的一切东西。世界是事实的总和，而不是物的总和。世界是由事实以及这些就是一切事实这个情况决定的。”[④] “自在之物说”虽强调了“事实”先于人或外在于人的客观存在性，但并未就客观性与主客体之间的关系进行分析，即“自在之物说”未就主体对客观存在的事实进行感知和判断进行论述与阐释，不能全面反映事实的两面性，即客观存在性和主观感知性。因此，“自在之物说”也常常被哲学认识论学者所批判。

二是“主体感知说”。该说是从哲学认识论的视角进行定义的，认为事实是主体关于客观事物、事件及过程的一种陈述或判断。我国系统研究事实问题的哲学家彭漪涟认为：“事实是人对呈现于感官之前的事物或其情况的一种判断，是关于事物及其情况的一种经验知识亦即关于客观事物的某种判断的内容，而不是客观事物本身。”[⑤] 此外，我国著名的法律逻辑学教授雍琦先生也主张该说，并认为“事实只是对客观情况的一种陈述，是关于客观事物的知识，而不是客观事实自身；事实必须是为人们所能直接或间接观察到，并且由主体作出判断而陈述出来，一切事实都是经验事

① 陈嘉映：《说理》，华夏出版社 2011 年版，第 238 ~240 页。

② 张海燕：《民事诉讼案件事实认定机制》，中国政法大学出版社 2012 年版，第 7 ~9 页；李玉华：《诉讼证明中的事实与真实》，载陈光忠、江伟主编：《诉讼法论丛》第 10 卷，法律出版社 2005 年版，第 185 页。

③ [英] 罗素：《逻辑与知识》，范莉均译，商务印书馆 1996 年版，第 219 页。

④ [奥地利] 路得维希·维特根斯坦：《逻辑哲学论》，郭英译，商务印书馆 1962 年版，第 22 页。

⑤ 彭漪涟：《事实论》，广西师范大学出版社 2015 年版，第 3 页。

实；一切事实都是客观与主观、经验与理性的统一与结合，因为任何客观事实的陈述都离不开主观的判断”[①]。“主体感知说”虽强调了认识论视域下事实是人的主体感知，但因其没有认识到事实的客观存在性，混淆了事实与对事实的感知。由于该说存在这一缺陷，经常被主体论学者所批判。

三是“事实材料与事实陈述构成说”。此说是从主体论与认识论两者相结合的视角分析而得出的结论，认为事实是由事实材料和事实陈述两者共同构成的，事实材料和事实陈述两者缺一不可，单一的事实存在不是事实。其中，事实材料也称为事实存在，是指事实的客观载体，具体包括事和物。事实存在或事实材料是本体论意义上的事实概念；而事实陈述也称事实判断，是指认识主体对事实存在所具有的性质和联系的如实陈述。事实判断或事实陈述是认识论意义上的事实概念。“事实存在与事实陈述构成说”在法学界得到众多追捧者和赞同者，相关著述也很多。如法理学教授张志铭先生认为，“事实是事实存在与事实判断的结合”，并把事实分为“客观存在的事实”和“作为命题表述的事实”两种表现形式。[②] 刑事诉讼法学者胡之芳教授认为“事实是指作为主体认识或行为根据的一切客观事物和现象的实际存在状态”[③]。民事诉讼法学者张海燕教授认为，“事实概念的界定应从认识论与本体论两个层面去思考，坚持事实本身的主观性和事实内容指向的客观性相结合的做法，秉持事实是一种具有客观性的主观性的观点”[④]。

因此，对“事实”的概念应当从本体论和认识论相结合的视角去理解已基本达成共识。实际上，从这两个层面去认识“事实”，符合辩证唯物主义思想的要求，亦即“事实”既有客观存在属性，同时也具有经验性，

---

① 雍琦：《法律适用中的逻辑》，中国政法大学出版社 2002 年版，第 175～176 页。

② 张志铭：《裁判中的事实认知》，载王敏远主编：《公法》第 4 卷，法律出版社 2003 年版，第 4 页。

③ 胡之芳：《论刑事裁判中的事实》，载《湘潭大学学报（哲学社会科学版）》2006 年第 3 期。

④ 张海燕：《民事诉讼案件事实认定机制》，中国政法大学出版社 2012 年版，第 13 页。

能被作为主体的人感知、描述、陈述和论证。“事实”具有客观性和主观性双重属性。需要说明的是，笔者无意全面探讨哲学层面“事实”概念的界定问题，而是为了理解和掌握“事实”概念从本体论和认识论层面的本质属性，并在此前提之下，讨论民事诉讼中的案件事实或民事司法裁判视域下的事实问题。

（二）民事诉讼案件事实的概念

民事案件事实属于案件事实的一种。案件事实的认定与法律的适用是民事诉讼裁判的两大活动。事实认定是民事裁判的基础与前提，同时也是最为关键的环节。从哲学本体论与认识论两个层面来界定“事实”概念，对我们建构和理解司法裁判语境下的“事实”或民事诉讼案件事实有以下启示：民事案件事实是事实的一种，同样具有事实的两种属性，即客观实在性和主观经验性。具体而言，从哲学本体论进行分析，可知民事案件事实的客观实在性，即案件的客观真相就是案件事实。正如我国著名的诉讼法学者陈光中先生认为的那样，“案件事实是指争议发生或存在的、不以人的主观意志为转移的客观真实情况，是一种‘自在之物’，法官只能认识它、理解它，而不能在案件事实形成过程中发挥自己的主观能动性”①。在哲学本体论的基础上结合认识论的方法，可以分析出民事案件事实同样具有主观性和经验性。正如法理学者张志铭教授所主张的那样：“案件事实兼具事实存在和事实判断两重属性，既有客观层面上独立于任何主体的自在性，也有为主体通过诉讼活动予以认识判断的经验性。”② 基于哲学本体论和认识论两种不同的认识视角，实践中“案件事实”经常在以下两个

---

① 陈光中、陈海光、魏晓娜：《刑事证据与认识论——兼与误区论、法律真实论、相对真实论商榷》，载《中国法学》2001 年第 1 期。

② 张志铭：《裁判中的事实认知》，载王敏远主编：《公法》第 4 卷，法律出版社 2003 年版，第 5 页。

层面进行使用：一是将人们通过诉讼活动予以认识并作为法院裁判根据的“事实”称为“案件事实”；二是将案件的真实情况也就是案件的客观真相等同于“案件事实”。因此，在遇到“案件事实”这一法律术语时，需要从其使用的场景和语境进行分析辨别。

在哲学本体论和认识论的方法指引下，我们可以将民事诉讼案件事实界定为“裁判者依据相应民事诉讼规则，在证据资料的基础上，对当事人双方所主张的案件客观存在或发生的事物、现象和过程的性质及相互关系所做的一种陈述或判断，是一种裁判者主观思维重构的产物”①。实际上，这一概念界定反映了民事案件事实的形成过程，同时也符合裁判者对案件事实进行认定的理性思维方法和逻辑进路。具体而言，案件实施的形成可以分为三个阶段：一是经历者直面并主观感知案件的客观真相的阶段；二是对客观存在或发生的事物、现象和过程的性质及相互关系进行陈述和主张阶段；三是作为非经历者的裁判者依据民事诉讼规则，在证据资料的基础上认定案件事实为真的阶段。在这三个阶段，“事实”呈现出不同的形态，分别为原始纠纷事实或案件客观真相、主张事实和裁判事实。

三、民事诉讼案件事实的类型划分

（一）主张事实与待证事实、裁判事实

根据民事案件事实认定的理性思维进程，可以将民事诉讼中的案件事实分为主张事实、待证事实与裁判事实。其中，主张事实来源于客观生活事实，待证事实与免证事实来源于主张事实，而裁判事实又以主张事实为基础，并且以客观真相作为追求目标。

第一，主张事实与客观事实。与主张事实紧密相关的概念就是客观事

① 张海燕：《民事诉讼案件事实认定机制》，中国政法大学出版社2012年版，第17页。

实。所谓客观事实，也称存在的事实，其本质特征在于不以人的意志为转移。根据是否与主体的意志有关，可以将客观存在的事实划分为生活事实和自然事实两大类。生活事实是指与主体的意志活动有关的现象和状态；而自然事实是指实际发生和存在的且与主体意志行为无关的现象和状态。① 研究客观事实的意义在于：客观事实是主张事实和法院最终认定的裁判事实赖以存在的客观形式，无论是论证规范事实的正当性，还是通过司法程序认定的裁判事实，都不能违背生活事实和自然事实。② 主张事实是指原被告双方当事人为支持自己在诉讼中的主张或反驳对方当事人的主张而向法院陈述的一系列事实。主张事实是民事纠纷发生之后，当事人从自身利益出发对已然发生的客观案件向法院所作的一种陈述和判断，具有极强的主观性。主张事实的功能主要有三：一是初步确定了本案的诉讼标的；二是对划定本案的要件事实、主要事实和待证事实具有指引功能；三是划定了裁判者认定案件事实的范围。主张事实与客观事实的关系体现为，主张事实源于客观事实。当然，由于主张事实受到主张者的主观评价和权衡，从而呈现出一定的主观性和倾向性，当事人向法院提出和主张的事实并非都与客观事实相符。这一点可以从立法规制虚假诉讼、恶意串通诉讼的现象中得到佐证。因此，这就要求法官在诉讼过程中理性对待当事人提出和主张的事实，去伪存真，准确认定案件事实。

第二，待证事实与免证事实。主要事实和推导出主要事实的间接事实，可以根据当事人之间是否存在争议，分为待证事实和无须证明的事

---

① 当然也有学者以事实是否进入司法领域为标准，将事实分为生活事实与法律事实两类，并作为相对应的概念进行讨论。此处的法律事实是指进入司法裁判视域的事实。此处的“法律事实”与法理学语境下的“法律事实”是不同的概念，法理学中的法律事实是指法律规范规定的，能够引起法律关系产生、变更和消灭的现象。有关生活事实、案件事实、裁判事实的关系，可具体参见毛立华：《论证据与事实》，中国人民公安大学出版社 2008 年版，第 9 ~10 页。

② 赵承寿：《司法裁判中的事实问题》，中国政法大学出版社 2015 年版，第 28 ~31 页。

实。其中，待证事实需要由裁判者在证据资料的基础上通过形成内心确信或者适用法律上的事实推定作出案件的事实认定，而裁判者应当将无须证明的事实直接作为裁判的基础。在采取辩论主义、当事人主义的诉讼体制中，包括事实在内的诉讼资料由当事人负责提出。待证事实与免证事实都来自当事人主张的事实。待证事实与免证事实的划分，是根据当事人是否需要承担举证责任来划分的。待证事实，也称证明对象，是指当事人双方争议的且需要通过证据予以证明的能够产生法律效果的具体事实。待证事实是当事人主张事实的一部分，是双方当事人有争议的那部分内容。需要追问的是，哪些事实属于待证事实的范畴，或者说待证事实包括哪些内容。一般而言，某一事实要成为证明对象或待证事实，应当满足以下四个条件：（1）该事实是当事人在诉讼中主张的事实；（2）该事实具有实体法或程序法的意义；（3）双方当事人对该事实存有争议；（4）该事实处于真伪不明的状态。明确证明对象，不仅有助于当事人围绕其收集、提供证据，同时也有助于法官明细证据调查的范围和审理对象。[①] 通说认为，可能成为证明对象的事实分为实体法事实、程序法事实、外国法律和地方性法规、习惯。其中，实体法事实主要是指实体法中的构成要件事实，不仅包括当事人之间实体法律关系发生、变更、消灭的事实，而且还包括当事人就其民事权利义务发生争议的事实。程序法事实是指能够引起民事诉讼法律关系发生、变更或消灭的事实。值得注意的是，对于证据事实能否成为证明对象，理论上是存有争议的。[②]

笔者认为证据事实不宜成为证明对象，理由是证据材料本身虽存在审查核实的问题，但证据与证据材料不同。证据是用来证明案件事实的，如

① 江伟主编：《民事诉讼法》，高等教育出版社2013年版，第198～199页。

② 有观点认为证据事实应当成为证明对象，其理由有二：一是证据必须查证属实，才能作为认定事实的根据，而查证属实的过程也就是证明的过程；二是审判实务中常常把证据事实作为证明对象。

果将证据本身也作为证明对象，那就难以划清证明对象与证据之间的界限，必然会造成证据与证明对象的混淆。[①] 此外，对于经验法则能否成为证明对象，同样是有分歧的。所谓经验法则，是指人们从日常生活经验中归纳总结而获得的关于事物因果关系或属性状态的知识。根据经验法则的专业性强弱，可以将其分为一般性经验法则和特殊性经验法则。前者是日常生活中的知识，法官应当了解和掌握，而后者包括某些专门性的知识，往往需要当事人举证证明。笔者比较赞同仅仅将特殊性经验法则作为证明对象的观点。[②] 与待证事实相对的是免证事实，是指当事人无须承担举证证明责任的事实。从《最高人民法院关于适用〈中华人民共和国民事诉讼法〉的解释》（以下简称《民事诉讼法解释》）第 93 条的规定来看，免于证明的事实主要包括诉讼上自认的事实、众所周知的事实和自然规律及定理、推定的事实、预决的事实、公证证明的事实。

探讨待证事实和免证事实的意义在于确定当事人是否对其承担主张责任。在免证事实的情形下，当事人无须对免证事实承担举证证明责任。值得追问的是，当事人是否需要对免证事实承担主张责任。由于主张责任与证明责任在分配上呈现一致性，当事人对待证事实承担主张责任毋庸置疑，但对免证事实并未因免去举证证明责任而不承担主张责任。

第三，裁判事实与客观真相。裁判事实是指裁判经过事实认定活动确信为真的认识。理论上，裁判事实的性质主要包括两个。一是作为一种主观认识，裁判事实是裁判者确信为真的事实。裁判事实本质上是认识主体对认识对象和客体的主观反映和认识。对此，裁判事实又是可以进行批评和检验的认识。值得注意的是，裁判事实虽是一种主观认识，但并未否定

① 江伟主编：《民事诉讼法》，高等教育出版社 2013 年版，第 201 页。

② 对于特殊性经验法则，法官对此没有终极性探知义务，在当事人就此发生争议时，其同样应成为证明对象。参见李浩：《民事诉讼法学》，高等教育出版社 2007 年版，第 198 页。

裁判事实的客观属性。二是作为法律规范下的认识，裁判事实是法律上视其为真的事实。作为法律推理的事实前提，该裁判事实将引发相应的法律效果。[①] 裁判者对于案件事实的认定应当尽量符合案件的客观真相。为什么说是尽量，而不是完全，这是因为由于人类认识的局限性，人们无法通过手中的资料和信息对过去发生的事情进行完全复原或重构。当然，要求案件事实认定尽量与案件的客观真相吻合是司法裁判追求的理想和目标，裁判者对案件事实的认定应当最大限度符合案件客观真相是维护司法裁判正当性的基本要求。

（二）主要事实与间接事实、辅助事实

在民事实体法领域，法律事实是指能够引起民事法律关系发生、变更或消灭以及阻碍其发生、变更或消灭的事实或者事实的组合。在采取当事人主义的诉讼体制中，具体案件中的实体法上的事实能否成为证明对象，同样应遵循约束性辩论主义的基本要求，受到主张责任的规制和约束，亦即原则上只有被当事人在诉讼中主张的事实才能成为证明对象。将证明对象中的实体法事实作进一步分类，可以将其分为主要事实、间接事实和辅助事实。

第一，主要事实。主要事实，也称为直接事实，具体而言是指构成法律要件的事实或者说法律效果发生所必需的事实。主要事实是否存在直接影响作为诉讼标的的民事法律关系的判断和认定。可以说，主要事实是由民事实体法规范规定的作为形成特定民事权利义务关系基本要素的事实。在民事诉讼中，主要事实的功能或价值在于，主要事实的存在与否是判断民事权利义务关系存在与否的条件和媒介。以一般的民事侵权案件为例，

---

① 吴宏耀：《诉讼认识论纲——以司法裁判中的事实认定为中心》，北京大学出版社 2008 年版，第 184 ~ 189 页。

构成民事侵权责任的要件包括主观和客观两大方面的要件事实。主观要件事实包括加害人的责任能力和主观过错，而客观要件事实包括受损害事实、加害行为，以及加害行为与损害结果之间的因果关系事实。

第二，间接事实。所谓间接事实，是指用于证明主要事实或直接事实的事实，具体而言是指用来依靠经验法则推定主要事实存在与否的事实。间接事实的存在，本质上是主要事实在某些情形下难以证明时的替代产物。由于事物间因果关系的复杂性，的确存在主要事实难以通过直接的方式加以证明的情形，于此，间接事实概念便被推出以解决难题。法官通过间接事实来推断主要事实是否存在，从而认定案件事实并裁判案件。间接事实的价值，在于作为经验法则推断的基础和前提而存在。间接事实在实践中运用也比较广泛，比如在亲子关系认定案件中，子女在夫妻结婚后一年以内出生的事实，可以作为推定该子女是婚生子女的前提，也就是作为间接事实进行推定亲子关系存在。再如，在环境污染损害赔偿案件中，如果主要事实是被告排放的污染物致使原告患上某种疾病，由于疾病的机理比较复杂，很难找到直接证据或事实证明排污行为与患上疾病存在因果关系。为了获取法院胜诉裁判以维护权益，原告及其律师便会去收集该污染物所及范围内患上同样疾病的事例。原告在法庭上主张这一事实就是间接事实。

第三，辅助事实。也翻译为补助事实。[①] 辅助事实，是指关于证据能力或证据价值的事实，用于明确证据能力和证据力。此处的证据能力是指证据资格，证据能力或证据资格解决的是证据材料能否作为证据使用的问题。例如，录音资料在录制时是否采用严重侵犯他人隐私等利益的方式，直接关系该录音材料能否作为证据使用。证据力，也称证明力，是指证据证明要证事实的能力。涉及证人证言的可信性时，证人与当事人之间存在

① ［韩］孙汉琦：《韩国民事诉讼法导论》，陈刚审译，中国法制出版社 2010 年版，第 225 页；张卫平：《诉讼架构与程式：民事诉讼的法理分析》，清华大学出版社 2000 年版，第 177 页。

亲属等关系、证人的诚信品质、证人患有阿尔茨海默病等事实都属于影响证言可靠性的辅助事实。这些辅助事实直接影响证言的证明力大小。

将事实分为主要事实、间接事实与辅助事实的意义在于：对于法律构成要件事实或主要事实，法院不得将没有在当事人辩论中出现的直接事实作为裁判的事实根据。根据现代民事诉讼的基本要求，当事人在诉讼过程中没有提出的权利主张，法院不能对其进行审理和裁判，当事人在诉讼中没有主张的法律要件事实，法院便没有义务对该法律构成要件事实是否存在进行事实调查，该法律要件事实是否存在作为证明对象，应当由当事人承担举证证明责任。而间接事实和辅助事实则不受此限制，即便当事人没有对此进行陈述，法院同样可以将其作为裁判的根据和基础，这主要是由于间接事实和辅助事实等同于证据的性质使然。关于主要事实、间接事实以及辅助事实与主张责任适用对象的关系，将在下文详细分析与阐释，此处不再赘述。

第二节　主张责任的适用对象：要件事实

在大陆法系民事诉讼理论上，通说认为民事诉讼主张责任的适用对象是要件事实。要件事实是融合了民事实体法上法律事实和民事程序法上主要事实的特征而形成的概念。因此，有必要对民事实体法上的法律事实以及民事程序法上的主要事实进行解构和分析。

一、法律事实与法律要件

（一）实体法上的法律事实

在法理学领域，法律事实是指能够导致法律关系形成、变更和消除的客观情况或现象。法律事实是法律关系形成、变更和消除的原因。法律事实包括的内容广泛，概括起来，一切具有法律意义从而能够导致法律关系形成、变更和消除的客观现象，都属于法律事实。根据不同的标准，法律事实有不同的分类。在法理学中，比较常见的分类主要是立足于法律关系的主体进行分类的，即主体行为或法律行为和法律事件。事件是指除主体行为以外，一切能够引起法律关系形成、变更和消除的客观情况。[①] 可见，法理学领域对法律事实的概念和分类具有共识性认识，即法律事实是法律关系形成、变更和消除的客观现象，可以分为法律行为和法律事件两类。

在民法学界，人们对法律事实的认识跟法理学者的认识基本相同。民法学者在法律事实的概念上已达成共识，均认为民法上的法律事实是指引起民事法律关系或民事权利形成、变更和消灭的客观现象和情况。例如，佟柔先生认为："法律事实是指在当事人之间引起民事法律关系产生、变更和消灭的客观现象。"[②] 又如，王泽鉴先生将法律事实界定为："权利的取得、变更及消灭等法律现象的发生，系因法律适用于一定事实而引起。此种因法律的适用，足以发生权利得丧变更或其他法律上效果的事实，学术上称为法律事实。"[③] 可见，法律事实是能够引起权利得丧变更或民事法律关系变动的具体事实。法律事实概念自身具有"事实性""具体性"特征，但民法学界并未对这种特征给予相当的关注和重视。与此相反，民法学者对法律事实的类型化和抽象化给予了"厚爱"。这一点可以从民法学教材对法律事实的类型化建构得以佐证。经过学者们的努力，法律事实的类型化和抽象化已基本达成共识，即将民法上的法律事实分为两类。一类

---

① 李步云主编：《法理学》，经济科学出版社 2000 年版，第 205 页；葛洪义主编：《法理学》，中国政法大学出版社 2008 年版，第 317 页；张文显主编：《法理学》，高等教育出版社 2007 年版，第 165 页等。

② 佟柔主编：《民法原理》，法律出版社 1983 年版，第 29 页。

③ 王泽鉴：《民法总则》，中国政法大学出版社 2001 年版，第 240 页。

是人的行为，亦即广义法律行为。人的行为又细分为适法行为和违法行为。适法行为又可分为表示行为和事实行为。表示行为包括观念通知、感情表示、意思通知和意思表示等。[①] 其中，意思表示是法律行为的必备要素。意思表示根据不同的标准，有不同的分类，如单独行为与双方行为、债权行为与物权行为、亲属行为与继承行为等。事实行为，是指无关心理状态的行为，比如无主物的先占行为、遗失物的拾得行为、添附行为等。违法行为主要包括侵权行为、债务不履行以及失权行为（比如德国民法中父亲因一定犯罪而失其亲权）。另一类是人的行为以外的其他事实，也称自然事实，主要包括事件和状态。事件，是指具体的自然事实，如出生、死亡、果实自落于邻地等。状态，是指抽象的自然状态，如生死不明、成年、精神障碍、时间的经过、善意恶意等。[②]

从法学方法论的视角来看，法律事实的分析框架比较适合于历史方法。所谓历史方法，是指就案例事实发生的过程，依序检讨其法律关系。[③] 历史方法主要从案件事实入手，即首先寻找案件中能够引起民事权利得丧变更或民事法律关系变动的事实，然后将寻找到的法律事实或案例事实与相对应的法律效果进行比对，从而判断当事人争执的权利或民事法律关系是否存在。法律事实的分析框架或历史方法，实际上是在“案例事实”与“法律规范”之间来回穿梭的体现。法律事实的分析框架是从案件事实入手的，这就需要我们对案件的具体事实有彻底的了解和把握。为了弄清楚历史方法或法律事实分析框架的机理，特举例分析。

---

① 也有学者将观念通知、意思通知界定为准法律行为。准法律行为是指用意思的表达，告知他人事项。法律行为是指一个人为了产生一定的法律效果所作的意思表示。准法律行为和法律行为被共同归纳为广义的法律行为。参见黄立：《民法总则》，中国政法大学出版社 2002 年版，第 192 ~194 页。

② 史尚宽：《民法总论》，中国政法大学出版社 2000 年版，第 301 ~304 页。

③ 王泽鉴：《法律思维与民法实例：请求权基础理论体系》，中国政法大学出版社 2001 年版，第 40 页。

设例：甲公司将一批机床出售给乙工厂，双方签订有买卖合同。因乙厂房装修未完工，乃与甲公司订立寄托合同，将该批机床暂时放置于甲公司。某天，该机床被丙盗窃，并将其善意出售给第三人丁，且已交付。请问该机床属于何人所有？[①]

如果采用法律事实分析框架进行解题，也就是按照案例事实的发生的过程，依序检讨法律关系，其解答步骤为：（1）甲公司将机床卖给乙工厂，双方签订有买卖合同，由于存在有效成立的买卖合同事实，甲公司可以要求乙工厂支付机器价款，乙工厂有权要求甲公司交付机床；（2）由于乙工厂尚未装修完毕，乃与甲公司签订寄托合同将机床暂时放置于甲公司，这种行为实际上是简易交付。简易交付是交付的一种，能够产生物权变动的法律效果。由于寄托合同事实的存在，此时机床的所有权实际上已转移给乙工厂。

（二）实体法上的构成要件

构成要件，该术语来源于德国刑法学界的构成要件理论，最初是一个刑法学专业术语，后来在民法及民事诉讼法的研究中得到运用。刑法领域中的构成要件理论对日本民事要件事实教育以及中国的法学教育产生了深远影响。当然，由于民法与刑法的立法宗旨不同，刑法是惩治犯罪之法，民法是保障救济私权之法，对此，日本民法学者将“构成要件”概念改造为符合民法性质的概念，即“法律要件”，并将“法律要件”区别于“构成要件”。根据日本权威的法学辞典的定义，“法律要件是指能够导致权利义务关系发生变动的必要事实的总称，并且法律要件由法律事实构成”[②]。

---

① 此例改编自王泽鉴书中案例，参见王泽鉴：《民法思维：请求权基础理论体系》，北京大学出版社2009年版，第38～39页。

② 法令用语研究会『法律用语辞典』（东京有斐阁，2000年）1278頁。

从该辞典的定义来看，法律要件包括法律事实，法律事实是法律要件的组成部分。与法律要件紧密相关的概念除了前述法律事实之外，还有法律效果。法律效果，是指民事实体法对法律事实所认可的效果。为了阐释法律要件、法律事实与法律效果之间的关系，可通过买卖合同法律关系进行说明：当出卖与买受两个意思表示达成一致的时候，买卖合同这一法律要件就成立，而此处的出卖与买受两个意思表示就是法律事实，买卖合同成立便产生一定的法律效果，即出卖人负有转移合同标的物权利的义务，而买受人则负有支付合同对价的义务。经过民法学者的努力，现代民法理论中形成了发达的法律要件体系。在民法教科书中，当讨论某一法律效果时，均会分析其构成要件或法律要件，比如合同成立的要件、生效要件、解除条件，侵权损害赔偿责任构成要件等。构成要件理论或法律要件理论民法领域成功运用的实例，毫无疑问是王泽鉴先生提倡的请求权基础理论体系。①

请求权基础理论体系分析方法，在法学方法论上被称为请求权方法。请求权基础是每一个学习法律的人必须彻底了解、确实掌握的基本概念及思考方法。请求权基础，实际上是请求权规范基础的简称，是指支持一方当事人向另一方当事人有所权利主张的法律规范。请求权关系的基本模式是："谁得向谁，依据何种规范，有所主张。"当事人可以主张的请求权，根据其内容，可以划分为不同的类型。具体而言，可以分为：（1）契约上给付请求权，如基于买卖契约、承揽契约等发生的给付请求权；（2）返还请求权，又可分为物权上请求权、债权请求权和用益的返还；（3）损害赔偿请求权，损害赔偿请求权在实务中最为常见，可以根据契约、无权代理

---

① 关于请求权基础理论体系和抗辩体系分析框架或请求权方法，可详细参见王泽鉴先生的专著：《民法思维：请求权基础理论体系》，北京大学出版社 2009 年版；《法律思维与民法实例：请求权基础理论体系》，中国政法大学出版社 2001 年版。

等类似契约、物权关系、无因管理、不当得利、侵权行为、身份关系等产生；(4) 补偿及求偿请求权，包括代偿请求权、让与请求权、不当得利上之代偿请求权、连带债务人之求偿权等；(5) 支出费用偿还请求权，包括受任人处理委任事务所支出的必要费用，受寄人因保管寄托物而支出的必要费用，债权人受领迟延故债务人可请求其赔偿提出及保管给付物之必要费用，无因管理人支出的必要费用，善意占有人因保存占有物所支出的必要费用，恶意占有人因保存占有人所支出的必要费用等偿还请求权；(6) 不作为请求权，包括债权请求权和物上请求权，前者如当事人以不作为为合同的标的而产生的不作为请求权，后者如基于地役权产生的不作为请求权等。

在"对抗与判定"的民事诉讼结构中，有当事人的攻击与防御方法或武器的对立，而在实体法上则主要体现为"请求权"与"抗辩权"的对抗与对立。当一方当事人行使请求权，另一方当事人则可以在诉讼中或诉讼之外提出抗辩。此处的"抗辩"既有诉讼上的抗辩，也有实体法上的抗辩权。具体而言，诉讼上的抗辩包括权利障碍的抗辩和权利消灭的抗辩。权利障碍的抗辩，是指主张对方当事人的请求权因一定的事由（如合同当事人无行为能力）自始不发生。包括契约不成立、无行为能力、违反法律强制规定、违背公序良俗、不依法定方式、自始客观给付不能等。权利消灭的抗辩，是指主张对方当事人的请求权虽发生，但后来因一定的事由（如清偿等）而归于消灭。包括清偿、提存、抵消、免除、混同、给付不能、撤销权的行使等。实体法上的抗辩权，是指义务人对权利人行使权利，得拒绝给付的权利。抗辩权可以分为永久（灭却）抗辩权和一时（延期）抗辩权两大类。永久抗辩权的行使，可以永久排除请求权的行使，在诉讼程序上，法官可以据此判决原告败诉，驳回原告的请求。永久抗辩权主要包括消灭时效抗辩权、对因侵权行为取得债权之拒绝履行权等。一时抗辩权的行使并非永久排除请求权的行使，而是暂时使请求权不能行使而已。一时抗辩权主要包括同时履行抗辩权和保证人的先诉抗辩权等。

民法学者将刑法构成要件理论运用到民法领域，构建了发达的法律要件体系，形成了成熟的请求权基础理论体系分析框架或请求权方法。请求权方法遵循“谁得向谁，依据何种规范，有所主张”的请求权逻辑，分析者总是将法律要件层层分解，并在法律要件与法律效果之间进行穿梭比对，进而确认诉争权利是否存在。这种分析方法对于培养民法思维、处理实务案例具有重要的现实意义。因请求权基础理论分析框架或法律要件——法律效果的分析方法总是需要放在具体的诉讼程序中，这就涉及法官和当事人如何使用、如何分析的问题。首先，对于法官而言，这就需要将法律要件体系中的要件转化为具体案例事实，或者需要将具体的案例事实放入法律要件体系中去比对。如果当事人对某一法律效果的前提事实产生争执，那么法官需要对该事实的存在进行认定和判断。法官需要解决具体案例中的事实是否跟法律要件事实契合。其次，对于当事人而言，需要弄清楚产生某一法律效果的前提要件事实需要由谁来主张，如果发生争执，需要由谁来进行举证证明。可见，请求权基础理论体系分析框架是从实体法静态的角度进行展开的，并未从诉讼的具体场景出发进行分析。

二、要件事实与主要事实

（一）要件事实的概念

在民事诉讼中，经常将要件事实与主要事实、直接事实、规范事实通用。① 要件事实并非本土创设概念。要件事实这一术语来源于日本，其在德语对应的词是“Tatbstand”。从历史沿革来看，“Tatbstand”的概念

① 有学者认为主要事实也称法律要件事实或直接事实，是判断权利得丧变更等法律效果所直接必要的事实。参见许可：《民事审判方法——要件事实引论》，法律出版社 2009 年版，第 32 页、第 114 页。

从诉讼法转向实体法，进而又被作为一般法学的概念使用，而且，已经从事实意义上的东西变为抽象的法律概念。[①] 根据日本《独和法律用语辞典》的解释，“Tatbstand”具有三种意思：（1）从事实关系上看，指事实情况；（2）从法律技术上讲，指构成要件；（3）从关系技术上看，指事实的开示。[②] 可见，德语中的“Tatbstand”一词不仅用来表示法律上的规范构成要件，而且还包括与构成要件对应的具体事实的意思。日本学者小野清一郎指出这是因为在历史上它曾经作为诉讼法上的用语，主要是指事实性的东西。[③] 关于“Tatbstand”的两种内涵，有学者将其区分为“概念性”的 Tatbstand 和“具体性”的 Tatbstand；也有学者将其区分为“法律性”的 Tatbstand 和“事实性”的 Tatbstand。[④] 在日本，为了避免混淆，其被区分为“构成要件”和“构成事实”。

在日本，要件事实概念最早由我妻荣先生使用，其在 1933 年出版的《民法总则》一书中指出：“权利的发生、妨碍、消灭等各种法律效果能否得到肯定，与该等法律效果的发生要件相对应的具体事实有无相关，因此这种事实一般被称为要件事实，为了与前述法律要件相对应，有时也称为法律事实。”[⑤] 日本司法研修所将要件事实界定为：“实体法权利的发生、妨碍、消灭等法律效果是否产生，与是否存在相应的具体事实紧密相关，这些事实都被称为要件事实。”[⑥] 日本司法研修所在其编写的《民事辩护指

① ［日］小野清一郎：《犯罪构成要件理论》，王泰译，中国人民公安大学出版社 2004 年版，第 6 页。

② ［德］奥特玛·尧厄尼希：《民事诉讼法》，周翠译，法律出版社 2003 年版，第 304 页脚注。

③ ［日］小野清一郎：《犯罪构成要件理论》，王泰译，中国人民公安大学出版社 2004 年版，第 11 页。

④ 德国学者贝林格和麦耶尔对 Tatbestand 作出了不同的分类，分别参见 Beling，Die Lehre vom Verbrechen，S. 111；M. E. Mayer，Der allgemeine Teil des deutschen Strafrechats 1915，S. 3. 转引自［日］小野清一郎：《犯罪构成要件理论》，王泰译，中国人民公安大学出版社 2004 年版，第 12 页。

⑤ 日本司法研修所『民事诉讼における要件事实（第一卷）』（财团法人法曹会，1985 年）3 頁。

⑥ 日本司法研修所编『民事訴訟における要件事実（第一卷）』（财团法人法曹会，1985 年）3 頁。

南》一书中也指出："要件事实是相当于实体法规范规定其法律效果的构成要件的事实，它由实体法规的解释来决定。要件事实在民事诉讼上是为实现实体法上的权利而必要和不可缺少的事实，在缺乏要件事实时，主张本身失当，权利不能成立。在这种意义上，要件事实具有作为在民事诉讼中实现实体法规所必要的充分事实的性质。"① 我国学者许可先生在其《民事审判方法——要件事实引论》一书中将要件事实界定为："要件事实，是与发生某一法律效果（权利的发生、妨碍、消灭、阻止）所必需的法律要件（Tatbestand）之构成要素（Tatbestandamerkmale）相对应的具体事实。""要件事实是指民事实体法律规范中规定的可以引起民事法律效果发生、变更和终止的构成要件事实。"② "要件事实"主要是大陆法系国家及地区民事诉讼中的法律术语，而英美法系国家则采用"争点事实"来表达"要件事实"的内涵。当事人的主张事实在经过法律构成要件事实的涵摄后形成民事诉讼程序中的主要事实。

（二）主要事实与要件事实的关系

理论界关于主要事实与要件事实的关系主要有两种观点。

第一种观点认为主要事实等同于要件事实。日本民法学者我妻荣教授在20世纪30年代使用要件事实这一术语时，就将其与构成要件对应的主要事实等同。在民事诉讼领域，日本民事诉讼法学者兼子一、竹下守夫教授认为，"判断权利发生或消灭的法律效果所必要的要件事实（或称主要事实），只要在当事人的辩论中没有出现，法官不得以它作为基础作出判决"③。此观点认为主要事实就是关于法规构成要件的事实，是指对于权利

① 日本司法研修所编：《民事辩护指南》，华夏、张雷译，中国政法大学出版社1989年版，第11页。
② 张海燕：《民事诉讼案件事实认定机制》，中国政法大学出版社2012年版，第23页。
③ ［日］兼子一、竹下守夫：《新版民事诉讼法》，白绿铉译，法律出版社1995年版，第77页。

发生、变更或消灭的法律效果有直接作用的，并且是必要的事实。亦即主要事实就是构成适用法律规范内容的要件事实，或者说法律条文中规定的要件事实。① 根据事实产生的法律效果不同，主要事实可以分为以下四类。一是权利发生要件事实，或称权利成立要件，即实体法上请求权基础所依据的构成要件事实。比如，合同成立的一般要件事实包括：(1) 存在双方或多方缔约主体，并且其均具有缔约合同的民事权利能力和行为能力；(2) 对主要条款达成合意。所谓合意是指双方当事人的意思表示达成一致。此处的主要条款原则上包括当事人的名称或姓名、标的和数量。二是权利障碍事实，是指阻止权利发生的要件事实。比如关于无行为能力、通谋虚伪意思表示、违反公序良俗、自始不能给付等事实。三是权利消灭事实。当事人之间的权利义务关系虽已经合法成立，但后因出现权利消灭事实而导致消灭。如清偿、提存、抵销、免除、混同等事实。四是权利排除事实，也称权利抑制事实或权利受制事实。当事人之间的权利义务关系虽已成立，但因对方当事人行使抗辩权或形成请求权从而排除该权利行使的事实，如消灭时效抗辩、错误之撤销权、合同解除权、同时履行抗辩权、诉讼抵销等事实。从民事诉讼结构或当事人的攻击防御体系视角，主要事实可以分为请求原因事实和抗辩事实两类。原则上，请求原因事实与原告利益相关，应当由原告承担主张证明责任；抗辩事实与被告利益有关，应当由被告负担主张证明责任。②

第二种观点认为主要事实不同于要件事实。在日本，通说并不认为要件事实等同于主要事实，两者是不同的概念。要件事实，是指法律要件的类型化构成事实，而主要事实是指与该类型化构成事实相当或该当的具体

① [日] 三ケ月章：《日本民事诉讼法》，汪一凡译，台北，五南图书出版股份有限公司 1997 年版，第 187 页；张卫平：《诉讼架构与程式：民事诉讼的法理分析》，清华大学出版社 2000 年版，第 176 页。

② 中村英郎『民事诉讼理论の诸问题』（东京成文堂，1978 年）195 頁。

事实。例如，“合同对价款”“支付”等概念为要件事实，而“支付3万元”“支付支票”等概念则为相对应的具体事实，也就是主要事实。① 可见，要件事实具有类型化、抽象化的特征，而主要事实则与之相反，呈现出事实性、经验性、具体化的特点。日本司法实务界则认为“要件事实等同于主要事实”。日本司法研修所的观点则继承了我妻荣先生的观点，并在其1985年出版的培训教材《民事诉讼における要件事实（第一卷）》中这样认为：“如果我们对要件事实的概念作如上理解，那么要件事实就与主要事实与间接事实分类中的主要事实同义，只不过涉及间接事实问题的时候，大多数情形都是用主要事实来替代要件实事。”学者伊藤滋夫教授对司法研修所的观点进一步阐释道：“从用语习惯来讲，所谓法律要件是法律所规定的要件整体，那么法律要件的一部分就可以称为个别的法律要件，因此某些规范性概念，② 比如过失、正当事由就属于这种个别的法律要件，如果将之称为要件事实，就会给人以事实的印象，因此并不妥当。”③

在三段论的审判方法下，法律规定是大前提，事实是小前提，通过大小前提推断出来的结论就是判决。在这个推论过程中，法官总是在规范与事实之间来回穿梭与印证，这就要求组成法律规范的要件必须以事实的形式存在。这种事实就称为“要件事实”，并且经常以“过失”“正当理由”等抽象的法律概念来表达。当事人在诉讼中主张的事实，通常都是现实生活中发生的具体事实。法官适用法律就意味着必须判断当事人主张的具体

① 永石一郎：「當事者から見た要件事実」，伊藤滋夫『民事要件事実講座Ⅰ』（东京青林书院，2005年）134頁。

② 我国学者许可先生将此处的“个别法律要件”解注为“要件要素、构成要素或要件特征”；将此处的“规范性概念”指称那些不确定性概念。参见许可：《民事审判方法——要件事实引论》，法律出版社2009年版，第40页。

③ 伊藤滋夫：『要件事实的基础』（有斐阁，2015年）60~61頁。

事实是否合乎法律规范规定的要件，或者说当事人主张的具体事实是否相当于“要件事实”，这种由当事人主张的现实生活中的具体事实就被称为“主要事实”或“直接事实”。① 可见，“要件事实”是法律规范构成要件的事实形式，具有抽象性。而“主要事实”是指直接符合法律效果发生、变更、消灭的规范要件的具体事实，具有具体性。如何区分要件事实和主要事实呢？我们可以举一个例子进行说明：日本不动产法中规定的“正当事由”就是要件事实，而能够作为正当事由的现实生活中的具体事实，如因为与父母同居而非常需要住房等事实则是主要事实。

实际上，在曾经一段时间，法学界并未对要件事实与主要事实加以区分，而是将之作为同一概念进行使用的。随着理论研究的深入，人们逐渐认识到有必要对两个概念进行区别。转变的契机则主要来自对法律中一般条款问题的处理。由于立法机关在制定法律时，通常会使用概括性的法律术语对某一事项进行规范，否则难以将应当规制的对象纳入其范围，法律规范具有抽象性、概括性的特征。相应地，作为法律规范要件的事实，亦即要件事实也同样具有概括性和抽象性的特征。从法官适用三段论的裁判逻辑来看，要件事实与主要事实的关系本质上体现为抽象与具体的转化与印证。以日本民法史上著名的权利滥用判例——“宇奈月温泉事件”为例：原告基于土地所有权的排除妨害请求权，向法院起诉要求其拆除引水管并禁止他人进入，被告则援引《日本民法典》第 1 条第 3 款，即“禁止滥用权利”的规定进行抗辩。此时，由于“禁止滥用权利”是抽象的规范要件事实，需要被告对其进行具体化。在本案中，被告提出温泉饮水管对原告产生的损害非常轻微，拆除饮水管将花费巨大的费用等具体事实，这些具体事实是对规范要件事实（滥用权利）的具体化，因此这些事实就称

① ［日］谷口安平：《程序的正义与诉讼》，王亚新、刘荣军译，中国政法大学出版社 2002 年版，第 150～153 页。

为主要事实。

在我国，也有学者认为主要事实是由民事实体法规范中的要件事实引发出来的具体事实，主要事实来源于要件事实，但不同于要件事实；他们认为要件事实既可以是具体的事实，也可以是抽象的不确定性概念或者是一般条款，而主要事实则必须是在诉讼中能够产生法律效果发生、变更、消灭的具体事实。例如，“过错”是民法上一般侵权行为的要件事实，但不是主要事实，因为主要事实是“过错”这一要件事实的具体表现形式。①如在交通肇事侵权损害赔偿案件中，肇事司机存有过错是要件事实，而驾驶过程中司机打瞌睡、拿手机打电话或向后看美女等具体事实则是肇事司机有过错的主要事实。

（三）要件事实作为主张责任作用对象的理由

作为主张责任适用对象的要件事实，是指与发生某一法律效果（权利的发生、妨碍、消灭和阻止）所必需的法律要件构成要素相对应的具体事实。此处的要件事实与实体法上的法律事实和诉讼法上的主要事实的含义相同。对此，有人会质疑：为什么不将主要事实或法律事实直接作为主张责任的适用对象，而使用要件事实这一术语？笔者认为，这主要是受到要件事实理论的影响。如日本研究要件事实理论的集大成者伊藤滋夫所言：“要件事实论是一种在明确要件事实法律性质的基础上，对民法内容与结构以及民事诉讼审理和判断结构进行思考的理论。”② 我国学者许可教授将要件事实论的属性概括为“诉讼结构下或具体诉讼场景下的法学方法论”或者“当事人主义诉讼体制下法官的审判方法”。将主张责任的适用对象

① 张海燕：《民事诉讼案件事实认定机制》，中国政法大学出版社 2012 年版，第 24 页。

② ［日］伊藤滋夫：《要件事实的基础》，许可、小林正宏译，法律出版社 2022 年版，第 8 页。

界定为要件事实，而非主要事实或法律事实，主要有以下两方面的理由。①

第一，要件事实的表述能够较好地体现“诉讼结构下的法学方法论”或“当事人主义的审判方法”的特征。要件事实中的“事实”体现了该概念与具体诉讼场景的紧密联系。在诉讼中出现的“事实”，应当是具体的生活事实，在当事人主义的诉讼体制之下，原则上应当由当事人加以主张，并在有争议之时提供证据进行证明。要件事实中的“要件”是指实体法法律要件的构成要素。要件事实这一术语表明了当事人主张责任的适用对象并非所有事实，而是该当于实体法法律要件构成要素的事实。在具体的诉讼中，该当于实体法法律要件构成要素的事实的检索需要借助民法解释学或法学方法论的研究成果。

第二，要件事实的表述避免了对既有概念的冲击。与要件事实紧密联系的概念是法律事实和主要事实。正如前述，法律事实是实体法上的概念，是指因法律的适用而产生一定法律效果（权利的得丧变更）的具体事实。法律事实的功能，主要是指导法官作出符合民法基本原理或法学方法论观点的实体判决，关注的焦点在于具体的案件事实与法律要件之间的涵摄过程，亦即判断识别呈现在诉讼中的具体事实是否属于法律事实的问题。准确地说，法律事实是民法解释学理论体系中的概念。主要事实的概念是从诉讼法学为适应民事诉讼结构以及特定的诉讼体制而发展出来的法学概念，并未凸显其与实体法法律要件之间的联系，其在使用时更多与间接事实相伴随，诉讼法学对于主要事实的研究目的在于指导法官作出符合辩论主义原则的判决，并在诉讼指挥的过程中体现程序保障的法理（比如防止诉讼突袭）。简单地讲，就是如何将呈现于案件中的具体事实区分为主要事实和间接事实，进而在当事人之间进行主张证明责任分配（攻击防御的框架和诉讼结构）的问题。与法律事实的概念相似，主要事实的概念

---

① 许可：《民事审判方法——要件事实引论》，法律出版社 2009 年版，第 42 ~43 页。

在使用过程中也已经紧紧地与辩论主义等诉讼法则或法理联系在一起。[①]

（四）要件事实的实体法与程序法特征

用“要件事实”来表述主张责任的适用对象，体现了实体法与程序法共同作用的“法的空间”的属性。分析要件事实的特征，自然应从实体法与程序法双重视角进行分析。

第一，要件事实的实体法特征。要件事实的实体法特征主要体现为可评价性和单一性两方面的特征。可评价性，是指要件事实具有实体法上的可评价性。要件事实并非普通的生活事实，而是可评价为导致某一法律效果发生的事实，亦即该事实该当于实体法法律要件的构成要素。在大前提（法律）+小前提（事实）=结论的裁判结构中，要件事实的可评价性特征具有非常重要的意义，正如德国学者拉伦茨所说：“事实上，法律适用的重心不在最终的涵摄，而在于就案件事实的个别部分，判断其是否构成要件中的各种要素。”[②] 在具体的诉讼中，当事人提出的某一生活事实何以被评价为要件事实？这一问题实际上涉及生活事实与要件事实符合度的问题，实体法学者从法律事实的角度对其进行了较为充分的研究。[③] 要件事实的可评价性特征则一方面要求当事人在诉讼中选取具有实体法上的可评价的事实，另一方面则要求法官在掌握基本案情的基础上行使释明权，积极引导当事人提出具有实体法上可评价性的事实。要件事实的另一个实体法特征是单一性。要件事实的单一性并非指事实本身，而是指由该事实所引发的法律效果具有单一性。要件事实的单一性，是指同一事实在性质上只能属于产生某一特定法律效果的要件事实。要件事实具有的实体法上的

---

① 许可：《民事审判方法——要件事实引论》，法律出版社2009年版，第42页。

② ［德］卡尔·拉伦茨：《法学方法论》，陈爱娥译，商务印书馆2003年版，第165页。

③ 黄茂荣：《法学方法与现代民法》，中国政法大学出版社2001年版，第204～227页。

单一性是由主张证明责任的单一性所决定的，同一要件事实的主张证明责任不可能同时由双方当事人承担。充分认识要件事实的单一性，对于我们分析实体法条文结构以及不断完善实体法立法技术具有相当重要的意义。

第二，要件事实的程序法特征。要件事实主要具有具体性、特定性和并存性等程序法特征。首先，要件事实的具体性和特定性特征。要件事实作为展现在诉讼实践中的法律事实，一方面是法官审理裁判的对象，另一方面是民事诉讼攻击防御结构体系下当事人事实主张的对象。无论是从当事人事实主张行为还是从法官裁判行为的视角出发进行分析，具体诉讼场域下的要件事实应当具备具体性和特定性的特征，或者说要件事实应当在诉讼中具体化和特定化。要件事实的具体性和特定性都是识别要件事实的基本要求，因为满足具体性要求的事实未必满足特定性的要求。要件事实的具体化和特定化的核心在于如何确定标准。对此，日本司法研修所认为："应当考虑某一要件事实在个案中所发挥的作用，个别认定具体化和特定化的问题，而无法就多种多样的要件事实设定一个抽象的、不变的标准。但是当事人产生争执的要件事实属于当事人攻击防御的目标，同时也是法官推进审理程序和形成心证的目标，因此只要达到能够准确地特定化以及适当地具体化即可，如果提出过高要求，就会造成主张证明的困难，同时也会导致审理的繁杂，造成时间和金钱的浪费。"① 日本学者伊藤滋夫教授进一步分析认为："判断具体性和特定性的标准应当考虑多重因素，比如该事实举证的难易程度、造成主张突袭的可能性、双方当事人举证手段的保有程度、个案救济的必要性、保障适用法律和认定事实的准确性以及是否能够为当事人和社会普通民众所理解。"② 我国学者许可教授也认

① 日本司法研修所編『民事訴訟における要件事実（第一巻）』（东京财团法人法曹会，1985 年）53 頁。

② 伊藤滋夫『要件事实论』（有斐阁，2015 年）140 頁。

为："作为当事人攻击防御的对象以及法官审理判断的对象，要件事实的具体化和特定化的程度应当能够保障当事人展开充分的攻击防御，保障法官顺利地推动程序的进行和准确形成心证。"① 其次，要件事实的并存性特征。要件事实的并存性特征主要是从当事人攻击防御的角度总结的。此处的并存性并非法律效果上的并存性，而是事实层面上的并存性，亦即不同的要件事实可以同时存在。要件事实的并存性，从逻辑推演来看，是指同一事实不可能同时导致相互排斥的法律效果，但反过来可以推论出能够同时导致相互排斥法律效果的要件事实应当是不同的。

第三节　间接事实能否成为主张责任的适用对象

正如前述，辩论主义是主张责任的根据。辩论主义的作用对象决定了主张责任的规制对象。因此，探讨民事诉讼当事人主张责任的适用对象，自然应在辩论主义的作用对象的大前提之下进行讨论。通说认为辩论主义的作用对象是要件事实，但此说在理论上存在缺陷，在诉讼实践中遭遇诸多问题。因此，关于辩论主义适用的事实范围一直存有争论。

一、辩论主义适用的事实范围之争论

根据传统辩论主义的内涵，其适用的事实范围是主要事实，并不适用于间接事实和辅助事实。主要事实是判断权利义务存在与否的事实，而间接事实是推定主要事实存在与否的事实。间接事实在机能上与证据相同，与证据具有等质性。在证据法上，对证据的评价属于法官自由心证的范畴。因此，基于间接事实与证据的等质性，间接事实自然属于法官自由心

① 许可：《民事审判方法——要件事实引论》，法律出版社 2009 年版，第 46 页。

证的范畴，理应受到自由心证原则的规制，即法官对于间接事实，无须当事人主张，便可直接对其进行认定。将辩论主义适用的事实范围限定于主要事实，通常是有效的。但在遇到“故意”“过失”“正当事由”等事实时，便遇到了难题。对于法律上规定的“过失”“正当事由”等，区别主要事实和间接事实时可能会比较困难。实际上，主要事实与间接事实的区分比较模糊，界分标准不明确。对主要事实和间接事实的不同划分和不同理解，将会影响辩论主义的适用效果。如果坚持传统辩论主义适用的事实范围观点，即法官不受当事人主张的约束，对间接事实依职权自由地进行自由心证，在很大程度上会给当事人带来突袭性裁判的风险。面对这一难题，理论界对辩论主义适用的事实范围提出了新的主张，归纳起来，主要有以下几种。①

第一，反思主要事实与间接事实的划分基准。辩论主义适用的事实范围的前提是主要事实和间接事实的界分，即当事人主张的事实是主要事实的，则适用辩论主义；若主张的事实是间接事实的，则不受辩论主义的规制。然而，正如前述，主要事实与间接事实的界限比较模糊，这就给司法实践带来诸多难题。对此，有学者主张反思主要事实与间接事实的划分基准。在划分基准问题上，又有如下几种观点。② 一是，以事实对诉讼的重要性为基准来确定是否适用辩论主义。不区分该事实是主要事实还是间接事实，只要该事实是影响诉讼胜败的重要事实就适用辩论主义。二是，主张所有的事实都适用辩论主义。不论是主要事实还是间接事实，都需要由当事人主张才能成为判决的基础。三是，仍坚持以主要事实为适用辩论主义的原则，但在主要事实的认定上，不以法律规定的要件为标准，而是在

① 刘学在：《民事诉讼辩论原则研究》，武汉大学出版社 2007 年版，第 113 ~126 页。

② ［日］高桥宏志：《民事诉讼法——制度与理论的深层分析》，林剑锋译，法律出版社 2003 年版，第 345 页；张卫平：《诉讼架构与程式：民事诉讼法理的分析》，清华大学出版社 2000 年版，第 179 页。

充分考虑该法律的立法目的为何、当事人的攻击防御方法是否明确以及是否有助于促进审理等基础上，针对具体类型，通过归纳而认定需要由当事人主张的事实。四是，将主要事实与间接事实的区分作为辩论主义适用的大致基准，但同时需要考虑该事实对于诉讼的重要性。如果重要，即便是间接事实，也可适用辩论主义；反之，如果不重要，即便是主要事实，也无须适用辩论主义。① 五是，坚持把主要事实与间接事实的区分作为适用辩论主义的标准，只不过在主要事实与间接事实的认定问题上采取了不同的办法，即为了避免产生认定混乱，而采用"该事实是抗辩事实还是积极否认的事实进行判断"的考察办法。属于抗辩事实者就是主要事实；属于积极否认事实者就是间接事实。②

第二，创设"准主要事实"概念以化解难题。为了解决辩论主义适用的事实范围遇到的难题，有学者创设了"准主要事实"的概念来应对。具体的做法是，将支撑"故意""过失""正当事由"等抽象性构成要件的具体事实界定为"准主要事实"，此种事实在辩论主义的适用上，与主要事实同等对待。也就是说，"准主要事实"与主要事实都是辩论主义的适用对象。对于"准主要事实"，如果没有由当事人在诉讼中加以主张，则法院不得将其作为裁判的基础。③

第三，区分要件事实与主要事实，从而划清主要事实与间接事实的界限。为了解决在适用"过失""故意""正当事由"等抽象法律规范时遇到的难题，主张通过区分要件事实和主要事实来达到目的。根据这种见

① 小島武司「弁論主義」林屋礼二＝小島武司編『民事訴訟法ゼミナール』（有斐閣，1985年）231～234頁。

② 鈴木正裕「主要事実と間接事実」三ケ月章等編『民事訴訟法演習（第一巻）』231頁。转引自［日］高桥宏志：《民事诉讼法——制度与理论的深层分析》，林剑锋译，法律出版社2003年版，第350页。

③ ［日］三ケ月章：《日本民事诉讼法》，汪一凡译，台北，五南图书出版股份有限公司1997年版，第188页。

解，“过失”“故意”“正当事由”等抽象法律规范只是对主要事实进行法律评价的要件事实，这些抽象的法律规范本身不是主要事实。将这些抽象规范界定为对主要事实的法律评价，这就保持了主要事实与间接事实相对清晰的界分，并未给司法实践造成困难。

第四，吸收协同主义的思想，重塑辩论主义适用的事实范围。协同主义，也称为协动主义、协同原则，是指在民事诉讼中不绝对强调辩论主义，由法官和当事人协同完成诉讼资料的收集，以发现案件真实。原则上由当事人负责提出事实主张及诉讼资料，在必要的情况下法官则依据职权进行证据调查。① 根据协同主义的内涵，法官应当就事实问题与当事人进行讨论。法官若要将某一事实作为裁判上重要的事实进行考虑，则应当向当事人进行开示，并给予当事人陈述反对意见的机会。也就是说，法官作为裁判基础的事实应当是当事人与法官讨论协商的结果，并非法官单纯心证的结论。正如邱联恭教授所说：“经法院协同当事人搜得的事实，纵非属当事人在起诉时或程序前阶段所自始自发主张者，如经法院在程序上对当事人予以晓谕，使其有机会陈述意见或辩论而无予以主张的表意，可认为不致发生突袭时，应亦可称为判决的基础，而不问其为主要事实或间接事实。”②

传统辩论主义把作用对象限于要件事实，而面对公害、消费者纠纷等现代型诉讼时，“过失”“正当理由”等不确定概念的要件事实往往不能通过法律规定直接穷尽。原因在于此处的这些法律评价属于不确定或不特定的概念。由于传统的做法将上述法律评价的根据事实作为间接事实对待，地位相当于证据，属于法官形成自由心证的材料，往往不在辩论主义的射程范围之内。

---

① 王福华：《民事诉讼协同主义：在理想和现实之间》，载《现代法学》2006 年第 6 期。

② 邱联恭：《程序选择权论》，台北，三民书局 2000 年版，第 103 页。

二、间接事实能否成为主张责任适用对象的争议

由于主张责任是辩论主义的逻辑产物，主张责任的作用对象自然应受到辩论主义适用的事实范围的限定。与辩论主义适用的事实范围存在争议一样，主张责任适用的对象范围同样存有争论。正如前述，通说认为主张责任的适用对象是要件事实，亦即直接导致某项民事权利义务关系或民事法律效果发生、妨碍、变更、阻却或消灭等的事实。然而，在理论上，通说也遭到质疑和挑战。具体而言，这些质疑主要出现在以下两种情况：一是某些民事法律关系中的要件事实为消极事实，如民法上构成不当得利的“没有法律上的原因”等要件，这些消极事实则需要借助与其相关的积极事实来证实与推论；二是某些法定的要件事实甚至不能算作真正意义上的事实，如一般的民事侵权责任构成要件中的“过错”等要件，这些要件并非诉讼法上的事实，严格来说属于法律上的评价。然而，法律评价只能通过考量其他具体的事实来进行认定。可见，在上述两种情形之下，通说的问题在于将要件事实限于“没有法律上的原因”“过错”等要件本身，这也就意味着与这些要件相对应的具体的根据事实则属于间接事实，不能受到主张责任的规制。依据通说观点，由于与这些要件相对应的具体根据事实属于间接事实，法官可以在当事人未主张的情况下直接将其作为裁判的基础，有可能给当事人带来突袭性裁判的风险。例如，在交通事故损害赔偿的案件中，作为被告的司机存有“过错”，此处的“过错或过失”就是要件事实之一，与“过失或过错”这一要件相对应的具体根据事实可能是司机驾驶超速，也可能是醉酒驾驶，还有可能是驾驶时东张西望、玩手机等事实，如果根据主张责任适用对象的通说逻辑，法官可以不经当事人主张这些事实，就可以将其作为裁判的基础。是以超速驾驶作为裁判的基础，还是以醉酒驾驶作为裁判的根据，抑或以疏忽驾驶作为裁判的依据，是值得探讨的问题。法官如果任意选择其一作为被告司机有“过失”的根

据，就很有可能与当事人欲主张的事实不一致，这就会给当事人造成突袭性裁判。

之所以会存在上述问题，有学者分析认为，现今在“主张责任对象限定于要件事实”上的争议的根本所在，是主张责任对象应当具备的具体性与要件事实所包含的抽象事实之间的矛盾。① 由于实体法所规定的法律要件，不仅包括事实性概念，还包括价值性概念、评价性概念，尤其是此处的评价性概念加剧了上述矛盾。在民法上，根据实体法所规定的要件中所含评价的程度高低，理论界将其分为事实性要件和评价性要件，介于二者中间的则是价值性要件。事实性要件就是记载事实的法律要件，评价性要件就是记载评价的法律要件。例如，民法中规定的“到达”或“提供清偿”就属于价值性要件，而《中华人民共和国民法典》（以下简称《民法典》）侵权责任编中规定的“过失”，《产品质量法》中的“缺陷”或“瑕疵”，《民法典》物权编中规定的“占有”等属于评价性要件。其中，记载评价性要件的要件又特别称为规范性要件。② 规范性要件又可分为三种类型：一是类似于侵权行为法中的“过失”，一个具体的事实就可以满足“过失”的要件事实；二是类似于“正当理由”“背信弃义”等这种需要综合多个事实才能判断的规范性要件；三是违反“公序良俗”“诚实信用”“权利滥用”等一般性条款。③ 评价性要件与规范性要件的关系是包含与被包含的关系。由于法律无法像规定事实性要件那样事先预想评价性要件的“类型化经过”，而只能以评价为要件，评价性要件具有较高程度的抽象性和概括性，进而给司法实践带来了适用上的困难。可见，实体法规定的评价性要件的存在带来了主张责任适用对象应具备的具体性与评价性要件的

---

① 欧元捷：《论民事诉讼主张责任法理》，载《山东警察学院学报》2016 年第 1 期。

② 前田达明「主張責任と證明責任」『民商法雜誌』第 6 期（2004 年）。

③ 段文波：《规范出发型民事判决构造论》，法律出版社 2012 年版，第 86 页。

抽象性之间的矛盾。

为了解决上述矛盾，理论界提出了如下两种解决思路或路径。一是直接扩张主张责任适用对象的范围。此种思路与前述扩张辩论主义适用的事实范围做法相同。这种解决思路认为主张责任的适用对象不仅包括要件事实，还包括重要的间接事实，即无论是要件事实还是间接事实，只要是对诉讼胜败产生影响的重要事实，都应当受到主张责任的规制。[①] 不难发现，这种解决问题的路径存在两方面的缺陷，一方面是操作上的难题，即如何判断认定“重要的间接事实”，有立场和信息获取的不同，法院与当事人可能对何谓“重要”具有不同的认识。如果为了适用上的方便，将“重要”的认定交给法官自由心证，则很有可能给当事人造成突袭裁判。另一方面将主张责任的适用对象扩张至间接事实，由于存在间接事实与证据具有等质性的理论障碍，在逻辑上难以自洽。正如日本学者高桥宏志教授所说，“如果当事人未主张间接事实，法院就不能利用通过证人证言等其他证据可以判明的间接事实，势必使法院的事实认定限于一种不自由及不自然的窘境，进而违反自由心证主义的趣旨”[②]。二是创设新的概念以应对难题。例如，打破要件事实就是主要事实的樊篱，将法律条文中构成要件所记载的事实作为要件事实，将充实要件事实的具体事实作为主要事实，即将支撑抽象性构成要件的具体事实称为“准主要事实”，然后再确定主张责任的适用对象为主要事实。对于“准主要事实”的概念，已如前述。在适用上，“准主要事实”与主要事实被同等对待。如何认定“准主要事实”则涉及法解释学上的技巧。据此，前述交通事故损害赔偿案例中，认定被告司机的“过失”的事实，如“超速驾驶”“疏忽驾驶”“饮酒驾驶”等

① 张卫平：《诉讼架构与程式：民事诉讼的法理分析》，清华大学出版社2000年版，第179页。

② ［日］高桥宏志：《民事诉讼法：制度与理论的深层分析》，林剑锋译，法律出版社2003年版，第339~341页。

事实虽不是要件事实，但因属于主要事实，进而纳入主张责任规制对象的范畴。然而，这种另辟蹊径的解决思路并非完美无瑕，摆在法官面前的问题便是如何认定“主要事实”。也就是说，如果不对主要事实的概念作出清晰的界定，则无异于回到了问题的原点。

第四节 免证事实能否成为主张责任的适用对象

法院在审理民事案件进行判决时，需要认定案件的事实关系，同时也需要发现裁判该案件的法律及其内容。确定案件的事实，并非凭法官的主观认识，而是需要依据证据进行客观合理的认定。诚然，并非所有的事实都需要进行举证，如显著事实和法律上推定的事实等，均不需要进行举证证明。这些事实在学理上称为不要证事实或免证事实。对于这些免证事实，当事人是否需要负担主张责任，值得探究。

根据《民事诉讼法》第72条、《最高人民法院关于适用〈中华人民共和国民事诉讼法〉的解释》（以下简称《民事诉讼法解释》）第93条以及《中华人民共和国公证法》第36条的规定，以下事实无须当事人举证证明：（一）诉讼上自认的事实；（二）自然规律及定理、定律；（三）众所周知的事实；（四）根据法律规定推定的事实；（五）根据已知的事实和日常生活经验法则推定出的另一事实；（六）已为人民法院发生法律效力的裁判所确认的事实；（七）已为仲裁机构生效裁决所确认的事实；（八）已为有效公证文书所证明的事实。这些事项，在学理上可以分为司法认知的事实、已决的事实、推定的事实、当事人裁判上自认的事实。当事人对这些事实是否负有主张责任，是值得探究的问题。

一、司法认知的事实

（一）司法认知的概念与性质

所谓司法认知，也称审判上知悉，是指法官在审判过程中对于事实或者法律的认知。[①] 在证据法学上，司法认知被定义为法院在审理过程中依申请或依职权，以裁定的形式对特定事实的真实性直接予以确认的事实认定方法。[②] 从司法认知的主体分析，司法认知属于法院行使审判权的方式之一，是法院的诉讼行为。从司法认知的客体或对象来说，认知的对象应当具有真实性和无争议性等特征。从事实认定方法上来看，司法认知是一种便捷的诉讼证明方法。司法认知不仅免除了当事人的举证责任，还免除了法院的调查和审查判断义务。

（二）司法认知的事实范围

对于司法认知的对象范围，理论界认识不一。有学者认为司法认知的对象包括法律、众所周知的事实、科学规律及经验定理。也有学者认为司法认知的对象应当包括众所周知的事实、仅对法院显著的事实、法官职务上所知悉的事实、公证证明的事实、法律、地方法规、符合社会公序良俗的习惯等。[③] 纵观各国立法体例，司法认知的事实或范围应当遵循法律明定原则。例如，《德国民事诉讼法》第 291 条规定："于法院显著的事实，不需要证据。"《日本民事诉讼法》第 179 条规定："于当事人在法院自认的事实及显著的事实，无需证明。"理论界通说认为，司法认知的事实主要包括如下三类：一是众所周知的事实。作为众所周知的事实，应当满足两个条件：（1）为一定地域内的一般人或大多数人知晓，并非要求每个人

① 叶自强：《司法认知论》，载《法学研究》1996 年第 4 期。

② 江伟、邵明主编：《民事证据法学》，中国人民大学出版社 2015 年版，第 116 页。

③ 毕玉谦：《试论民事诉讼中的司法认知》，载《中外法学》1999 年第 1 期。

都知悉；（2）能够通过较为便捷的方式而无须诉讼证明就可获知或查实。也就是说，众所周知事实的最低标准是在受诉法院管辖区域内为一般人所知悉。二是法院职务上所知悉的事实。三是公证的事实。[①]

（三）司法认知的法律效力

法院进行司法认知应当遵循相应的程序规则，否则构成上诉或申请再审的事由。司法认知的规则包括：一是法院在进行司法认知之前，应当进行必要的调查。调查的方式可以包括走访民意、查阅资料、咨询专家等。二是为了防止突袭性裁判，法院在采用司法认知事实之前，应当给予当事人陈述意见的机会，保障当事人的程序参与权。三是法院进行司法认知，应当使用裁定的方式，裁定既可以是书面的，也可以是口头的。裁定应当明确记载司法认知的事实，以及采取司法认知的根据和理由。在充分保障当事人程序参与权和进行必要调查的基础上，法院方可采用司法认知的事实。司法认知对当事人和法院具有法律拘束力。首先，对当事人而言，经过法院司法认知的事实，主张该事实的当事人无须承担举证证明责任。其次，对于法院而言，经过司法认知的事实，如果没有反证或新的事实出现，法院可以直接将其作为裁判根据。

二、自认的事实

（一）自认的概念及构成要件

自认是现代民事诉讼证据法中的一项非常重要的制度。[②] 通常所说的

---

① 江伟、邵明主编：《民事证据法学》，中国人民大学出版社2015年版，第118～120页。

② 我国《民事诉讼法解释》第92条规定：“一方当事人在法庭审理中，或者在起诉状、答辩状、代理词等书面材料中，对于己不利的事实明确表示承认的，另一方当事人无需举证证明。对于涉及身份关系、国家利益、社会公共利益等应当由人民法院依职权调查的事实，不适用前款自认的规定。自认的事实与查明的事实不符的，人民法院不予确认。”

自认是指诉讼上或裁判上的自认，是指在诉讼中，当事人一方就对方当事人所主张不利于自己的事实，在准备书状中或言词辩论时，或在法官面前，承认为真实的声明或表示。① 与裁判上的自认相对的是裁判外或诉讼外的自认，如在诉讼前的当事人辩论中、书信中，以及在其他诉讼中的法院内的自认。裁判外的自认必须成为证据的标的，并受法院自由心证的衡量。裁判的自认具有情势证据或间接事实的意义。② 与自认相关的概念还包括自认契约和认诺。其中，自认契约是指当事人之间就某一事实达成不争执的合意，是证据契约的一种。自认契约的法理基础在于当事人享有自由处分权利关系的权利。有效存在的自认契约对法院和当事人均具有法律拘束力。认诺是指被告对原告的诉讼请求的承认。自认与认诺主要存在以下不同：一是对象或客体不同，自认的对象是案件事实，而认诺的对象是诉讼请求；二是主体不同，自认的主体可以是双方当事人，而认诺的主体只能是被告；三是效果不同，自认的效果在于免除对方当事人主张事实的证明责任，自认并不必然导致当事人败诉，而认诺的效果是导致法院根据当事人的认诺作出被告败诉的判决；四是法理根据不同，自认的法理基础在于辩论主义，而认诺的法理根据在于处分权主义。

根据我国《最高人民法院关于民事诉讼证据的若干规定》（以下简称《民事证据规定》）第 8 条第 4 款、《民事诉讼法解释》第 92 条的规定，自认的构成要件包括：第一，自认的对象必须是案件事实，当事人对法律的见解不能成为自认的对象。在诉讼法上，案件事实分为主要事实、间接事实和辅助事实，作为自认对象的案件事实到底限于哪种事实，理论上存有争议。目前，理论界主流观点认为自认的对象仅限于主要事实，间接事实

---

① 叶自强：《民事证据研究》，法律出版社 1999 年版，第 82 页。

② ［德］奥特玛・尧厄尼希：《民事诉讼法》（第 27 版），周翠译，法律出版社 2003 年版，第 237 页。

和辅助事实不能成为自认的对象；[①] 第二，自认必须是与对方当事人所主张的案件事实相一致的陈述；第三，自认应当是在裁判过程中向法院作出的陈述。关于“裁判过程中”的解释，《民事诉讼法解释》第92条第1款解释为法庭审理中，或者在起诉状、答辩状、代理词等书面材料中；第四，自认制度适用的范围仅限于有关财产关系的陈述。根据《民事诉讼法解释》第92条第1款的规定，自认不适用于涉及身份关系、国家利益、社会公共利益等应当由人民法院依职权调查的事实；第五，自认必须是一种于己不利的事实陈述。域外立法并未对该要件作出明确规定，但理论界主流观点认为其应当作为自认的构成要件。从司法解释的规定来看，其明确了“于己不利的事实”陈述作为自认的构成要件。对于“于己不利陈述”的识别标准，理论界有“败诉可能说”和“证明责任说”两种见解。“败诉可能说”是指只要法院基于该事实陈述作出的判决会导致陈述者败诉，那么此种事实陈述就是于己不利的陈述；而“证明责任说”是指自认方当事人就对方当事人负有证明责任的事实的陈述。也就是说，就对方当事人负有证明责任的事实进行承认的陈述就是于己不利的陈述。从各国的立法与实践来看，“证明责任说”为通说。

自认制度依据的程序理念，除了当事人对事实的处分拘束法院外，还涉及诉讼真实观念。基于当事人支配事实提出，当事人在自认事实上的合意体现了双方将该事实作为裁判基础的共同意愿；而基于对该处分的尊重信赖，自认事实就被拟定为具有无须证明的“形式真实”并成为裁判依据，而法院一般无须顾虑该事实的确信问题。根据《民事诉讼法解释》第92条第3款，法官对自认事实真实性仍要继续追问并形成确信。而这种实

① ［日］三ケ月章：《日本民事诉讼法》，汪一凡译，台北，五南图书出版股份有限公司1997年版，第427页；陈荣宗、林庆苗：《民事诉讼法》，台北，三民书局1996年版，第490页；江伟主编：《民事诉讼法》，高等教育出版社2004年版，第160页。

质真实观是职权探知主义的根源，与自认制度中的处分权本位存在紧张关系。当然，自认事实的真实性并非毫无限制，如不可能或显然不真实以及欺骗性合作损害第三人利益的自认事实，法院可不予考虑。①

（二）诉讼上自认的对象之争

根据辩论主义的法理，诉讼上自认的对象仅限于主要事实。然而，关于诉讼上自认的对象，理论界争论不休，众说纷纭。概括起来，主要有以下几点分歧：一是法律、经验法则、公知的事实能否成为自认的对象；二是间接事实能否成为自认的对象；三是有关权利认诺的法律效力问题。

第一，法律、经验法则能否成为自认的对象。事实与法律的二分是理论研究的要求，但当事人的诉讼主张并不明确区分事实主张还是法律主张，在其主张中总是既有事实的内容，也有法律的内容。在当事人的陈述中，涉及法律的内容主要包括：一是关于法律、法规、行政规章是否存在，以及具体内容和如何解释的陈述；二是关于特定的事实是否符合特定法律规范的构成要件的陈述；三是是否存在法律效果的陈述。② 在涉及法律的内容中，由于“法官知法”原则的适用，关于法律、法规的理解与适用属于法官职权行使范畴，当事人之间就法律法规则的具体内容、解释适用以及特定事实是否符合特定法律规范的构成要件的陈述，不产生自认的效力，并不对法官产生拘束力。在我国，解释适用法律属于法官的专属权限，即便在协同主义思潮的影响之下，无论是德国还是日本，强调法官的法讨论义务，只是为了保障当事人的程序参与权和确保法官形成正当裁判，并不意味着当事人能够行使法律适用之权。由于经验法则并非具体的

① 冯珂：《从权利保障到权力制约：论我国民事诉讼模式转换的趋向》，载《当代法学》2016 年第 3 期。

② 张卫平：《诉讼架构与程式：民事诉讼的法理分析》，清华大学出版社 2000 年版，第 430 页。

事实，而是从经验中归纳总结的与事物的本质、性质或因果关系等有关的知识、法则，经验法则的判断、适用与法规的解释适用具有同样的作用。可见，经验法则同样是法律问题，并非事实问题，在自认以事实为对象的原则下，经验法则并不构成自认的对象。

第二，间接事实能否成为自认的对象。理论上关于间接事实能否成为诉讼上自认的对象，主要有“否定说”和“肯定说”两大见解。[①] “否定说”是理论界通说，认为自认的对象应仅限于要件事实或主要事实，间接事实不能成为自认的对象，当事人就间接事实作出承认的陈述并不拘束法院和当事人。“肯定说”认为诉讼上自认的范围不应当仅限于要件事实或主要事实，应当将裁判上自认的对象扩大至要件事实，尤其是对案件审理具有重要意义的间接事实。在日本，就当事人对间接事实的承认能否产生裁判上自认的效力的问题，日本法院既有支持的判例，也有否定的判例。但随着实践的不断开展，日本最高法院采取了否定间接事实的自认对法院和当事人的拘束力的做法。从我国关于裁判上自认的法律规定来看，无论是2001 年发布的《民事证据规定》第 8 条，还是2015 年制定的《民事诉讼法解释》第 92 条，均没有对裁判上自认的对象事实作出区分规定，只是概括规定了“案件事实”。此处的“案件事实”是否仅限于主要事实，还是包括间接事实和辅助事实，并未明确。笔者主张仍然应将裁判上自认的范围仅限于主要事实或要件事实，理由有三：一是不当扩大裁判上自认的对象范围，有可能造成审判中法官的事实认定权受阻，同时会使作为诉讼“指挥棒”的证明责任制度失灵；二是要件事实的概念比较明确，理论界已基本达成共识，识别起来相对容易，从实践的可操作性和可预测性方面，宜将要件事实作为裁判上自认的对象；[②] 三是由于间接事实与证据具

① 中野贞一郎『新民事诉讼法讲义』（有斐阁，1998 年）251 ~254 頁。

② 段文波：《规范出发型民事判决构造论》，法律出版社 2012 年版，第 137 页。

有等质性，将其作为裁判上自认的对象，似乎有违法官在证据评价上的自由心证原则。

（三）拟制自认与不知陈述

由于在我国民事诉讼中，拟制自认的规定还相对比较粗疏，尤其是拟制自认与不知陈述的关系与界别，因此，有必要对其进行讨论。

1. 拟制自认

拟制自认是指一方当事人对另一方当事人所主张的事实，既未明确表示承认，也不作出否认的表示，在这种情况下，法律规定应当视为自认的情形。需要指出的是，拟制自认形成的前提是当事人就对方当事人的事实主张负有答辩责任，以这种答辩责任为基础，当其懈怠履行其答辩责任时，法律基于私权自治、权利处分自由、程序主体权以及保障诉讼程序的正常运行等法理，将其拟制为自认。在民事诉讼中设立拟制自认制度，对于限缩争点、提高诉讼效率、降低诉讼成本、确保法官中立性、促进诉讼等方面具有重要的意义。[①] 在我国，2019 年修改的《民事证据规定》第 4 条对默示自认或拟制自认作出了规定，[②] 但没有对拟制自认与不知陈述进行区分。当事人在诉讼中作出“不记得”“不知道”等陈述时，实务界并未区分当事人不知陈述与沉默的不同，甚至将不知陈述作为沉默的内容之一，因而在对当事人不知陈述进行司法认定时，将其拟制为自认。然而，在实践中，当事人回答不知道、不记得主要有两种情况：一是因为各种原因确实不知情或不记得；二是虽然记得或知情，但因相关事实于己不利而不愿承认，也不愿意在庭上作虚假陈述，出于回避的目的而作不知情或不

---

① 刘红：《论默示自认》，载《福建政法管理干部学院学报》2003 年第 2 期。

② 2019 年修改的《民事证据规定》第 4 条规定：“一方当事人对于另一方当事人主张的于己不利的事实既不承认也不否认，经审判人员说明并询问后，其仍然不明确表示肯定或者否定的，视为对该事实的承认。”

记得的陈述。[①] 可见，立法之后应明确区分当事人的拟制自认与不知陈述。

2. 不知陈述

（1）关于“不知陈述”的含义

理论界通说认为，不知陈述是指“不负证明责任的当事人对对方当事人所主张的事实向受诉法院明确表示不知道、不清楚或不记得”的陈述行为。[②] 在我国，实务界并未给予当事人的不知陈述以足够的认识。关于《民事诉讼证据规定》第 4 条规定的适用问题，[③] 实践中通常作如下的认定：“当一方当事人就对方当事人所主张的于己不利的事实回答不知道或不记得时，不管是客观不知或不记得，还是回避某一事实而陈述不知或不记得，在经审判人员阐明后，当事人仍不明确表示肯定或否定某一事实的，就作为拟制的自认处理。”[④] 据此，一方当事人对另一方当事人所主张的事实似乎就只有两种回答样态，即“肯定”或“承认”与“否定”。当“既未表示肯定也未表示否定”时，经“审判人员充分询问”后，就视为当事人“承认”或“肯定”。实际上，在民事诉讼中，一方当事人对另一方当事人所提出的事实主张的回答样态有“否认”、“承认”、“不知”与“沉默”四种。[⑤] 其中，“不知是指当事人在诉讼过程中作出不知道或记不清楚对方当事人所主张事实的陈述行为，沉默是指当事人在诉讼过程中没有作出任何陈述的行为”[⑥]。

---

① 刘显鹏：《论民事诉讼当事人的不知陈述》，载《社科纵横》2009 年第 5 期。

② 占善刚：《附理由的否认及其义务化研究》，载《中国法学》2013 年第 1 期。

③ 《最高人民法院关于民事诉讼证据的若干规定》第 8 条第 2 款规定：“对一方当事人陈述的事实，另一方当事人既未表示承认也未表示否认，经审判人员充分说明并询问后，其仍不明确表示肯定或否定的，视为对该事实的承认。”

④ 李国光主编：《最高人民法院〈关于民事诉讼证据的若干规定〉的理解与适用》，中国法制出版社 2002 年版，第 121 页。

⑤ ［日］新堂幸司：《新民事诉讼法》，林剑锋译，法律出版社 2006 年版，第 372 页。

⑥ 廖荣兴：《论民事诉讼中当事人的不知陈述》，载《江苏警官学院学报》2007 年第 3 期。

从上述规定来看，实务界并未区分当事人不知陈述与沉默的不同，甚至将不知陈述作为沉默的内容之一，因而在对当事人不知陈述进行司法认定时，粗糙地拟制为自认。值得注意的是，当事人回答不知道、不记得主要有两种情况：一是因为各种原因确实不知情或不记得；二是虽然记得或知情，但因相关事实于己不利而不愿承认，也不愿意在庭上作虚假陈述，出于回避的目的而作不知情或不记得的陈述。① 将当事人违反真实陈述义务、具体化争执义务、事案解明义务所作的不知陈述拟制为自认，有其理论上的根据与制度合理性。然而，对于当事人因对方所主张的事实并非自己所为或非自己认识能力所及，时间久远、记忆力衰退、失忆、患病等因素导致的客观上的不知或记不得的情形，法院若将其拟制为自认，势必加重不负举证责任一方当事人的诉讼负担，使其遭受诉讼上的不利益。因此，在民事诉讼中，不知的陈述乃是介于自认与否认之间的一种特殊形态的陈述。不负举证责任的当事人就对方当事人提出的特定事实主张作不知道、不清楚或不记得的陈述时，法院应当区分不同的情况进行司法认定，从而增强自认制度精细化与合理化。

通过对德日等大陆法系国家及地区当事人不知陈述理论与实践的考察，发现关于规制当事人不知陈述的理论根据具体包括“诚实信用原则说”“真实完全义务说”“具体化义务说”“诉讼促进义务说”“事案解明义务说”等见解。既要对违反上述法理的不知陈述行为进行合理规制，同时也应允许当事人因时间、认知等客观因素确实不知或不记忆而为不知陈述。在对当事人不知陈述行为效力的评价方式上，德国法的要件许可式在我国缺乏制度土壤，我国宜采用法官自由裁量的方式，即法官应结合生活经验，考量所陈述的事实与当事人之间的关联程度、陈述的事实距离诉讼的时间间隔以及当事人不能作出明确陈述的原因是否合

① 刘显鹏：《论民事诉讼当事人的不知陈述》，载《社科纵横》2009 年第 5 期。

理等因素后，综合作出判断，既不能全盘推定为争执，也不能无限制地拟制为自认。

（2）关于当事人不知陈述的规制方式和效力

不知陈述应为原则上禁止或原则性准许，理论上一直存有争议。这个问题实际上是指当事人不知陈述的规制方式问题，亦即“原则性禁止＋例外准许”与“原则性准许＋例外禁止”两种方式。对于不负证明责任的当事人作不知的陈述进行规制的方式，武汉大学法学院占善刚教授在对德国、日本等国的法律进行比较法考察后，将规制的方式归纳为两种：“第一种做法以德国法为代表，通过设立不知的陈述的合法要件以限制不负证明责任的当事人作不知的陈述；另一种做法乃以日本法为代表，经由受诉法院依自由心证判断不知的陈述的法律效果以限制不负证明责任的当事人作不知的陈述。”① 当事人“不知陈述”的效力，是指当事人对对方当事人所主张的事实作出“不知”或“不记忆”的陈述时具有何种法律效果。因德国、日本在规制不知陈述的方式上的不同，故在认定其效力时会有不同的视角。

德国采取的是合法要件许可式，即规定了当事人可以为不知陈述的合法要件——可为不知陈述的事实是“既非当事人自己的行为，又非当事人亲自感知的对象”，这是判定当事人可为不知陈述的形式标准；而实质性判定标准则是当事人对该事实是否具有探知的期待可能性以及是否履行资讯探知义务。如果当事人容易接近该事实资料或对该事实具有探知的期待可能性，当事人只有在履行了资讯探知义务之后，仍对该事实“不知”或未获得关于该事实的情报时，方可为不知陈述。德国法在对当事人不知陈述进行司法认定时，并不将是否属于当事人自己的行为

① 占善刚：《德国、日本民事诉讼中不知的陈述规制之比较及其启示》，载《法学评论》2014 年第 3 期。

以及当事人亲自感知对象视为许可的绝对要件。因此，在德国法上，当事人对自己的行为和能够感知的对象进行不知道或不记得的陈述时，原则上会被认定为是对对方当事人所主张事实的不争辩和认可，从而免除对方的举证责任。[①] 当然也有例外，即当事人因时间久远、患病等原因无法对对方当事人所主张的事实作肯定或否定的陈述，只能以不知道或不记得的陈述对对方所主张的事实进行争辩，此时对方当事人应当就争执的事实继续举证证明。

日本民事诉讼法并未像德国那样，对不负证明责任当事人的不知陈述规定许可要件，而是交由法官根据案件的具体情况审酌判定。在日本，一般而言，法官根据双方当事人的言词辩论的全部情况以及证据调查的结果，依其自由心证判定其法律效果。通说认为法院对于不负证明责任的一方当事人所作的不知陈述，除显然不能认定其具有否认的效果之外，应当将其作为否认对方当事人所主张的事实来处理。[②]

（3）规制当事人不知陈述的立法建议

在我国民事诉讼中，对当事人的不知陈述进行规制具有现实意义。对不负举证责任的一方当事人要求其就对方当事人所主张的事实作真实、具体的陈述，有助于法院确定案件的事实关系，确定案件的争点，从而为证据调查集中且有效进行奠定基础。对此，笔者建议在今后的立法中对不知陈述进行规定，具体条文可设计为："不负举证证明责任一方当事人对另一方当事人所主张的于己不利的事实声称不知道或不记得的，法院应当释明当事人就该事实进行探知，当事人应当就探知的结果及探知不可能的事由告知法院，法院应综合当事人探知的结果以及案件的具体情况决定是否

① ［德］奥特马·尧厄尼希：《民事诉讼法》（第27版），周翠译，法律出版社2003年版，第238页。

② 占善刚：《德国、日本民事诉讼中不知的陈述规制之比较及其启示》，载《法学评论》2014年第3期。

构成自认。”① 关于该条文的适用，需要说明几点。

一是关于法条结构的分析。首先，本条明确了可为不知陈述的主体是“不负举证证明责任的当事人”，使用“举证证明责任”主要为了与《民事诉讼法解释》的规定保持一致。其次，不知道或不记得的对象是对不负举证证明责任的一方当事人不利的事实，将“记不清”修改为“不记得”，用词更准确。“记不清”一语包含完全不记得和部分记得与部分不记得的含义，如果当事人以部分记得事项对对方所主张的事实进行认可，属于限制自认的范畴。再次，法官需要积极行使释明权，释明不知陈述当事人对对方主张的事实进行探知。最后，法官在认定当事人不知陈述的效力时，综合案件的情况决定是否构成自认。

二是关于法官释明权的行使。法官在对当事人所作的不知陈述进行效力评价时，应当赋予该不知或不记忆当事人具体说明理由以尽前述义务的机会，为了贯彻诉讼经济的基本要求以及程序利益保护原则，一方当事人所为不知或不记忆陈述，不应如日本法一般径直推定为争执或否认他方所主张的事实。② 法官的释明权在认定不负举证证明责任一方当事人不知陈述的过程中，主要体现在以下两个方面：其一，当不负举证证明责任一方当事人在诉讼过程中就对方所主张的于己不利的事实作不知道或记不得的陈述时，法官应当释明，会作出不知陈述的当事人就该事实进行探知与调查，以及将调查探知的结果告知法院；其二，为防止突袭裁判，保障当事人诉讼利益，法官对当事人所作的不知陈述评价为拟制自认时，应当在裁判结论作出前适时向当事人表明，亦即将法官是否许可不知陈述的心证向

---

① 有关民事诉讼中当事人不知陈述的概念界定、法理基础、规制方式及效力、立法建议等内容，可具体参见张润：《民事诉讼中当事人的“不知陈述”研究——兼评〈民诉证据解释（征求意见稿）〉第18条》，载《河北科技大学学报（社会科学版）》2016年第4期。

② 邱联恭：《口述民事诉讼法讲义（三）》，许仕宦整理，台北，元照出版有限公司2015年版，第126～127页。

当事人公开。

三是“综合案件具体情况”的内容。所谓“综合案件的具体情况”，实际上是指法官对当事人不知陈述行为进行司法认定时考量的具体因素。总体上，法官应以作出不知陈述的当事人是否具有探知的期待可能性作为评价的基准，结合生活经验，考量所陈述的事实与当事人之间的关联程度、陈述的事实距离诉讼的时间间隔以及当事人不能作出明确陈述的原因是否合理等因素后，综合作出判断。[①] 具体而言：其一，法官在评价时，应重点考察作出不知陈述的当事人与该事实的关系，即重点考察该事实是否是当事人自己所为和感知的对象。若属于其自己所为或感知的对象，原则上可拟制为自认，但也应考虑当事人患病、时间久远不知或不记忆等情形。其二，可借鉴日本法的经验，即将“法庭辩论的全部趣旨和证据调查的结果”作为当事人的不知陈述是否构成自认的参考因素，如果当事人所作的不知陈述与法庭调查的事实或法庭辩论中的事实显著不符，可将其不知陈述评价为拟制自认。其三，根据商业惯例等经验法则进行判定。如果当事人所作的不知陈述不符合商业惯例等经验法则时，法官可以要求其说明理由，法官心证认为其理由不成立的，可将其评价为拟制自认。其四，法官在对当事人的不知陈述进行拟制自认时，应当保持谨慎的态度，不得动辄将其不知陈述视同自认。

四是关于当事人不知陈述的追复问题。自认的追复制度是与撤销自认制度相对的概念，撤销自认是就明示的自认而言，指当事人有证据证明自认与事实不符且出于错误认识而作出的情形下对自认进行撤销的制度。而自认的追复制度是就准自认或默示的自认而言的，是指以追复争执的陈述撤销拟制自认的效力，恢复负有证明责任一方当事人继续举证证明其主张

---

① 陆淳、周欣：《当事人不知陈述构成自认的认定》，载《人民司法》2013 年第 16 期。

的制度。[1] 不知陈述的追复问题牵涉逾时提出攻击防御方法的问题，尽管我国民事诉讼法确立了证据适时提出主义的制度，但我国的争点和证据整理程序仍有待完善，并未确立逾时提出攻击防御方法失权效制度，因此，当事人不知陈述在一审言词辩论终结前是可以进行追复和再度争执的。因我国二审具有纠错的功能，法官针对当事人上诉请求的有关事实及法律适用进行审查，当事人也可提出新的证据、事实和理由，因此，在二审程序中是允许当事人对不知陈述进行追复的。[2]

三、推定的事实

民事证据法上的推定，是指根据法律规定或经验法则，从已知的前提事实推断出未知的结果存在，并允许对方当事人举证推翻的一种证明规则。从这个概念界定可知，推定包括法律推定和事实推定两种。前者是指根据“法律明文规定”所进行的推定；后者是指根据经验法则或逻辑规则等进行的推定。从性质上来说，证据法上的推定是可以反驳的推定，因此被称为相对推定。推定的逻辑结构体现为：已知的前提事实（基础事实）→未知的结果事实（推定事实）。基础事实能够推断出推定事实，是因为二者存在因果关系、逻辑关系或法律上的联系。

（一）法律推定

法律推定是法律上明文规定的推定，是指根据法律的明文规定，从某一事实推断另一事实存在或不存在的一种证据规则。在我国，有很多关于法律推定的规定。例如，《民法典》第544条规定：“当事人对合同变更的内容约定不明确的，推定为未变更。”根据推定的对象不同，法律推定可

---

① 李学灯：《证据法比较研究》，台北，五南图书出版股份有限公司1992年版，第115～118页。

② 李蝶：《论民事诉讼中当事人不知陈述》，西南政法大学2015年硕士学位论文，第29～31页。

以分为有关事实的法律推定和有关权利的法律推定。前者是指法律以某一事实的存在为基础或前提，去推断待证事实存在或成立的推定。如前述的死亡次序的推定以及婚姻法上婚生子女的推定。[①] 后者是指法律就某权利或法律关系于现在是否存在加以推定。比如，我国《民法典》第 309 条规定："按份共有人对共有的不动产或者动产享有的份额，没有约定或者约定不明确的，按照出资额确定；不能确定出资额的，视为等额享有。"此条就是有关权利的法律推定。值得注意的是，证据法上的法律推定指的是有关事实的法律推定，有关权利的法律推定并非证据法则。

（二）事实推定

事实推定与法律推定最大的差异在于推论根据的不同，法律推定的根据在于法律规定，而事实推定的根据在于经验法则或逻辑规则。事实推定是根据经验法则和逻辑规则，从已知的基础事实推断出推定事实的一种证据规则。事实推定在司法实践中经常存在，比如以书面损害他人名誉的，推定有损害的故意；使用凶器致人死亡的，推定有杀人的故意；根据履行契约的事实，推定当事人存在契约关系等。法院进行事实推定，应当注意以下问题：一是事实推定的结果应当是合理的、准确的、强有力的；二是法官进行事实推定应当遵循经验法则、逻辑规则和诚实信用原则，否则将被认定为违背法律，并成为上诉或再审的事由。

就此等推定事实，当事人是否负有主张责任？亦即前提事实若经主张及举证，而推定事实未经言词辩论主张时，法院可否将其采纳为裁判之基础，不无问题。有学者认为，推定事实依然有待当事人之主张，否则法院

① 有关婚生子女的推定，许多国家都作出了规定。比如《日本民法典》第 772 条规定："（一）妻于婚姻中怀胎的子女，推定为夫的子女。（二）自婚姻成立之日起二百日后或自婚姻解除或撤销之日起三百日以内所生子女，推定为于婚姻中怀胎的子女。"

不得将其采为判决之基础。也有人认为欲利用推定效果之当事人，仅须主张并证明推定规定之要件事实（前提事实），就推定事实则不必主张，法院即可适用推定规定，将该推定事实采为判决之基础。由于推定法规定亦为法律规定，法院有适用法律规定之职权与义务，推定规定之要件事实，如经当事人主张及举证证明，则法院当然应适用该规定，以推定事实作为裁判之基础，不待当事人主张，此乃法院适用法律规定之当然结果，故以此说为通说。①

四、已决的事实

（一）已决事实的内涵

已决事实，也称为预决事实，是指已发生法律效力的法院裁判和仲裁裁决所确定的事实。根据我国《民事诉讼法》及其司法解释的规定，已决的事实包括已为法院生效裁判所确定的事实和已为仲裁机构仲裁裁决所确定的事实。其中，对于法院生效裁判已决的事实，根据裁判的种类，又可分为生效的民事判决、刑事判决、行政判决所确认的已决事实三种。根据我国《民事诉讼法解释》第 93 条第 5 项的规定，已决事实是指“生效裁判”所确认的事实，此处的“裁判”是否包括“裁定”，是值得探究的问题。有观点认为，法院生效裁定所确认的事实通常不应有预决效力。持这种观点的学者给出的理由是：法院裁定所处理的程序事项和临时性救济事项，比如财产保全、行为保全、先予执行等，多具有紧迫性，通常采用快捷的“自由证明”和“释明”，裁定的效力通常仅存在于本案的诉讼程序之中，并且处理的临时性救济事项的裁定还具有临时性和附属性，即本

① 刘春堂：《民事诉讼主张责任之研究》，载《法学丛刊》第 22 卷第 1 期（1977 年）。

案终局判决可以变更或撤销此类裁定。[①]

（二）已决事实的效力

关于确定判决中的事实认定对后诉的效力，学说上有预决力、非预决力以及证明效力三种观点。对此，将集中介绍“预决效力说”和“证明效力说”两种观点，尤其是理论界对“预决效力说”的反思和检讨。

第一，“预决效力说”。理论界通说认为，[②] 已决事实能够产生预决效力。预决效力是指前诉已决事实对后诉判决的事实认定所具有的决定性效力。已决事实的预决效力的内容包括两个方面。一是对当事人的效力。提出此类事实的当事人，无须举证证明，并且无正当理由不得提出与该事实相矛盾的事实主张。二是对法院的效力。法官应当直接采用已决事实，将其作为裁判的基础，除非对方当事人提供相反的证据推翻了此类事实。大陆法系的主流观点和通行制度不承认判决理由具有既判力，说明已决事实不具有预决效力。我国《民事诉讼法》未明确已决事实是否具有预决效力，不同的司法解释对此问题虽有规定但也无法从中得到明确指引。当前司法实践中解决这一问题应当坚持现行《民事诉讼法》奉行的“实事求是”原则，实行“再审前置”，即在后诉当事人提出足以推翻前诉已决事实的证据情况下，中止后诉审理，待通过再审纠正前诉已决事实后，恢复后诉审理。未来修改后的我国《民事诉讼法》则应当否定已决事实具有预决效力。[③] 大陆法系既判力遮断效和英美法系争点排除效都是关于前诉裁判对争议事实的判断对后诉所应有的约束力，虽然在理论表述上各有侧重，但在制度上高度重合，体现了司法的内在规律，堪为预决效力的法理

① 邵明：《正当程序中的实现真实——民事诉讼证明法理之现代阐释》，法律出版社2009年版，第167页。

② 江伟、邵明主编：《民事证据法学》，中国人民大学出版社2015年版，第121页。

③ 翁晓斌：《论已决事实的预决效力》，载《中国法学》2006年第4期。

基础。就二者取长补短，可以建构统一的预决效力生成要件和预决事实免于证明的适用规则。①

第二，“证明效力说”。我国理论受苏联法“预决性”的概念影响，以免证效力为内实，本质上系法定证明效。就利用方法而言，判决书可作为书证，对后诉法官认定事实理应产生一定影响，但不宜由法律硬性规定其证明力强弱。从立法论上来说，今后应当废除已决事实免证效力规定，将已决事实评价放归法官自由心证评价。②《民事证据规定》第 9 条规定生效裁判确认的事实具有预决效力，但是我国学者对此认识不同，从立法论上看也应当否定上述事实预决效力。事实预决效力的主张无法得到传统既判力理论的支持，为达到扩大既判力的目的，应当提起独立的中间确认之诉。比较法上虽然存在扩张既判力范围的理论主张，但是存在标准模糊、缺乏可预见性以及可能浪费诉讼资源的弊端，也不适合我国现有的发展程度，应当澄清既有案例可能造成的误解。此外，预决效力不同于既判力的事实排除效，也不同于公文书的证明力规则。③

也有观点主张既不能确认预决事实具有预决效力，也不赞同通过“再审前置”解决已决事实的预决效力问题，认为应当从完善诉讼证据制度的视角进行分析，应当肯定生效裁判所确定的事实的证明作用，承认当事人可提供生效裁判确定的事实的文书作为证据使用，并具有证明效力，即证明力。根据有证据自然就有反证的法理，有必要赋予当事人就有关事实进行质疑和提出反证的权利。④

面对主张责任适用对象应具备的具体性与要件事实的抽象性之间的矛

---

① 吴英姿：《预决事实无需证明的法理基础与适用规则》，载《法律科学（西北政法大学学报）》2017 年第 2 期。

② 段文波：《预决力批判与事实性证明效展开：已决事实效力论》，载《法律科学》2015 年第 5 期。

③ 曹志勋：《反思事实预决效力》，载《现代法学》2015 年第 1 期。

④ 程春华：《裁判思维与证明方法》，法律出版社 2016 年版，第 128 页。

盾，笔者赞同应当在辩论主义和主张责任的法理中坚持以要件事实为适用对象，尤其是在当下我国当事人主义的民事诉讼体制尚未彻底建立的情况之下。正如人们越是寻求诉讼外的纠纷解决机制，就越发凸显诉讼的重要性一样，[①] 如果没有主张责任的现代内涵，就不会有主张责任的“后现代”批判，深刻体认主张责任在要件事实基础上的现代内涵是我们把握主张责任制度的关键。[②] 将主张责任的适用对象仍界定为要件事实，理论界提出了如下几点理由：[③]

第一，主张责任的适用对象限定于要件事实，并不意味着当事人对要件事实之外的其他事实无提出的义务。实际上，间接事实的提出，虽不受主张责任法理的规制，但还受到发现真实、形成正当裁判等法理的制约，这就从诉讼机能或者证明技术上对其进行了规制。从当事人攻击防御体系的角度分析，间接事实的提出有助于明确攻防目标，并且还能借助对间接事实的证明，去迂回达到证明要件事实的目标。

第二，主张责任的适用对象无法扩张至对诉讼胜败具有重要影响的间接事实，还因为到底有哪些事实属于“对诉讼胜败产生影响的事实”是事中判断，在事前无法作出判断。这样一来，脱离个案或超前于程序去预测哪些间接事实是对诉讼有重要影响的事实，对当事人而言实在过于勉强。

第三，从要件事实与间接事实的内涵来看，要件事实的内涵比间接事实清晰，范围更为确定。将主张责任的适用对象定位于要件事实，不仅有助于保持主张责任适用对象在概念上的清晰和范围上的确定，在实践上还有助于维护诉讼审理的安定性。

---

① 程燎原、王人博：《权利及其救济》，山东人民出版社 1998 年版，第 367 页。

② 段文波：《规范出发型民事判决构造论》，法律出版社 2012 年版，第 95 ~96 页。

③ 欧元捷：《论民事诉讼主张责任法理》，载《山东警察学院学报》2016 年第 1 期。

第四章　主张责任的分配

主张责任的分配与证明责任的分配关系一直是理论界争论的焦点。讨论的分歧在于主张责任的分配是否具有独立性。大陆法系的通说认为主张责任的分配与证明责任的分配具有高度的一致性。但通说也遭到批判和质疑，主张责任的分配与证明责任的分配存在不一致的地方。总体而言，主张责任的分配与证明责任的分配存在原则上的一致性，但也应看到主张责任的分配与其存在不一致的地方。在理论上，主张责任的分配采用法律要件分配说。在采行辩论主义的诉讼中，主张责任的分配规则通常是原告负责主张请求原因事实、被告负责主张抗辩事实。

第一节　主张责任分配的理论学说

一、主张责任分配概述

关于主张责任概念的独立性问题，日本学者三月章教授认为，由于主观的主张责任与主观的证明责任都是以客观的证明责任为前提，并从中演绎出来的概念，而且主观的主张责任和主观的证明责任的分配是按照客观的证明责任的分配进行的，因此必须指出，其独立性是比较缺乏的。[1]然而，笔者认为不能因客观证明责任的分配对主张责任具有非常重要的影响，就否定主张责任概念的独立性。

在辩论主义之下，当事人所未主张之事实，法院不得采为裁判之基础，此时将不利益（败诉）归于一方当事人，即该当事人就该事实负有主张责任。关于作为法院裁判基础之法律规定的要件事实，应由何方当事人在如何的范围内负有主张责任，则为主张责任分配问题。由于诉在一定意义上是一种权利主张，原告主张其权利现实存在，而请求法院保护权利。从理论上来看，原告就权利发生所必要之一般及特别要件业已具备，而且该权利并未因清偿、抵销、免除等权利消灭原因而消灭，就该权利之行使亦无期限、条件、同时履行等足以妨害权利行使之抗辩权存在等事实负有主张并举证证明之责。然而，此项要求对于原告显然过于苛刻，无法达到权利保护之目的。

由于法律的目的在于维护公平及正义，因而使诉讼当事人在诉讼上立于平等的地位，分担适当的责任，以免一方当事人负有过重的责任，方能达到此目的。故有就主张责任，即受败诉判决之危险依据一定原则，适当地在当事人间进行分配，实现当事人在诉讼上地位平衡的目的。进一步而言，如果全部要件事实皆由原告负主张责任，并在有争执时举证证明，则原告的主张及举证责任的负担过重，将难以解明事实关系，势必将导致诉讼的复杂、裁判的迟延，这显然与民事诉讼制度的目的相违背。因而有依据事物的盖然性，在当事人之间适当地分配主张及举证责任，使诉讼案件简单化，并使诉讼案件得以迅速解决，且由双方当事人分担主张及举证责任，则各当事人为获得法院胜诉判决将致力于主张及举证活动，如此，事

① 参见三月章『民事訴訟法（法律学全集）』（有斐阁，1959 年）406 頁以下。转引自［日］高桥宏志：《民事诉讼法：制度与理论的深层分析》，林剑锋译，法律出版社 2004 年版，第 428 页脚注。

实关系比较容易厘清和解明，同时也有助于实现民事诉讼发现真实、维护权利、彰显公平正义的目的。①

我国学者李浩教授认为，主张责任也存在在双方当事人之间如何分配的问题。但没有必要对主张责任的分配进行单独研究的必要，因为主张责任的分配与证明责任的分配一致。主张责任的分配取决于证明责任的分配，是按照分配证明责任的同一标准进行分配的。这就是说，原告对其负有证明责任的事实同时也负有主张责任，被告对其负有证明责任的事实同样负有主张责任。②

理论界通说认为主张责任与证明责任的分配是一致的，即认为主张责任是因不主张主要事实而使相对应的法律不被适用而产生的不利益，而证明责任则是因主要事实未被证明而导致相对应的法律不被适用而产生的不利益，因此，两者在分配上是归属于同一人的。主张责任和证明责任在分配方面具有一致性，主要是因为两者有着相同的实体法渊源，在民事私益案件中，对于己有利的实体法律规范构成要件事实，当事人没有主张或自愿撤回的则法院不予认定和采纳，故当事人负有主张责任；当事人没有证明或撤回本证的则法院也不予认定和采用，除非对方当事人作出了诉讼上自认，该项要件事实所对应的法律效果也就不会发生，故当事人负有证明责任。可见，主张责任与证明责任相辅相成，共同构成辩论主义和要件事实理论的两项基本内容。

但通说也遇到以下两点质疑和批判：一是事实未被主张时的不利益承担者与事实真伪不明时的不利益承担者是否必然一致？二是由于主张责任在理论上可以区分为主观主张责任和客观主张责任，在司法实践中，主张责任更能体现其自身机能的场合应是主观的主张责任，亦即在诉讼的初始

---

① 刘春堂：《民事诉讼主张责任之研究》，载《法学丛刊》1977 年第 22 卷第 1 期。

② 江伟主编：《民事诉讼法》，高等教育出版社 2016 年版，第 181 页。

阶段逐步确定审理的对象和争点时，应当由哪一方提供何种事实主张？然而，在证明责任的分配中，则主要考虑的是客观的证明责任，由此看来，主张责任的分配与证明责任的分配也是有可能出现不一致的。①

主张责任与证明责任分配相背离的情形主要包括以下几种：第一，证明责任倒置的情形。比如特殊侵权责任中的因果关系推定，主张于己有利事实的当事人不承担证明责任，而由对方当事人承担证伪的责任；第二，涉及免证事实之时，比如对于众所周知的事实、预决事实等，承担主张责任者无须提供证据加以证明；第三，取证困难申请法院调查时，承担主张责任的当事人申请法院调查证据以证明自己的主张，而其自身在一定程度上就“卸载”了提供证据的责任（当然此时的结果证明责任不会发生变更）；第四，当事人为获取某一法律效果而主张特定事实，只有在有争执时才有证明责任适用的余地，特别是约束型辩论主义下的法官要受当事人自认的约束，主张者也无须就双方无异议的事实举证。

可见，相比于证明责任分配中那一系列或有共识或有争议的规则，主张责任的分配还是比较单线条的。因此，哪怕是出于研究便利的考虑，也宜促使主张责任自成体系。②

二、待证事实分类说

为了实现当事人在诉讼上地位的平衡、发现真实以及使诉讼能够得到迅速解决的目标，有必要将主张责任在当事人之间进行适当分配。然而，对于如何进行分配，理论上有不同观点和见解。由于主张责任和举证责任是同一问题的两个方面，两者具有不可分离的关系，在理论上和时间上主

---

① ［日］高桥宏志：《民事诉讼法：制度与理论的深层分析》，林剑锋译，法律出版社2004年版，第345页。

② 欧元捷：《论民事诉讼主张责任法理》，载《山东警察学院学报》2016年第1期。

张责任虽先于举证责任，但主张责任与举证责任制分配原则上相对应。依据同一原则或一致性原则，就某法律规定之要件事实负有举证责任的当事人，相应地负有主张责任。关于主张责任与举证责任的分配，学说众多。归纳起来，主要有待证事实分类说和法律要件分类说等，其中以法律要件分类说为通说。

（一）消极事实说

消极事实说将待证事实分为积极事实和消极事实，案件当事人对积极事实（有或存在）负有主张责任及举证责任，而对消极事实（无或不存在）则不承担主张责任和举证责任。之所以这样进行分配，主要是基于如下事由。一般而言，积极事实容易举证证明，亦即当事人对“有或存在”的事实比较容易举证证明，而消极事实则比较难，甚至无法举证证明。并且，依据因果关系法则，积极的事实可以发生结果，而消极事实则不发生结果，因而曾经发生的法律关系，如果不发生积极的新事实，则原有的法律关系不发生变更或消灭，该法律关系依然存在，故使当事人就积极事实承担主张责任和举证责任。[①] 这种学说本质上是实现当事人在举证问题上的平衡，即容易举证的当事人负有主张责任和举证责任，况且这也符合事物的盖然性，正是基于具有法理上的正当性，这也支撑着该学说在过去成为理论上的通说。诚然，此学说由于存在自身固有的缺陷和不足，为现今绝大多数学者不认同。消极事实说同样存在如下难以自圆其说的地方：第一，消极事实与积极事实无法准确区分开。当事人只要变换一下用语表达，便可以将积极的事实作消极的主张。尽管有观点提出应当以实质上是肯定主张还是否定主张来决定主张责任和举证责任的承担，但何为形式、何为实质的标准并不明确，较难区分。第二，在当事人系争权利发生或消

① 骆永家：《民事举证责任论》，台湾商务印书馆 1981 年版，第 70 页。

灭的要件事实中，如存在消极事实时，仅仅因为是消极事实就免除其主张举证责任，在法理上难以立足。尽管消极事实难以证明，但就此并不能认为消极事实完全不能证明。事实上，对消极事实的证明，往往可以由间接证据或情况证据予以证明。第三，以消极事实不发生结果为理由主张免除消极事实的主张举证责任也存在不妥，这是因为法律效果是由法律要件引起的，并非因果关系的结果。换言之，即便是消极事实，只要是属于法律要件事实，当事人都应当承担主张举证责任。①

（二）外界事实说

外界事实说将案件事实分为内界事实和外界事实两种。其中，内界事实是指存在于人内心的状态事实，如知道或不知道、真实与虚伪、善意与恶意、心神丧失、精神耗弱等精神上之状态，一般而言从外界无法得知。②因此，一般认为内界事实缺乏可见的事实，是无法进行证明的。所谓外界事实，是与内界事实相对的概念，具体而言是指存在于人的外界或外在，可以从人的五官体察其体形、颜色、味道、质地以及其他情状，如物的大小、黑白、酸甜、租赁、借贷、积极的侵权行为等，有具体可见的事实。因此，外界事实说认为诉讼当事人就外界事实负有主张责任及举证责任，就内界事实不负主张及举证责任。③ 由于内界事实或内在事实均存在于人的内心，从外界无法进行探知，难以或无法对其进行举证证明。

外界事实说在某种程度上具有一定的意义，但也存在诸多理论上的缺陷。由于内在事实并非绝对无法举证证明，实践中可以根据情况证据或间接证据对其进行证明。例如，在医疗损害侵权案件中，医方的过错属于内

① 骆永家：《民事举证责任论》，台湾商务印书馆1981年版，第73页。

② 姚瑞光：《民事诉讼法论》，台北，大中国图书出版公司1972年版，第336~337页。

③ 骆永家：《民事举证责任论》，台湾商务印书馆1981年版，第73页。

界事实，是一种主观状态，但并非不可证明。审判实践将我国《民法典》侵权责任编第1219条至第1227条规定的“过错”的认定转化为对医方诊疗义务（诊疗规范或标准的违反）、伦理性义务（告知、保密义务等忠实义务）以及组织性注意义务违反的判断上。①

再如，涉及“善意”的认定的案件，“善意”作为人的内心主观状态，人们同样可以借助一定的技术进行判断。法官可以根据案件的综合情况和因素对“善意”是否存在进行法律推定；法官也可以利用反推技术，将“善意”的认定转化为对当事人是否具有恶意进行考察和判断。“恶意”主要包括对虚假情事的明知和因重大过失而不知两种。② 对于前者，法官可以根据当事人的行为认定当事人对虚假情事明知，也就是当事人行为自证；③ 对于后者，在判断行为人是否存在过失时，应当综合多种因素，考察一般人、正常理智的人及与行为人相同情形的人在这种情况下的行为表现，亦即通过建构理性人行为标准来进行认定。④

综上所述，待证事实分类说分为消极事实说和外界事实说，此种关于主张责任分配的理论学说在多数情况下是奏效的，但同样也面临理论上难以自洽的情形。例如，从实体法上有关主张及举证责任的规定来看，有对于同一性质的事实规定不同当事人承担主张及举证责任的做法。根据侵权

---

① 廖焕国：《论医疗过错的认定——以医疗损害侵权责任的理解与适用为视点》，载《政治与法律》2010年第5期。

② 吴国喆：《善意认定的属性及反推技术》，载《法学研究》2007年第6期。

③ 例如在“韦某华诉海南三亚吉亚大酒店有限公司车辆保管合同纠纷案”中，法院就是通过对当事人的行为来判定他对无权代理情事的明知，即裁判理由认为“被上诉人将摩托车交由上诉人后停车场保管时，已被值班保安告知上诉人对外没有办理此项业务。但被上诉人仍将车开至上诉人的前停车场停放，并要求上诉人的当班保安为其保管，该保安也同意为其保管并收取了保管费，但不给被上诉人保管凭证。由此可见，被上诉人是明知该保安没有代理权而仍与之订立保管合同，因而在上诉人未予追认的情况下，根据合同法第四十八条第一款的规定，该保管合同对上诉人不发生法律效力。”参见海南省三亚市中级人民法院民事判决书，（2000）三亚民终字第136号。

④ 叶金强：《信赖合理性之判断：理性人标准的建构与适用》，载《法商研究》2005年第3期。

责任法理，一般侵权行为成立的要件事实包括加害行为的违法性（侵权行为）、损害、加害行为与损害之间的因果关系以及行为人的过错。[①] 对于一般侵权行为，被害人在向法院行使损害赔请求权时，应当就加害人存在故意或过失等过错承担主张责任和举证责任。而对于特殊侵权行为，如我国《民法典》第1188条第1款规定的监护人责任、第1198条规定的违反安全保障义务的责任、第1199条至第1201条规定的教育机构侵权责任、第1230条规定的环境污染致人损害侵权责任中，加害人应当就自己无过错负有主张责任和举证责任。可见，实体法上关于举证责任的分配并非以案件事实的性质为根据。从这个层面来说，要证事实分类说难以自圆其说，有其自身的理论缺陷。

三、法律要件分类说

法律要件分类说将当事人在诉讼中主张及举证的事实定位为要件事实，并在此基础上将要件事实的主张及举证责任在当事人之间进行适当分配。将要件事实的主张责任如何在当事人之间进行分配，即涉及主张责任分配的根据问题。一般而言，要件事实的主张及举证责任的分配主要是以案件的要件事实会发生何种法律效果为根据。法律要件分类说的本质在于根据民事实体法规定的要件事实进行主张责任和举证责任的分配。由于法律要件分类说的立论依据不同，又可分为如下两种学说，即多数说和少数说。[②]

（一）多数说：特别要件说

该学说主张将权利（法律关系或法律效果，下同）发生的特别要件事

---

① 张新宝：《侵权责任法》，中国人民大学出版社2010年版，第29页；杨立新：《侵权法论》，人民法院出版社2004年版，第137页。

② 刘春堂：《民事诉讼主张责任之研究》，载《法学丛刊》第22卷第1期（1977年）。

实与权利变更或消灭的一般要件欠缺的事实的主张及举证责任分配给原告，而将权利发生的一般要件欠缺的事实以及权利发生变更或消灭的特别要件事实的主张责任和举证责任分配给被告承担。[①] 人们会提出如何区分法律效果发生要件事实的问题，对此，理论界有不同的见解，具体而言有因果关系说或原因说、通常事实说、最低限度事实说以及特别要件说等。[②] 现代民事诉讼理论以特别要件说为通说，由于在具体情形下，最低限度事实说在结论上与特别要件说几乎相同，具有很强的理论自洽性，下文将主要对特别要件说和最低限度事实说进行探究。

一是因果关系说。该说也称原因说。原因说将法律效果发生的要件事实区分为原因和条件。主张法律效果存在的当事人，就法律效果发生的原因事实承担主张及举证责任。至于条件欠缺的事实，也就是权利障碍事实，则由对方当事人承担主张及举证责任。在理论上需要探究的是，原因与条件各自所指为何以及如何区分二者。对此，理论上有不同主张，有人认为以所有条件中最为有力的条件或比较有力的条件作为“原因”，其他的条件则为“条件”；也有人从因果关系理论出发提出所谓的适当条件说，即认为主张法律效果存在的当事人，就因果关系上通常可发生该法律效果的事实，应当承担主张及举证责任。[③]

二是通常发生事实说。该说认为主张法律效果存在的当事人应就通常可使该法律效果发生的事实，承担主张及举证责任；而对于妨碍法律效果发生的特别事实或例外事实，则由对方当事人承担主张及举证责任。以买卖合同为例，通常情况下，买卖合同发生在具有民事行为能力的当事人之间，并以无瑕疵的意思表示形成合意。因此，在通常情况下，买卖合同的

---

① 骆永家：《民事举证责任论》，台湾商务印书馆 1981 年版，第 74 页、第 79 页。

② 王甲乙、杨建华、郑健才：《民事诉讼法新论》，台北，三民书局 1981 年版，第 372 ~373 页。

③ 雉本朗造「举证责任の分配」『民事诉讼法の诸问题』（有斐阁，1955 年）214 頁。转引自骆永家：《民事举证责任论》，台湾商务印书馆 1981 年版，第 75 页。

要约与承诺就是发生法律效果的事实，由主张买卖合同法律效果发生的当事人承担主张及举证责任。但是也同样存在例外情形或特殊情形，如无民事行为能力人，或因恶意串通的意思表示而订立合同，此处的无民事行为能力以及恶意串通而形成的意思表示就是妨碍合同发生法律效果的例外事实或特别事实，对于这些事实，则由对方当事人承担主张及举证责任。从通常事实说的主张来看，本质上与特别要件事实说非常相似。①

三是最低限度事实说。该说将事实分为原则规定事实与反对规定事实，进而将主张及举证责任分配为：主张权利存在的当事人，应当就规定该权利发生的条文并以其为要件之最低限度事实，承担主张及举证责任，对于反对规定事实的不存在，则不承担举证责任。日本大审院有判例以原则规定与例外规定为标准来分配主张及举证责任。即认为主张适用原则规定的当事人，仅就原则规定的事实，承担主张及举证责任；对于例外规定事实的不存在，则不负有主张及举证责任，反而由主张适用例外规定的对方当事人，就例外规定的事实承担主张及举证责任。日本学者雉本朗造、中岛弘道等均认为大审院的做法与最低限度事实说的旨趣相同。

四是特别要件说。特别要件说为通说。该说根据民事实体法的规定，将民事权利或民事法律关系发生、变更或消灭所必要的法律要件事实，具体划分为一般要件事实和特别要件事实。主张权利或其他法律上效果存在的当事人，应当就权利或其他法律上效果发生的特别要件事实承担主张责任及举证责任，而权利或法律上效果发生的一般要件事实的欠缺则由对方当事人承担主张责任和举证责任。主张已经发生的权利或其他法律效果已变更或消灭的当事人，应当就其变更或消灭的特别要件事实承担主张责任和举证责任，而其变更或消灭所必要的一般要件事实的欠缺则由主张权利

① 中岛弘道『挙证责任の研究』（有斐阁，1961 年）53 頁。转引自刘春堂：《民事诉讼主张责任之研究》，载《法学丛刊》第 22 卷第 1 期（1977 年）。

发生的当事人承担主张责任和举证责任。一般要件通常是指民法总则所规定的要件，如代理权的存在、具有行为能力等要件；而特别要件一般是在指债法总则中规定的作为法律效果上的构成要件事实。例如，原告主张与被告之间存在租赁关系，并请求法院判令被告支付租金，此时原告应就双方当事人之间存在租赁合同以及租金具体数额的事实，也就是对租金请求权发生的特别要件承担主张及举证责任。而对于在订立租赁合同时双方当事人具有民事行为能力的事实，也就是一般要件事实，原告则不承担举证责任。被告若主张双方当事人在订立租赁合同时民事行为能力有欠缺的，则由被告就行为能力欠缺的要件事实（一般要件）承担举证责任。当被告主张原租赁合同的租金数额已经发生变更或已免除，则由被告就变更或免除的要件事实，也就是租赁请求权变更或消灭的特别要件事实承担主张及举证责任。对于在被告提出与原告合意变更租金或原告单方作出免除租金的情形，原告若主张作出上述行为时欠缺意思表示能力，则由原告就欠缺意思表示能力的事实，即对一般要件事实承担主张及举证责任。诚然，根据特别要件与一般要件来分配主张及举证责任，有时在理论上也存在难以自圆其说的情形。例如，在不当得利返还请求权案件中，就会遭遇责难。在理论上，通说认为一般不当得利的构成要件包括一方获得利益、他方受有损失、利益与损失之间具有因果关系以及没有合法根据四个要件。①

（二）少数说：列昂哈德说

少数说，是德国学者列昂哈德（Leonhard）所主张的学说。列昂哈德并不赞同前述通说的观点，而是主张如下举证责任分配法则：主张法律效果（权利或法律关系）存在或成立的当事人，就对该法律效果所必要的全部法律要件事实负有主张及举证责任；而对方当事人则承担该法律效果变

---

① 王家福、梁慧星主编：《中国民法学·民法债权》，法律出版社 1991 年版，第 570 ~572 页。

更、消灭所必要的全部法律要件事实的主张及举证责任。此说并未将法律效果发生的要件事实分为原因事实、通常事实、特有事实、异常事实或一般要件欠缺事实的理由。根据此种学说，原告的责任仍然属于过重，与在当事人之间公平合理分配主张及举证责任、实现诉讼当事人在诉讼上地位衡平的要求不相符。

四、本书的观点

从行为意义或现象学的视角对主张责任进行考察，主张先于举证，行为责任先于结果责任，由此，主张责任分配的规则先于举证责任的分配规则。① 但从抽象责任的视角来看，主张责任实与举证责任同时发生，二者在分配上享有同一原则。因此，日本学者兼子一教授认为，主张责任与举证责任孰先孰后的问题，是一个从“不同的侧面”看待同一行为的问题。② 主张责任的分配具有一套相对独立的体系，抽象的行为主张责任传达了固定的分配原则，具体的行为主张责任则在诉讼过程中指导主张责任的负担和履行。当然，这些内容主要是站在当事人的立场得出的结论，而在法官的视角下，则必须注意“主张共通原则”的适用，即无论是负有主张责任的当事人提出的于己有利的要件事实，还是不负主张责任的当事人提出的于己不利的事实，都不妨碍法官将其作为裁判的根据和基础。换句话说，尽管主张责任被分配在原告和被告之间，但违反辩论主义的是法院将当事人均未主张的事实作为实体判决基础的情形。③ 这也就是说主张责任分配应当在辩论主义的内涵之下进行观察与适用。

---

① 肖建国：《论民事举证责任分配的价值蕴含》，载《法律科学》2002 年第 3 期。

② ［日］兼子一、［日］菊井维大等：《民事诉讼法》，王锡三译，西南政法学院法律系诉讼法教研室 1985 年版，第 142 页。

③ 欧元捷：《论民事诉讼主张责任法理》，载《山东警察学院学报》2016 年第 1 期。

第二节　原告主张责任的分配：请求原因事实

根据法律要件分类说，当事人需要提出的要件事实可以分为请求原因事实和抗辩事实。实际上，在民事诉讼中，构成主张责任现代内涵的基本要素是原告主张的请求原因事实和被告主张的抗辩事实。①

一、请求原因事实的概念

所谓请求原因事实，是指原告在诉讼中提出的作为法院裁判对象的实体权利其发生要件所对应的该当具体事实，简单说就是请求理由事实。②根据日本《民事诉讼法辞典》的解释，"请求原因"主要有以下三种含义：(1) 与请求的旨趣相适应足以确定诉讼标的之事项；(2) 依照主张责任、证明责任分配法则，在为支持诉讼上请求内容（权利或法律关系）的事实主张中，原告必须首先主张者（作为请求理由的请求原因，通常是权利的发生原因等，权利根据规定要件事实的主要事实）；(3) 在所有原因判决的关系中，除去数额以外所有与请求权相关的事项。《日本民事诉讼法》第133条规定的构成诉讼上请求内容的权利或法律关系必须根据诉状的必要记载事项（包括请求的旨趣及原因）特定。此处的诉状必要记载事项的请求原因就是作为特定诉讼标的之请求原因。但是日本现行的民事诉讼法规定当事人必须根据诉讼的进展状况适时提出主张和证据（适时提出主

① 实际上，《大清民事诉讼草案》第340条规定：当事人应立证有利于自己之事实主张。但于审判衙门事实显著，及审判衙门于职权上已认知其事实者，不在此限。理由谨按：各当事人皆应立证有利于自己之事实，在原告则证明其起诉原因，在被告则应为抗辩。参见陈刚主编：《中国民事诉讼法百年进程》，中国法制出版社2004年版，第202页。

② 段文波：《规范出发型民事判决构造研究》，法律出版社2012年版，第96页。

义)。此处的“请求原因”就是指识别诉讼请求的必要事实。[①] 可见,“请求原因”的用法主要有三种:一是作为特定诉讼标的请求原因;二是作为中间判决的请求原因;三是作为攻击防御方法的请求原因。

第一,作为特定诉讼标的之请求原因。此种意义上的“请求原因”经常与“请求的旨趣或宗旨”相结合使用。“请求旨趣”是大陆法系民事诉讼中的概念和立法术语,具体是指原告以诉的形式要求法院裁判的内容,原则上与胜诉判决的主文形成对应关系。在大陆法系的民事诉讼中,原告在起诉时应当在起诉状中明确记载请求的旨趣和请求原因。比如日本最高裁判所2015年修订的《民事诉讼规则》第53条规定:“(一)诉状除应记载请求的趣旨及请求的原因(指的是为特定请求而必要的事实)外,还应记载可支持该请求的具体事实,需举证证明的事实,记载与该事由相关的重要事实及证据。(二)记载事实主张的诉状,应尽可能分别记载支持该请求的事实以及与该事实相关联的事实。(三)记载攻击防御方法的诉状可以兼具准备书面的性质。(四)诉状中除应记载第(一)项规定的事项外,还应记载原告或其代理人的邮政编码及电话号码(包括传真号码)。”[②] 实际上,我国民事诉讼立法对此也有类似的规定,如我国《民事诉讼法》第122条规定的“有具体的诉讼请求和事实、理由”以及第124条规定的“诉讼请求和所根据的事实与理由”。可见,大陆法系民事诉讼中的“请求旨趣或宗旨”相当于我国民事诉讼法上的“诉讼请求”,而“请求原因事实”则相当于我国民事诉讼中的除去法律根据部分的“事实与理由”。这是因为我国《民事诉讼法》第122条规定的“事实、理由”是指原告起诉时向人民法院提出的诉讼请求的案件事实、证据事实和法律根据。[③]

---

① 林屋礼二＝小野寺規夫『民事訴訟法辞典』(信山社,2000年)202頁。

② 《日本民事诉讼法典》,曹云吉译,厦门大学出版社2017年版,第432页。

③ 田平安主编:《民事诉讼法原理》,厦门大学出版社2015年版,第271页。

“请求旨趣”与“请求原因”的结合使用使二者具有了特定诉讼标的之功能。诉讼标的是法院审理裁判的对象。从各国民事诉讼的立法规定来看，原告仅仅提出请求的旨趣，而不特定诉讼标的，无法在当事人之间以及双方当事人与法院之间形成一个有效的诉讼场域或诉讼空间。作为特定诉讼标的意义上的请求原因主要体现在大陆法系民事诉讼立法对诉状记载内容的要求上，也就是诉状的合法要件，比如《日本民事诉讼法》第133条第2款之规定：“诉状因记载如下事项：当事人及其法定代理人；请求的旨趣和原因。”可见，请求原因事实是诉状的法定记载要件。在诉状审查制度之下，请求原因事实的记载应当满足何种要求或标准，就成为关注的焦点。在这个问题上，大陆法系民事诉讼与我国民事诉讼采取了两种不同的研究路径。大陆法系理论主要从特定诉讼标的视角出发进行分析，即一般认为请求原因事实的记载应当以“特定诉讼标的所必要的最低限度的事实”为标准，并不要求请求原因事实的记载必须满足事实主张充分性或有理性的标准。① 而我们则主要是从诉讼请求的正当性角度进行论证的，一般认为诉状记载的内容应当包括系争民事法律关系产生、变更、消灭的事实，记载程度应达到“诉讼请求的提出并非毫无根据”的程度。② 此种要求或标准似乎显得不够明确，同时也使原告承受了相当多的负担，因为与特定诉讼标的相比，我们的研究结论实际上是要求原告将起诉状作为整个攻击防御体系的主要阵地来对待，并且要求其承担绝大多数的主张责任，这种研究结论模糊了请求原因在不同诉讼阶段的含义和功能，无怪乎有学者主张此处的“事实与理由”应当仅是一种形式上的要求，法官不应当予以实质性审查。③

---

① 王亚新教授也认为诉状上记载的请求原因只要足以使请求能够得到特定即满足法律上的最低要求。从这样的角度出发，请求原因也被定义为“为了使请求得到特定而必须写明的事由”。参见王亚新：《对抗与判定：日本民事诉讼的基本结构》（第2版），清华大学出版社2010年版，第32页。

② 江伟主编：《民事诉讼法》，高等教育出版社2004年版，第262页。

③ 张卫平：《民事诉讼法》，法律出版社2004年版，第270页。

第二，作为中间判决中的请求原因。根据《日本民事诉讼法》第245条的规定，[①] 日本法上的中间判决事项范围主要包括独立的攻击防御方法、中间争议、请求原因。此处的“独立攻击防御方法”是指可独立且直接使特定权利或义务发生、变更或消灭的，并符合构成要件的事实主张。所谓“中间争议”，是指涉及诉讼程序的开始、进行、终了的法的效果的诉讼上事项，以及与诉讼行为效力相关的事项。此处的“请求原因”与诉状记载的请求原因及请求原因事实是不同的概念，具体是指作为诉讼标的之权利内容中除数额外，剩下的关于权利本身是否存在的事项。可以说，此处的请求原因本身应当是经过裁判所适用法律判断后的当事人法律上的权利，属于法律层面的请求原因，与属于事实层面的请求原因相区别。值得注意的是，此处的请求原因不仅包括请求权的发生原因事实，还包括权利变更、权利消灭的事实。在当事人就该请求原因与数额发生争执时，由于请求原因是法院针对数额裁判的前提，如果对两者同时进行审理，则有浪费程序资源、有损诉讼经济之嫌。对此，为了避免这一事态的发生，法官应当先就请求原因进行审理并依法作出中间判决，这样有助于提高审理的效率。[②] 可见，此处的原因判决或中间判决中的请求原因是法官庭审组织技巧的要求，属于法院诉讼指挥的范畴，并非从当事人攻击防御的角度使用的概念。因此，作为中间判决的请求原因与主张责任语境下请求原因事实并无直接关系。

第三，作为当事人攻击防御方法的请求原因。作为攻击防御方法意义上的请求原因，是指在诉状中所记载的具有实质意义的事项中最重要的事实，也就是原告负有主张责任的构成请求理由的具体事实。[③] 在民事诉讼

---

① 《日本民事诉讼法》第245条：裁判所对于独立的攻击或防御方法以及其他中间争议，认为适于作出裁判时，可作出中间判决。对于请求原因以及数额存在争议时，关于请求原因也可作出中间判决。

② 伊藤眞『民事訴訟法』（有斐閣，2005年）446頁。

③ 中野贞一郎等『新民事訴訟法講義』（有斐閣，1998年）344頁。

当事人的攻击防御方法体系框架下，只要被告对原告提出的诉讼请求或请求趣旨不予承认，原告就有责任进行具体的诉讼攻击，亦即对诉讼请求所依据的该当实体法规范（产生权利的规范）的要件事实加以主张。当然，原告并非需要对其主张的所有要件事实提供证据进行证明，因为当被告对原告提出的要件事实作出诉讼上的自认之时，原告就无须证明。当原告主张的要件事实陷入真伪不明时，原告则应当承担客观证明责任所带来的败诉风险。原告负担的主张责任和证明责任的权利根据事实就是此处所说的请求原因事实。

总之，原告主张责任的事实范围是请求原因事实，请求原因事实也称为请求理由事实，亦即权利产生事实。在民事诉讼中，权利产生事实或权利根据事实主要包括两类：一类是民事实体权产生事实；另一类是民事救济权产生事实。民事救济权包括民事实体救济权和民事纠纷解决请求权。民事实体救济权是指包括物权请求权、债权请求权等实体权的救济权。而民事纠纷解决请求权是指包括民事诉权、仲裁请求权等在内的纠纷解决请求权。民事救济权产生事实，是指民事实体权受到侵害或者与他人产生争议的事实，比如侵权事实或违约事实。① 在我国实践中通常表述为，原被告之间的民事法律关系产生、变更、消灭的事实和实体权利受到侵犯或与他人发生争议的事实。

原告所主张的请求原因事实在不同的诉讼类型中有不同的体现，在给付之诉中，是指其主张的请求权的构成要件事实；在确认之诉中，是指请求确认的权利或法律关系的生成要件事实；在形成之诉中，是指其所主张的形成权的构成要件事实。根据原告请求法院保护民事权利方式的不同，诉可以分为给付之诉、形成之诉和确认之诉三种类型。因此，有必要对不同的诉讼类型举例阐释其请求原因事实的构成。

① 邵明、欧元捷：《论现代民事诉讼当事人的主张责任》，载《武汉大学学报（哲学社会科学版）》2015 年第 2 期。

二、给付之诉中的请求原因事实

给付之诉是指原告向被告主张特定的给付请求权，要求法院判令被告履行一定给付义务的诉。给付之诉的实体基础在于民事权益人对民事义务人享有的特定给付请求权，具体包括物权请求权、债权请求权、占有保护请求权、知识产权上的请求权以及人格权和身份权上的请求权等。正如前述，在给付之诉中，原告主张的请求原因事实主要是指其主张的请求权构成要件事实。对此，梳理各种类型请求权的构成要件及其法律规范依据就尤为重要（见表4-1）。

表4-1　民法上请求权及其构成要件

请求权类型		构成要件	法律规范
物权请求权	返还原物请求权	①请求权的主体是《民法典》物权编规定的所有权人或其他物权人；②义务人是所有物的现实占有人；③占有的不法性	《民法典》第235条
	排除妨碍请求权	①权利人合法享有所有权；②须有妨害所有权事实；③妨碍行为须为违法	《民法典》第236条
	妨碍预防请求权	①权利人合法享有所有权；②须有妨碍所有权的危险	《民法典》第236条
债权请求权	合同履行请求权	①合同成立；②合同有效；③合同存在；④所主张的请求权并未因清偿、抵销、给付不能等原因而消灭；⑤无拒绝给付的抗辩权	《民法典》第509条、第577条、第579条
	违约损害赔偿请求权	①给付义务的违反；②可归责于债务人的事由；③损害；④存在因果关系	《民法典》第577条、第584条
	缔约过失请求权	①缔约过失发生在合同订立过程中；②一方违背其依诚实信用原则所应负的义务；③他人信赖利益受损失；④存在因果关系	《民法典》第500条
	无因管理请求权	①为他人管理事务；②有为他人谋利益的意思；③没有法定或约定的义务	《民法典》第979条

续表

<table>
<tr><th colspan="2">请求权类型</th><th>构成要件</th><th>法律规范</th></tr>
<tr><td rowspan="2">债权请求权</td><td>侵权损害赔偿请求权</td><td>①侵权损害事实；②加害行为的违法性；③违法行为与损害后果之间有因果关系；④行为人主观上有过错</td><td>《民法典》第1165条至第1178条；《票据法》第104条至第106条；《公司法》第152条</td></tr>
<tr><td>不当得利所产生的返还请求权</td><td>①一方获得利益；②他方受到损失；③获得利益和受损之间有因果关系；④没有合法根据</td><td>《民法典》第985条至第988条</td></tr>
<tr><td rowspan="3">占有保护请求权</td><td>占有返还请求权</td><td rowspan="3">①存在侵害占有或妨害占有的行为；②行为非基于占有人的意思；③行为具有非法性</td><td>《民法典》第235条</td></tr>
<tr><td>妨碍排除请求权</td><td>《民法典》第236条</td></tr>
<tr><td>消除危险请求权</td><td>《民法典》第236条</td></tr>
<tr><td rowspan="3">知识产权上的请求权</td><td>停止侵害请求权</td><td rowspan="3">①存在侵害知识产权或妨害知识产权的行为；②行为具有非法性</td><td rowspan="3">《民法典》第118条；《著作权法》第52条；《专利法》第65条至第67条等</td></tr>
<tr><td>排除妨碍请求权</td></tr>
<tr><td>消除危险请求权</td></tr>
<tr><td rowspan="2">人格权和身份权上的请求权</td><td>人格权：停止侵害和赔偿损失的请求权</td><td>①民事主体的人格权受到不法妨害；②加害人的妨害行为具有违法性；③加害人的违法行为和妨害事实之间具有因果关系</td><td>《民法典》人格权编第991条；《民法典》侵权责任编第1179条、第1181条</td></tr>
<tr><td>身份权：抚养请求权、赡养请求权等</td><td>①存在法定或约定抚养、赡养义务；②义务人未尽到抚养或赡养义务</td><td>《民法典》第1058条、第1059条、第1067条、第1074条、第1075条、第1084条、第1118条</td></tr>
</table>

注：此表中的请求权构成要件的归纳整理是在假定案件事实已经清楚的基础上，对一项请求权成立所必须满足的构成要件的归纳。请求原因事实就是原告承担主张证明责任的构成要件事实，但具体到某一项请求权的每一个构成要件，在当事人之间则存在具体分配问题，此表格无法提供确切的答案。此外，表中的人格权和身份权上的请求权和知识产权上的请求权是指人格权和身份权、知识产权受到侵害时除了人格权、身份权或知识产权损害赔偿请求权之外的其他请求权。该表的整理主要参考了暨南大学闫庆霞教授的研究成果，参见闫庆霞：《当事人民事诉讼主张研究》，法律出版社2013年版，第188~192页。

三、形成之诉中的请求原因事实

形成之诉，是指原告请求法院通过判决使已成立或既存的民事法律关系或者特定的法律事实发生变更或消灭的诉讼类型。形成之诉与实体法上的形成权关系密切。在实体法上，形成权主要包括三种类型，分别是设立性形成权、变更性形成权和消灭性形成权。其中，设立性形成权是指使民事法律关系发生的形成权，比如常见的法定代理人的追认权、股东优先购买权、共有人优先购买权、承租人优先购买权等；变更性形成权，是指使民事法律关系发生变更的形成权，比如常见的损害赔偿权人多种救济方法的选择权等；消灭性形成权，是指使民事法律关系消灭的形成权，比如常见的终止权、抵销权、免除权、解除权、放弃继承权等。正如前述，在形成之诉中，原告所主张的请求原因事实就是其所主张的形成权的构成要件事实。因此，有必要对形成权的构成要件进行解构整理（见表4－2）。

表4－2　民法上形成权及其构成要件

形成权类型		构成要件	法律规范
设立性形成权	法定代理人追认权	①行为主体是限制行为能力人；②实施的是除纯获利益或与其年龄、智力、精神健康状况相适应的民事法律行为之外的民事法律行为；③追认的期限为自收到追认通知起一个月以内	《民法典》第145条、第171条、第503条
	承租人优先购买权	①存在合法存续的房屋租赁合同；②出租人出售房屋的，应该提前3个月通知承租人；③在同等条件下承租人享有优先购买权	《民法典》第726条
	股东优先购买权	①股东向外转让股权；②经股东同意转让的股权，在同等条件下，其他股东有优先购买权；③在一定时间内行使	《公司法》第72条
	共有人对共有物的优先购买权	①存在共有关系；②对标的物享有合法所有权；③满足同等条件的对价；④在一定时间内行使	《民法典》第305条、第306条

续表

<table>
<tr><th colspan="2">形成权类型</th><th>构成要件</th><th>法律规范</th></tr>
<tr><td>变更性形成权</td><td>损害赔偿权人多种救济方法选择权</td><td>因当事人一方的违约行为，侵害对方人身、财产权益的，受损害方有权选择依照本法要求其承担违约责任或者依照其他法律要求其承担侵权责任</td><td>《民法典》第583条、第584条</td></tr>
<tr><td rowspan="3">消灭性形成权</td><td>抵销权</td><td>①双方互负债务、互享债权；②双方互负债务，且标的物种类、品质相同；③必须是自动债权已届清偿期；④须是得抵销的债务</td><td>《民法典》第568条</td></tr>
<tr><td>解除权</td><td>①不可抗力致使不能实现合同目的；②违约行为（迟延履行、拒绝履行、不完全履行、债务人的过错造成其他不能实现合同目的）</td><td>《民法典》第563条</td></tr>
<tr><td>继承放弃权</td><td>①放弃人须是完全民事行为能力；②放弃继承的意思应在继承开始后、遗产分割前作出；③必须采取书面的形式</td><td>《民法典》第1124条</td></tr>
</table>

四、确认之诉中的请求原因事实

确认之诉，是指原告请求法院确认其主张的民事法律关系（民事权益）或者特定的法律事实是否存在或者是否合法有效的诉讼类型。原告提起确认之诉的诉讼标的或实体法基础是其享有的支配权。支配权包括物权、人格权、身份权和知识产权等。根据原告请求确认的请求不同，可以将确认之诉划分为积极确认之诉和消极确认之诉，前者是指原告请求法院确认权利或法律关系存在或者特定的法律事实存在或合法的诉讼，如请求确认合同关系之诉、请求确认其享有所有权之诉等；后者是指原告请求法院主张的法律关系或者特定的法律事实不存在、不合法或无效的诉讼类型，比如常见的请求婚姻无效、收养无效之诉、请求确认被告不享有专利权之诉等。正如前述，在确认之诉中，原告提出的请求原因事实就是其请求确认的权利或法律关系的生成要件事实。

第三节 被告主张责任的分配：抗辩事实

作为对原告主张的防御，被告可以采取反驳、反诉、否认、沉默、不知陈述、异议以及抗辩等态度。但是主张责任语境下的抗辩是指事实抗辩，而非权利抗辩和程序抗辩。此外，不仅理论上对抗辩的内涵和性质存在分歧，没有厘清抗辩与否认、实体抗辩与实体法抗辩以及程序抗辩与实体抗辩之间的区别，尚未建立科学的民事抗辩制度体系，而且在民事司法实践中对抗辩的适用也存在一些误区，如对抗辩与反驳、异议、反诉、否认等未明确区分。对此，有必要对抗辩及与其相关概念的界别进行深入阐释。

一、抗辩概念

（一）抗辩的含义

在民事诉讼中，针对原告的诉讼请求，被告当事人可以提出不同的诉讼主张，可以就此提出事实抗辩，可以提出实体法上的抗辩权以应对，同时还可以提起反诉对抗。关于抗辩的含义，理论上存在不同的理解和认识，归纳起来，主要有以下几种观点和见解。

第一种观点认为，抗辩是一种针对诉讼请求的防御方法，对原告诉讼请求的反驳就是抗辩，抗辩一定是针对诉讼请求的。[①] 第二种观点认为，民事诉讼中，抗辩是指一方当事人依据法律规定，针对对方当事人提出的诉讼请求，所采取的各种防御方法，包括实体抗辩和程序抗辩。第三种观点认为，在民事诉讼中，所谓抗辩，是针对请求权提出的一种防御方法，

① 江伟主编：《民事诉讼法》，高等教育出版社2007年版，第65页。

是指当事人通过主张与对方的主张事实所不同的事实或法律关系，以排斥对方所主张的事实的行为。简言之，抗辩就是主张其他事实或权利来对原告的请求进行对抗。[①] 第四种观点认为，在我国民事诉讼中，抗辩属于民事诉讼法规定的诉讼攻击防御方法的一种，在学理上称为民事诉讼法抗辩，在现行的《民事诉讼法》上称为反驳或反诉诉讼请求。民事诉讼法抗辩是指当事人依据法律规定，对相对方提起的民事权利或权利主张（诉讼请求）提出反对性主张，以使民事诉讼在程序上发生不得进行或归于终止的法律效果，以及使权利主张（诉讼请求）发生不被法院判决所支持的法律效果。[②] 在民事诉讼中，抗辩是针对请求权提出的一种防御方法。第五种观点认为，在民事诉讼中，抗辩特指被告为反驳原告所提诉讼请求而向受诉法院提出与原告所主张的请求原因事实两立的，并且能够阻碍该事实的法律效果的发生的事实之行为。抗辩是针对原告所主张的请求原因事实作出的积极陈述。理解抗辩的含义，应当把握以下两方面的内容：其一，抗辩是被告针对原告所主张的请求原因事实而实施的防御方法；其二，被告因抗辩而主张的抗辩事实与原告所主张的原因事实是相互对立的事实。[③]

综上所述，基于研究视角的不同，学者们在界定抗辩概念时存在表述上的差异，但也达成了如下几点共识：第一，抗辩的主体是作为被告的当事人；第二，抗辩在性质上是当事人的防御方法或手段；第三，界定抗辩的概念，应当注意程序法与实体法不同的研究视角，在实体法上，抗辩还指实体抗辩权，针对的是原告的诉讼请求和权利主张，而在诉讼法上，抗辩通常是作为被告的当事人针对原告主张的请求原因事实而提出的与之对立的抗辩事实。

---

① 杨立新、刘宗胜：《论抗辩与抗辩权》，载《河北法学》2004 年第 10 期。

② 陈刚：《论我国民事诉讼抗辩制度的体系化建设》，载《中国法学》2014 年第 5 期。

③ 占善刚：《民事诉讼中的抗辩论析》，载《烟台大学学报（哲学社会科学版）》2010 年第 3 期。

（二）抗辩与反诉

根据我国《民事诉讼法》第54条的规定，本诉的被告可以针对本诉的原告提起反诉。反诉是指在正在进行的诉讼中，本诉的被告以本诉的原告为被告提起的诉讼。本诉的被告提起反诉的目的在于对抗或吞并原告的诉讼请求。反诉是诉的一种，本诉的被告提起反诉应当满足起诉的一般要件，同时还应满足特定的要件。具体而言，反诉的特殊要件包括：一是由本诉的被告针对本诉的原告提起。二是在本诉进行过程之中提起，亦即在本诉受理之后法庭辩论终结之前提起。三是向受理本诉的法院提起，并且反诉不属于其他法院专属管辖。四是本诉与反诉须在法律上或在事实上存在牵连关系。此种牵连关系在学理上解释为如下情形：诉讼标的属于同一法律关系或同一权利；反诉请求与本诉请求基于同一法律关系或同一原因事实；反诉请求与本诉请求互不相容或其中一个请求为另一个请求的先决问题。五是反诉能够与本诉适用同一诉讼程序。

最高人民法院于2009年4月24日发布的《关于适用〈中华人民共和国合同法〉若干问题的解释（二）》第27条规定，当事人通过反诉或者抗辩的方式，请求人民法院依照原《合同法》第114条第2款的规定调整违约金的，人民法院应予以支持。从该项司法解释的规定来看，最高人民法院实际上是将抗辩等同于反诉来理解和对待的，认为抗辩是具有实体法效果的诉讼请求。

反诉与抗辩的区别在于：第一，目的不同。反诉的目的在于攻击，目标是对抗或吞并原告的诉讼请求，而抗辩的目的在于防御，在于抵销原告的诉讼请求。例如，甲起诉乙拖欠工程款，针对原告甲的起诉，乙仅仅提出因甲迟延交付房屋已构成根本违约，乙主张拒绝支付甲的工程款，此时乙的主张因无请求，只能构成抗辩；如果乙在提出上述主张之后，同时还提出因甲迟延交付房屋致使其遭受损失，并要求甲赔偿因其迟延交付房屋而造成的损失，此时乙的主张因提出了反请求，并且符合反诉的要件，故而构成反诉。[①] 第二，是否具有独立性不同。反诉的本质是诉，具备诉的特质，针对原告提起的诉，被告可以向本诉法院提起反诉，也可以向其他有管辖权的法院提起诉讼；而抗辩则不具备独立性的特质，抗辩只能针对原告的主张进行，也就是说抗辩针对的范围限于原告的诉讼请求及所依据的事实及理由。第三，行为人的法律地位不同。根据反诉的构成要件，反诉的主体是反诉原告，也就是本诉被告，与本诉原告具有同等的权利和义务；而抗辩则是针对对方当事人的事实主张提出的，既可以是原告，也可是被告。第四，提出的时间不同。反诉只能在诉讼开始后法庭辩论终结前提出，而抗辩可以在实体审理的任何阶段提出。[②]

（三）抗辩与反驳

在民事诉讼中，针对原告提起的诉讼，被告通常会采用反驳的方法来维护自己的合法权益，即从事实上、法律上提出原告之诉不成立，要求法院驳回原告的诉的方法来同原告对抗。反驳较之抗辩，有更宽泛的含义，并不是一个严格的诉讼法术语。有学者将反驳定义为被告针对原告诉讼请求的否定主张，其内容与抗辩相同。[③] 对此，有学者认为将反驳限定为对原告诉讼请求的否定主张容易造成反驳在使用上的混乱。抗辩在大陆法系国家及地区的民事诉讼中是一个法定的概念，抗辩一定是针对诉讼请求，而反驳不仅是对诉讼请求的否定，也可以是对对方当事人的事实主张和法律主张的否定。对原告诉讼请求的反驳是抗辩，而原告对被告主张的否定就不是抗辩，而是反驳。反驳不是一种诉，不包含独立的诉讼请求，法院

---

① 王利明：《民法总则研究》，中国人民大学出版社 2003 年版，第 220 页。

② 邸天利：《诉讼中与抗辩相关的几个概念的厘清与界定》，载《山东审判》2011 年第 3 期。

③ 常怡主编：《民事诉讼法学》，中国政法大学出版社 1994 年版，第 137 页。

也不可能对反驳作出实体上的裁判。例如，被告认为原告诉讼请求已过诉讼时效，就是一种反驳，也是一种抗辩。[①] 反驳是原告、被告以及第三人均享有的权利。

反驳是指被告为了维护自己的合法权益，提出各种有利于自己的事实和根据，以否定原告提出的诉讼请求的一种诉讼权利。反驳分为程序法上的反驳和实体法上的反驳。程序法上的反驳，是指被告根据民事诉讼法规定的事实和理由说明原告提出的诉讼请求是违背法律规定的。例如，被告提出：原告欠缺诉讼主体资格，不能提起诉讼；本案不属于法院受理的范围；或者受诉法院对本案无管辖权等。实体法上的反驳是指被告以实体法为根据，通过实体法所规定的事实和理由，说明原告提出的实体权利的请求全部或部分是不合法的。例如，被告用事实证明原告所主张的权利根本不存在或已经实现，原告提出的事实根本没有发生或与事实真相不符等。[②] 可见，反驳与广义的抗辩相比，并无本质的区别。但是，民事诉讼上的反驳仅包括事实抗辩，并不包括抗辩权，因为抗辩权是以承认对方的请求权为前提的。从民事诉讼的意义上说，广义的抗辩包括反驳和抗辩权。[③]

（四）抗辩与否认

否认是被告对原告所提出的诉讼请求的一种应对态度。从语言学的角度来看，否认就是不承认。在民事诉讼中，根据否认对象的不同，可以将否认分为：（1）对诉讼请求的不承认；（2）对证据的不承认；（3）对事实的不承认。在理论上，有学者根据当事人是否提供证据以支持自己的否认主张，将否认分为言词否认和举证否认。言词否认，是指否认者在未提

---

① 江伟主编：《民事诉讼法》（第5版），高等教育出版社2016年版，第72页。

② 常怡主编：《民事诉讼法学》，中国政法大学出版社1994年版，第137页。

③ 杨立新：《民事裁判方法》，法律出版社2008年版，第186页。

供证据的情况下，仅仅以言词陈述的方式对对方当事人的主张予以否认；举证否认，是指当事人提出相反的证据，证明与对方当事人的主张相反的事实，从而作出否认。由于根据举证证明责任分配的逻辑，否认者无须对被否认的事实承担举证责任，举证否认中"否认"并非举证证明责任语境下的概念，举证否认的实质是一种抗辩，当事人提出的证据是证据法学中反证的概念，而非举证责任下的概念。按照当事人攻击防御的基本原理，民事诉讼中的否认，是指当事人主张向对方所主张的事实为不真实，或对相对方的申请或主张予以否定。根据当事人否认的内容和形式的不同，民事诉讼中的否认可以分为单纯否认、推论否认和积极否认三种类型。[①]

单纯否认。单纯否认也称直接否认，是指当事人直接主张对方当事人所主张的事实为不真实，直接否定对方当事人所主张的事实。常见的情形，如在返还借款的诉讼中，被告针对原告所主张的金钱借贷关系事实直接提出"我从来没有向你借过钱"的主张，就是直接否认。

推论否认。推论否认也称为推定否认，是指当事人以不知道、不清楚或不记得对方当事人主张的事实为由，对对方当事人主张的事实予以否认。例如，在前述的返还借款的诉讼事例中，被告针对原告主张的金钱借贷关系，提出"我不记得有借过你的钱这回事"的事实主张，就是推论否认。

积极否认。积极否认也称间接否认或附理由的否认，是指当事人通过主张与对方当事人主张的事实不能两立的事实来排斥否认对方的事实主张。积极否认实际上是承认对方当事人主张的要件事实存在，但否认其主张的效果事实。例如，前述的返还借款诉讼事例，针对原告所主张的金钱借贷关系事实，被告则提出"虽然我收到这笔钱，但这笔钱是你赠送给我的，而不是借给我的"的主张，就是积极否认。

---

① 陈刚：《证明责任法研究》，中国人民大学出版社 2000 年版，第 236 ~237 页。

既有的研究对抗辩与否认的界分已经达成共识，认为两者的差别在于：一是抗辩事实或否认事实与请求原因事实的关系表现为，抗辩事实能够与请求原因事实在逻辑上同时存在，而否认事实不能；二是对于抗辩事实或否认事实的提出者是否承担证明责任的问题，抗辩者承担证明责任，否定者不承担证明责任。抗辩与否认的核心差异在于攻击请求原因事实的路径不同。权利妨碍抗辩旨在消灭某一要件事实的法律效果，达到使原告主张的实体权利不发生的目的；权利消灭抗辩旨在使已经成立的实体请求权归于消灭。因此，在实质上抗辩不否定请求原因事实的客观存在，只否定请求原因事实产生的法律效果。只有请求原因事实存在，抗辩才有必要性和现实性。否认则是从根本上否定请求原因事实本身，也就谈不上对请求原因事实的法律效果有何争执态度了。这也就决定了抗辩应恪守原告主张的法律关系框架，而附理由的否认则通常辩称原告主张的法律关系是另一法律关系。抗辩与否认在攻击请求原因事实的路径上的分野填补了“抗辩者承担证明责任，否认者不承担”的论争缺口。证明责任的客体是争议性要件事实。在事实须有争议性层面，抗辩与请求原因事实能够同时成立，隐含了抗辩者对于请求原因事实的自认，争议事实由请求原因事实转为攻击请求原因事实法律效果的抗辩事实，抗辩者须承担证明责任。否认与请求原因事实不可并立，请求原因事实的争议性自始存在，只有原告承担证明责任即可满足裁判目的。在事实须为要件事实层面，抗辩包含着对抗者的权利主张，是支持权利主张的请求权基础下的要件事实。否认不源自权利主张，只是反驳原告主张的诉讼理由，不是要件事实。①

（五）抗辩与抗辩权

实体法抗辩在当下是指民法上的抗辩权，它是与请求权相对应的一个

---

① 袁琳：《证明责任视角下的抗辩与否认界别》，载《现代法学》2016 年第 6 期。

概念。通说按照抗辩权对请求权行使的阻止、拒绝之时限及效力为标准，将抗辩权划分为永久性抗辩权、延缓性抗辩权和限制性抗辩权。[①]

永久性抗辩权。永久性抗辩权是指行使该抗辩权能够永久性地、消灭性地排除请求权的行使，可产生使原告的诉讼请求被驳回的诉讼法效果，如时效完成的抗辩权。有观点认为债的消灭，如清偿、混同等属于永久性抗辩权。[②] 笔者认为此观点是不正确的，其混淆了事实抗辩和抗辩权的关系。事实抗辩，是以否认对方当事人的请求权为前提的，抗辩权则是以承认对方当事人的请求权为基础的。实际上，债的消灭的抗辩是以对方当事人请求权已经消灭为由的，可见，债的消灭抗辩属于事实抗辩，而非永久性抗辩权。

延缓性抗辩权。暂缓性抗辩权，是指暂时性阻止、拒绝请求权行使的抗辩权。延缓性抗辩权仅仅具有使对方当事人的请求权在一定期间内不能行使或暂时性地排除其请求权的效力。在这个意义上，也被称为一时的抗辩权。延期性抗辩权主要有同时履行抗辩权、不安抗辩权和先诉抗辩权。

限制性抗辩权。限制性抗辩权的特征在于义务人承认请求权的存在，但行使限制性抗辩权既不能永久性地消灭抗辩权，也不能暂时性地阻止权利人请求权的效力，只是能够使权利人有限地行使请求权。比如我国《民法典》第1161条第1款规定，继承遗产应当清偿继承人依法应当缴纳的税款和债务，缴纳税款和清偿债务以被继承人遗产的实际价值为限。

（六）小结

抗辩这一法律术语，理论上有不同的定义和分类。我国著名的民法学

---

① 杨立新、刘宗胜：《论抗辩与抗辩权》，载《河北法学》2004年第10期。

② 林诚二：《民法总则编讲义》（上），台北，瑞兴图书股份有限公司1996年版，第76~77页。

者佟柔教授编著的辞典将“抗辩”词条界定为：抗辩包括实体上的抗辩和诉讼上的抗辩两类。实体上的抗辩着眼于实体法上的效果，包括障碍抗辩、消灭抗辩、阻止抗辩等；诉讼上的抗辩着眼于诉讼程序，分为妨诉抗辩和证据抗辩。① 王泽鉴教授将广义的抗辩分为诉讼上的抗辩和抗辩权两类，前者包括权利障碍抗辩和权利消灭抗辩；后者包括永久抗辩权和一时抗辩权。其中，永久抗辩权包括消灭时效抗辩权等，一时抗辩权包括同时履行抗辩权、先履行抗辩权等。② 第一种划分方法虽具有一定的科学性，但也存在不足，如未认识到阻止抗辩是以实体法上的抗辩权为基础的，阻止抗辩或权利抗辩与抗辩权是互为表里的关系。而第二种划分方法将诉讼上的抗辩直接与抗辩权等同，在划分标准上难免遭受质疑。对此，有学者在上述两种划分方法的基础上，将抗辩分为实体法上的抗辩和程序法上的抗辩。实体法上的抗辩又分为事实抗辩和权利抗辩，事实抗辩分为权利未发生的抗辩或障碍抗辩和权利消灭抗辩；权利抗辩是指权利阻止抗辩或抗辩权。程序法上的抗辩包括妨诉抗辩和证据抗辩两种。③

也有学者指出上述几种划分方法没有充分认识到诉讼法抗辩和实体法抗辩的关系，在划分上存在不足。对此，该学者立足于德日法系意识，提出民事法上的抗辩应划分为民事实体法抗辩和民事诉讼法抗辩。其中，民事实体法抗辩通常是指民法规定的抗辩权，以时限为标准可划分为永久抗辩权和延期抗辩权或一时抗辩权。民事诉讼法抗辩是民事诉讼法规定的防御方法。具体包括程序抗辩和实体抗辩，实体抗辩分为以抗辩权或形成权为基础的权利抗辩以及要件事实抗辩。其中，权利抗辩也称权利阻止抗辩；要件事实抗辩分为权利障碍事实抗辩和权利消灭事实抗辩。④（见图 4－1）

---

① 佟柔：《中华法学大辞典：民法学卷》，中国检察出版社 1995 年版，第 39 页。

② 王泽鉴：《民法思维：请求权基础理论体系》，北京大学出版社 2009 年版，第 137 页。

③ 尹腊梅：《民事抗辩权研究》，知识产权出版社 2013 年版，第 51 页。

④ 陈刚：《论我国民事诉讼抗辩制度的体系化建设》，载《中国法学》2014 年第 5 期。

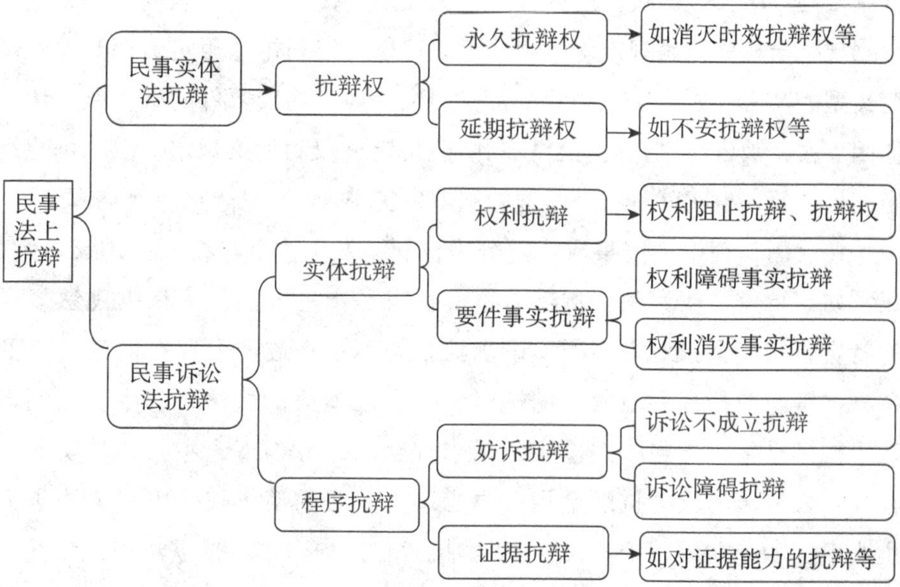

图4－1　民事法上的抗辩体系

笔者比较赞同最后一种观点，理由有二：一是该说将民事法上的抗辩区分为民事实体法抗辩和民事诉讼法抗辩，厘清了权利抗辩与民事实体法抗辩的区别；二是认识到民事诉讼法抗辩的本质是当事人防御方法之一种，既有以权利抗辩和要件事实抗辩为内容的实体抗辩，也有以妨诉抗辩和证据抗辩为内容的程序抗辩。因此，本书正是在这个含义界定和类型划分的基础上对抗辩进行分析。

二、事实抗辩

（一）事实抗辩概述

在德国，抗辩是指被告主张与原告所主张的请求原因事实相容却排斥其所产生之法律效果的事实的行为。根据抗辩作用的不同，抗辩可以分为权利障碍抗辩、权利消灭抗辩与权利拒绝抗辩三种类型。这三种类型的划分基础是民事实体法规范的分类。在民法上，民事实体法规范可分为权利根据规定与权利障碍规定、权利消灭规定以及权利排除规定两大对立的规范类型。其中，原告所主张的符合权利根据规定构成要件的事实就是请求原因事实；被告所主张的符合权利障碍规定、权利消灭规定、权利排除规定的构成要件事实就是三种类型的抗辩事实。①

在我国，理论上将事实抗辩分为权利不发生抗辩与权利已消灭抗辩、权利妨碍抗辩与权利消灭抗辩。事实抗辩是指一方当事人依据民法规定的特定事实，主张对方当事人请求权自始不存在或者虽存在但已消灭的一种抗辩，包括权利不发生的抗辩和权利已消灭的抗辩。其中，权利不发生抗辩是指一方当事人主张的请求权会因对方当事人主张的事实而不存在；权利已消灭的抗辩是指一方当事人主张的请求权会因对方当事人主张事实的存在而归于消灭。② 事实抗辩，是指当事人依据法律规定的事实，对对方当事人的权利主张提出妨碍、消灭、阻止的主张。由于可以发生妨碍、消灭、阻止对方权利主张之法律效果的事实是依据法律规定的要件事实，所以，事实抗辩在实质上是要件事实抗辩的简称，抑或基于要件事实的抗辩。以规范说和法律要件分类说为基础，要件事实分为权利障碍、消灭、阻止之事实。由于权利阻止抗辩的依据事实是指相当于抗辩权或形成权的构成要件事实，其行使条件是事实主张和权利主张之相加，所以，这里将权利阻止抗辩从要件事实抗辩中分离，单列为实体抗辩的一种形式，而将要件事实抗辩仅限于权利妨碍和权利消灭抗辩。③

（二）权利妨碍抗辩

所谓权利妨碍抗辩，是指被告基于民事实体法中有关权利障碍规定向

① ［德］罗森贝克、［德］施瓦布、［德］戈特瓦尔德：《德国民事诉讼法》（下），李大雪译，中国法制出版社2007年版，第745页。

② 张海燕：《论法官对民事实体抗辩的释明》，载《法律科学（西北政法大学学报）》2017年第3期。

③ 陈刚：《论我国民事诉讼抗辩制度的体系化建设》，载《中国法学》2014年第5期。

受诉法院提出的妨碍原告所主张的请求原因事实的法律效果发生的抗辩。被告据此提出的事实就是权利妨碍抗辩的事实。权利妨碍抗辩的主要特征在于，若被告提出的权利妨碍抗辩的事实成立，则将会使原告主张的请求原因事实不能发生相应的法律效果。

根据我国现有民事实体法的规定，权利妨碍抗辩的事实主要有：《民法典》第143条、第144条、第153条、第154条等规定的当事人无民事行为能力、意思表示不真实、法律行为违反法律的强制性规定、社会公共利益或公序良俗、恶意串通损害他人利益的行为等事实；《民法典》第181条、第182条规定的正当防卫和紧急避险的事实；《民法典》第171条规定的自始客观不能履行的事实等（见表4－3）。

表4－3　权利妨碍抗辩的构成要件

<table>
<tr><th>类型</th><th>构成要件</th><th>法律根据</th><th>对应的请求权</th></tr>
<tr><td>合同不成立</td><td>要约或承诺不生效，或者被撤销</td><td>《民法典》第143条</td><td>合同履行请求权
违约赔偿请求权</td></tr>
<tr><td>无行为能力</td><td rowspan="6">—</td><td>《民法典》第144条</td><td>合同履行请求权
侵权赔偿请求权</td></tr>
<tr><td>违反法律、行政法规的强制性规定</td><td>《民法典》第153条第1款</td><td rowspan="4">债务履行请求权</td></tr>
<tr><td>违背公序良俗</td><td>《民法典》第153条第2款</td></tr>
<tr><td>不依法定方式</td><td>《民法典》第509条、第511条</td></tr>
<tr><td>自始客观给付不能</td><td>《民法典》第171条等</td></tr>
</table>

（三）权利消灭抗辩

权利消灭抗辩，也称权利已消灭的事实抗辩，是指被告基于民事实体法中的权利消灭规定而向受诉法院提出的原告所主张的权利虽曾发生但业已消灭的事实抗辩。权利消灭抗辩的目的在于使原告当事人所主张的请求权嗣后归于消灭。被告提出的权利消灭抗辩的事实与原告主张的请求原因事实在逻辑上不可能同时发生，请求原因事实发生在前，权利消灭抗辩的事实在后。权利消灭的事实抗辩与权利妨碍的事实抗辩的区别在于，是否承认对方当事人所主张的请求权存在过。权利消灭的事实抗辩的逻辑前提是承认对方当事人所主张的请求权曾经存在过，而权利妨碍的事实抗辩则不承认对方当事人主张的请求权存在过。权利消灭抗辩的事实既可以是法定事实，也可以是当事人约定的事实。

常见的权利消灭抗辩的事实主要有：《民法典》第 511 条规定的债务清偿、债务免除、债务抵销、混同等事实；《民法典》第 562 条至第 566 条规定的解除条件成就的事实；《民法典》第 610 条规定的嗣后给付不能的事实等。此外，还包括如提存标的物、除斥期间已过等事实。为了方便司法适用，对权利消灭抗辩的构成要件进行了梳理（见表 4－4）。

表 4－4　权利消灭抗辩的构成要件

类型	构成要件	法律根据	对应的请求权
清偿	①清偿必须是当事人依据合同的约定履行；②清偿必须是当事人正确、适当地履行合同义务；③清偿必须使当事人订立的合同得以实现	《民法典》第 511 条第 1 项	债权履行请求权
解除	①具备法律设定或合同约定的解除条件；②有合同解除权的一方当事人作出解除合同的意思表示	《民法典》第 562 条至第 566 条	
抵销	①当事人互负到期债务；②抵销标的物的种类、品质相同；③双方的债务已届清偿期；④双方债务不属于不能抵销的债务	《民法典》第 568 条、第 569 条	
提存	①具有法律规定的提存原因；②标的物适合提存；③提存主体合法	《民法典》第 570 条	
免除	①债务免除人应当享有合法债权或对债权有处分权；②债务免除人应当具有完全民事行为能力；③免除的对象必须是债务人的债务；④免除的意思表示应当向债务人明确作出；⑤免除不得损害第三人利益	《民法典》第 575 条	

续表

<table>
<tr><th>类型</th><th>构成要件</th><th>法律根据</th><th>对应的请求权</th></tr>
<tr><td>混同</td><td>债权和债务因某一事实归于一人</td><td>《民法典》第 576 条</td><td rowspan="3">债权履行请求权</td></tr>
<tr><td>给付不能</td><td>标的物不符合合同规定致使合同不能履行</td><td>《民法典》第 610 条</td></tr>
<tr><td>撤销权的行使</td><td>①出现法定的行使抵销权的情形，如欺诈或显失公平等；②合同撤销权人作出的撤销合同的意思表示</td><td>《民法典》第 152 条</td></tr>
</table>

权利消灭抗辩与权利抗辩虽在外在表征上存在诸多相似之处，一方当事人提出这两种抗辩时对抗的均是对方当事人确实存在的请求权，此处的请求权包括债权请求权和物权请求权。但是两者也存在如下本质区别：其一，权利抗辩是一种法定的抗辩权，须遵循抗辩权法定原则；而权利消灭抗辩属于事实抗辩，具体体现为一系列具体的事实，权利消灭抗辩的事实既可以是法定的，也可以是约定的。其二，是否消灭请求权不同。权利消灭的事实抗辩的法律效果是直接消灭权利人所主张的请求权；而权利抗辩的法律效果则仅仅是暂时或永久地对抗权利人所主张请求权的实现，并不消灭请求权本身。

（四）无需主张的抗辩

无需主张的抗辩包括权利妨碍抗辩和权利消灭抗辩，此种抗辩的功能在于能够使请求权归于消灭。在事实审法庭辩论终结时，如果前述两种抗辩事实存在，则原告主张的请求权便不能实现。对此，王泽鉴先生认为在诉讼进行中，即便当事人未提出权利妨碍和权利消灭的抗辩事实，法院也应当审查事实，如认为有抗辩事由存在，则为当事人利益，须依职权作出有利的裁判。① 然而，笔者并不赞同这种观点。此种对无需主张的抗辩的

① 王泽鉴：《民法概要》，北京大学出版社 2009 年版，第 42 页。

见解与辩论主义的内涵是不符的，因为正如德国学者尧厄尼希所言：法院受双方当事人诉讼行为特别是自认的拘束。[①] 约束性辩论原则的核心内涵，要求法院不得以当事人未主张的要件事实作为裁判的基础。无需主张的权利妨碍抗辩事实和权利消灭抗辩事实都是需要由被告负担主张证明责任的要件事实，这些事实受到辩论主义的规制和涵摄，对法院裁判形成拘束。[②]

对于如何理解无需主张的抗辩中的"主张"问题，德国学者穆泽拉克一针见血地指出，法官应当注意从当事人的事实陈述中产生无需主张的抗辩，而无需权利人明确引证。[③] 以权利消灭抗辩中的清偿为例，在原被告之间的借款合同关系中，对于原告的欠款请求权，只要法官在被告的事实主张或证据中发现有清偿借款的事实，即便被告没有作出"因为我已经返还了原告的借款，所以法院不能支持原告欠款返还的诉讼请求"这样的意思表示，法院也应当对清偿的事实予以审查，如果审查认为清偿事实成立，则适用清偿抗辩的法律效果，也就是判决驳回原告的返还欠款的诉讼请求。

三、权利抗辩

（一）权利抗辩的内涵

权利抗辩是民事诉讼法上实体抗辩的一种，是指以民事实体法上的抗辩权和形成权作为根据或基础，主张行使形成权和抗辩权，以消灭或排斥对方当事人所主张的权利或权益的抗辩。权利抗辩与事实抗辩共同构成民事诉讼法上的实体抗辩。此处需要注意的概念是民事实体法抗辩和实体抗辩。所谓民事实体法抗辩，通常是指民法规定的抗辩权，本质上是民事权利的一种。

---

① ［德］奥特玛·尧厄尼希：《民事诉讼法》（第27版），法律出版社2003年版，第234页。

② 闫庆霞：《当事人民事诉讼主张研究》，法律出版社2013年版，第208页。

③ ［德］汉斯－约阿希姆·穆泽拉克：《德国民事诉讼法基础教程》，周翠译，中国政法大学出版社2005年版，第239页。

以时限为划分基准，抗辩权可以分为永久抗辩权和延期抗辩权；而实体抗辩是民事诉讼法抗辩的一种类型，是指一方当事人对于另一方当事人的权利主张，基于法律规定的事由和权利，提出妨碍其发生法律效果，或者使已发生的法律效果归于消灭或被排除的主张。① 理论上，根据权利抗辩的基础或产生的法律效果不同，可以将其分为权利阻止抗辩和权利消灭抗辩。

权利抗辩是指一方当事人根据民事实体法规定的抗辩权为根据，在承认对方当事人请求权基础的前提下提出的阻止该请求权行使的一种抗辩，常常以“拒绝给付”为外在特征。② 在民法上，抗辩权是一种由法律明确规定的权利。

关于民事诉讼上权利抗辩的法律基础或根据，理论上是存有争议的，主要有“抗辩权说”和“抗辩权+形成权说”两种不同的观点。“抗辩权说”认为民事诉讼上的权利抗辩的法律基础仅为民法上的抗辩权而非形成权，理由是当事人基于某些形成权而提起的抗辩，比如约定或法定解除权的行使，其法律效果是使对方当事人请求权嗣后消灭而不是阻止请求权的行使，即当事人基于该形成权提起的抗辩在性质上属于事实抗辩而非权利抗辩。③ “抗辩权+形成权说”认为权利抗辩是以民法上的抗辩权和形成权为依据或基础的抗辩。依据抗辩权而提出的权利抗辩与以形成权为基础提出的权利抗辩在法律效果上是不同的。例如，根据同时履行抗辩权提出的权利抗辩并不是消灭请求权，而是暂时阻止权利发生法律效果，本质上是一种延期抗辩；而以形成权为基础提出的权利抗辩是让已经发生法律效果的权利发生变更，其结果是使请求权消灭。从这个层面来看，权利抗辩也可分为权利阻止抗辩和权利消灭抗辩。④ 诉讼时效抗辩属于权利抗辩还是事实抗辩的认定，取决于人们对诉讼时效是实体问题还是程序问题的认

---

① 陈刚：《论我国民事诉讼抗辩制度的体系化建设》，载《中国法学》2014年第5期。

② 尹腊梅：《民事抗辩权研究》，知识产权出版社2013年版，第36页。

③ 张海燕：《论法官对民事实体抗辩的释明》，载《法律科学（西北政法大学学报）》2017年第3期。

④ 陈刚：《论我国民事诉讼抗辩制度的体系化建设》，载《中国法学》2014年第5期。

识。关于诉讼时效是实体问题还是程序问题，理论界观点不一，虽有人认为是程序问题或兼具程序与实体双重属性，但多数人主张是实体问题。

权利抗辩与事实抗辩的区别主要体现在以下两方面。一是效力形式方面不同。事实抗辩的效力是妨碍或者消灭对方当事人主张的请求权，而权利抗辩的效力则在于阻止对方当事人请求权的行使。“如果一个法律条款消灭了一项权利，或者这一条款使权利自始不存在，则该条款为抗辩；如果一个条款只是暂时阻止了权利的实现，则其为抗辩权。”[①] 根据此种标准，事实抗辩是指当事人在司法实务中提出的能够使对方当事人请求权不发生或者已消灭的抗辩；权利抗辩是指以原告主张的请求权的存在和行使为前提，不能消灭请求权，而是与请求权相对抗的一种权利形态。二是义务人在履行债务后是否可请求返还方面不同。事实抗辩中因民事实体权利不存在，义务人在履行债务后可以根据不当得利的法律规定请求返还；而在权利抗辩中，因实体权利并未消灭，只是出于行使受限的状态，因此，义务人在履行债务后不能请求返还。

（二）权利抗辩的构成要件

权利抗辩的实质就是当事人享有的并由实体法规定的抗辩权。当事人提出权利抗辩的目的，在于阻却对方当事人所主张的请求权的实现。在我国民事实体法规范中明确规定当事人的抗辩权主要有：（1）诉讼时效抗辩权（《民法典》第九编等）；（2）同时履行抗辩权（《民法典》第525条）。同时履行抗辩权的效力为暂时的拒绝请求权之行使，必须由当事人援用，始能发挥。因而在审判上被告若未援用同时履行抗辩权，即便原告未为对待给付，法院也应判令被告给付；（3）先履行抗辩权（《民法典》第526条）；（4）不安抗辩权（《民法典》第527条）；（5）先诉抗辩权（《民法

① ［德］彼得·格莱施勒：《抗辩和抗辩权的效力形式及援引问题》，郝丽燕译，载梁慧星主编：《民商法论丛》第50卷，法律出版社2012年版，第13页。

典》第392条)；(6) 赠与人穷困抗辩权(《民法典》第666条)；(7) 一般留置抗辩权(《民法典》第477条、第783条、第836条、第903条、第959条等)；(8)“买卖不破租赁”抗辩权(《民法典》第229条)等。有学者根据阻却原告权利行使期间的长短，将权利抗辩分为延迟性权利抗辩或一时性权利抗辩与排除性权利抗辩或永久性权利抗辩。前者如留置权抗辩权、同时履行抗辩权等，后者如诉讼时效抗辩权等。[①] 实体法上抗辩权及其构成要件见表4-5。

表4-5　实体法上抗辩权及其构成要件

类型	构成要件	法律依据	对应的请求权
消灭时效抗辩权	—	《民法典》第九章诉讼时效，《民法典》第312条、第462条等	除法律明确规定之外，可以对抗所有的请求权
同时履行抗辩权	①须因同一双务合同互负债务；②双方所负债务之间具有相应性；③须双方互负的债务均已届清偿期；④须对方的对待履行是可能履行的	《民法典》第525条，《海商法》第96条	合同履行请求权
先履行抗辩权	①须因同一双务合同互负债务；②须由一方当事人先为履行；③先履行的一方不履行或不适当履行合同债务	《民法典》第526条	
不安抗辩权	①须因同一双务合同互负债务；②须当事人一方先履行债务；③先履行的一方有确切的证据证明另一方不能或不会做出对待履行	《民法典》第527条、第528条	
保证人先诉抗辩权	①保证人为一般保证人；②主合同纠纷未经审判或仲裁，并未就债务人财产依法强制执行	《民法典》第392条	

① 王泽鉴:《法律思维与民法实例——请求权基础理论体系》，中国政法大学出版社2001年版，第174页。

续表

类型	构成要件	法律依据	对应的请求权
一般留置抗辩权	①债权人合法占有债务人财产；②债务人的债务已届清偿期；③债权的发生与留置物有牵连关系；④必须无妨碍留置权成立的情形	《民法典》第447条、第783条、第836条、第903条、第959条等	债权请求权
赠与人穷困抗辩权[1]	①必须是在具有救灾、扶贫等社会公益、道德义务性质的赠与合同或者经过公证的赠与合同中；②必须是在赠与合同依法成立以后履行完毕以前；③赠与人经济状况显著恶化	《民法典》第666条	赠与合同履行请求权
买卖不破租赁抗辩权	①租赁合同已经成立并生效；②租赁物已交付承租人；③所有权发生变动是在租赁期间；④出租人或租赁物的所有人将租赁物的所有权让与给了第三人	《民法典》第725条	物权请求权

〔1〕我国《民法典》第666条规定，赠与人的经济状况显著恶化，严重影响其生产经营或者家庭生活的，可以不再履行赠与义务。理论界对赠与人在穷困之际的不履行权的性质存有分歧，有撤销权说、抗辩权说和解除权说三种见解，并在立法上呈现出撤销权主义、抗辩权主义与解除权主义三种立法体例。目前，主流的观点认为赠与人所享有的不履行赠与义务的权利属于抗辩权范畴，并非解除权或撤销权，并且此种抗辩权在性质上属于一种消灭的抗辩权或永久的抗辩权。此种抗辩权在学理上通常被称为“赠与人穷困抗辩权”。关于赠与人享有的不履行赠与义务权利性质的详细论证，可具体参见易军：《撤销权、抗辩权抑或解除权——探析〈合同法〉第195条所定权利的性质》，载《华东政法大学学报》2003年第5期。

（三）需主张的抗辩

正如前述，需主张的抗辩和无需主张的抗辩是对诉讼上的抗辩和民法上的抗辩的分类，作出此种分类的意义在于讨论抗辩权的行使条件和效果问题。民法上的抗辩权就是典型的需要主张的抗辩。此种抗辩权必须经过当事人援用，法官方可判断其法律效果。如果当事人为主张行使民法上的抗辩权，则法官不得在裁判过程中适用。民法上的抗辩权之所以需要当事人主张，法官方可适用，主要是受到其自身性质的影响。

从性质上来看，民法上的抗辩权仅仅是对已存在的请求权发生一种对抗的权利而已，可以说是当事人享有的一种攻击防御方法，但此种攻击防御方法本身不会主动发生相应的法律效果，要想使其实际发生对抗的效果，则需要当事人予以主张。正如德国学者尧厄尼希所说：阻碍权利的事实是以《民法典》意义上的需主张的抗辩为基础，即给付拒绝权虽然没有消灭对方的民法上的请求权，但给予了义务人拒绝给付的权利。

依据《民法典》的规定，需主张的抗辩可以是持续的或者是暂时的抗辩。前者的典型例子是时效的抗辩，后者典型的例子是未履行的合同的抗辩。民法上抗辩的存在本身并不是阻碍权利的事实，对此还需要行使拒绝给付权，如提出时效抗辩。也就是说，只有当债务人引证了时效并在诉讼中陈述了使时效抗辩存在和时效抗辩被提出的事实时，法院才可驳回诉。当事人仅仅指出时效抗辩存在，而不指出时效抗辩被提出的事实，法院则不会适用抗辩的法律效果。①

需主张的抗辩中的“主张”是指需要当事人在诉讼中明确表达针对原告请求权的抗辩所要达到的法律效果的意思表示。对此，以诉讼时效抗辩为例，分析时要对需主张的抗辩发生相应法律效果的要件进行解构。在我国，根据《民法典》第 188 条的规定，当事人请求人民法院保护民事权利的诉讼时效通常为 3 年。

以甲乙双方民间借贷为例，甲于 2013 年 5 月 1 日借给乙 5000 元购买苹果手机，约定于 2013 年发放年终奖时返还。甲碍于同事情面一直未向乙追债。后于 2017 年 5 月 1 日向法院起诉。本案中，甲向乙追债的诉讼时效明显已过，如果被告乙想拒绝给付，则应当作出如下两个陈述：“欠款发生于四年前，原告最近才起诉要求我返还借款，我以为原告免除了债权”；“由于存在这样的事实，原告享有的请求权因诉讼时效已过而不能实现”。

---

① ［德］奥特玛·尧厄尼希：《民事诉讼法》（第 27 版），周翠译，法律出版社 2003 年版，第 233 页。

如果被告乙没有明确作出诉讼时效已过的意思表示，法官对此能否进行主动适用，是否可以对其进行释明？答案当然是否定的。对于诉讼时效抗辩，法院不仅不能进行主动适用，而且还不能对其进行释明，[①] 否则有违法官中立性的要求。

四、程序抗辩

程序抗辩，也称诉讼法上的抗辩，是指当事人主张与实体法上的事项没有关系的事实或事项以排斥对方当事人的请求。程序抗辩是民事诉讼法抗辩的一种，是与实体抗辩相对的抗辩类型。在德日民事诉讼法上，程序抗辩又具体分为妨诉抗辩和证据抗辩两种。[②]

（一）妨诉抗辩

妨诉抗辩是指被告通过主张本诉为不合法或诉讼要件有欠缺等事项，拒绝原告的诉讼请求进行辩论的抗辩类型。[③] 根据妨诉事由的不同，妨诉抗辩又可以细化为诉讼不成立的抗辩和诉讼障碍抗辩。诉讼不成立抗辩和诉讼障碍抗辩区别在于，诉讼不成立抗辩一旦成立，本案诉讼程序就告终结，并且以后不能恢复；而诉讼障碍抗辩的障碍条件一旦被解除，原告可以重新向法院提起诉讼或使诉讼程序继续进行。

诉讼不成立抗辩，是指被告提出原告之诉缺乏诉讼成立的具体事由，

---

① 实际上我国和其他大陆法系的国家均规定法官不能主动适用诉讼时效进行裁判。参见我国《民法典》第 193 条：人民法院不得主动适用诉讼时效的规定；最高人民法院《关于审理民事案件适用诉讼时效制度若干问题的规定》第 3 条：当事人在一审期间未提出诉讼时效抗辩，在二审期间提出的，人民法院不予支持，但其基于新的证据能够证明对方当事人的请求权已过诉讼时效期间的情形除外；《法国民法典》第 2223 条：审判员不得自行援用时效的方法；《日本民法典》第 145 条：除非当事人援用时效，法院不得根据时效进行裁判等。

② 陈刚：《证明责任法研究》，中国人民大学出版社 2000 年版，第 237 ~238 页。

③ 陈刚：《抗辩与否认在证明责任法学领域中的意义》，载《政法论坛》2001 年第 3 期。

以拒绝原告的诉讼请求进行辩论的抗辩。诉讼不成立抗辩的法律根据主要规定在我国现行《民事诉讼法》第122条（起诉条件）和第127条（起诉审查条件）。根据该规定，当事人的起诉应当满足法律规定的要件。实践中，对是否符合起诉条件的判定则主要是通过对当事人提交的起诉状记载的事项进行审查来实现的。对于原告提起的诉讼，被告可以提起哪些诉讼不成立的抗辩事由呢？比较典型的是仲裁协议的妨诉抗辩。被告提出双方当事人之间存在有效的仲裁协议，以仲裁排斥诉讼为理由，对原告提出妨诉抗辩。仲裁妨诉抗辩的法律依据主要规定在《民事诉讼法》第127条第2项、《民事诉讼法解释》第215条、《中华人民共和国仲裁法》第5条、《最高人民法院关于适用〈中华人民共和国仲裁法〉若干问题的解释》第4条等。

诉讼障碍抗辩，是指被告提出原告提起的诉讼受到法律规定条件阻碍的抗辩，亦即原告提起的诉讼在法律规定的障碍条件未消除前是不符合法律规定的。最为常见的是，为了保护女性权益，法律规定作为男方不得在特定期间内起诉离婚。例如，《民法典》第1082条、《中华人民共和国妇女权益保障法》第45条均规定，女方在怀孕期间、分娩后一年内或者中（终）止妊娠后6个月内，男方不得提出离婚。此外，在涉及离婚或收养的调解案件中，法律也规定了相应的障碍条件。例如，《民事诉讼法》第127条第7项规定，判决不准离婚和调解和好的离婚案件，判决、调解维持收养关系的案件，没有新情况、新理由，原告在6个月内又起诉的，不予受理。①

（二）证据抗辩

所谓证据抗辩，是指当事人对对方当事人提供的证据，以该证据不符

① 江必新主编：《〈中华人民共和国民事诉讼法〉修改条文解读与应用》，法律出版社2012年版，第233～234页。

合法定程序或没有证据资料以及缺乏证明力为事由，请求法院不采用该证据或不采用依该证据得出的证据调查结果。[①] 证据抗辩的事由主要是立足于证据应当满足关联性、真实性和合法性三个条件而提出的。因此，在理论上也分为证据真实抗辩、证据关联性抗辩和证据合法性抗辩三种。针对一方当事人提出的证据，对方当事人可以以其提出的证据不符合真实性、关联性或合法性为由进行抗辩。实践中，常见的证据抗辩情形主要有，当事人在诉讼中主张某一证据属于违法收集的证据而不具备证据资格，或者当事人在诉讼中主张某一证据是由当事人伪造的，或者主张某一证人证言因证人与提供证据的一方当事人具有亲戚关系等而要求法院不予采信。[②] 这些情形既有对证据能力的否定，也有对证据证明力的否定。从这个意义上来说，证据抗辩可以分为对证据能力的抗辩和对证明力的抗辩。

程序抗辩与实体抗辩最大的不同在于程序抗辩的对象涉及诉讼要件及证据调查事项，因此，事实是否存在属于法院职权探知的对象，通常情形下是不适用辩论主义的。

第四节　主张共通原则的适用

根据主张责任的原理，负有主张责任的当事人应当就于己有利的事实进行主张。原告对请求原因事实或权利产生的事实承担主张责任，而被告就权利妨碍、权利阻却和权利消灭的事实承担主张责任；如原告未能就请求原因事实、被告未能就抗辩事实进行主张，则其各自应承担诉讼的不利益或败诉风险。主张共通原则是对主张责任原理的补充，主张共通原则实

---

① 陈刚：《抗辩与否认在证明责任法学领域中的意义》，载《政法论坛》2001 年第 3 期。

② ［德］奥特玛·尧厄尼希：《民事诉讼法》（第 27 版），周翠译，法律出版社 2003 年版，第 277 页。

际上是解决提出事实主张的当事人与负有主张责任的当事人是否必须一致的问题。主张共通原则的适用有助于充分利用诉讼资料、节约司法资源和促进诉讼。

一、主张共通原则的内涵

正如前述，主张责任的核心要义，是指由于当事人在口头辩论中没有主张要件事实导致以该要件事实为前提和基础的法律效果不会被法院认可的诉讼上不利益或者败诉危险。由于存在主张责任的分配制度，当不负主张责任的当事人提出了本应由负有主张责任之人主张的事实时，该如何对待和认定呢？这个问题实际上涉及主张共通的概念。在民事诉讼中，主张共通是指，无论是负有主张责任的当事人提出了主张责任项下的要件事实还是由对方当事人提出了该要件事实，都是符合主张责任的要求。这也就是说，当不负主张责任的当事人提出了本应由负有主张责任之人应主张的事实时，法院也会认定负有主张责任的当事人履行了主张责任。① 与主张共通概念或原则相似的概念便是证据共通原则。在民事诉讼上，证据共通原则是指受诉法院对某一证据进行调查的结果能够作为对立当事人之间或共同诉讼人之间共通的证据资料被利用的制度。② 可见，主张、证据共通原则是在诉讼中合理利用事实资料、证据资料，进而促进诉讼的具体体现。

主张共通原则实际上是解决提出事实主张的当事人与负有主张责任的当事人是否必须一致的问题，亦即是否只有负有主张责任的当事人所主张

① 邵明、欧元捷：《论现代民事诉讼当事人的主张责任》，载《武汉大学学报（哲学社会科学版）》2015 年第 2 期。

② 有学者曾撰文对民事诉讼中证据共通原则的内涵、基本类型、确立依据及其具体适用等几个方面的问题作了全方位的诠释，具体参见占善刚：《民事诉讼中的证据共通原则研究》，载《法学评论》2012 年第 5 期。

的事实，始得作为裁判的根据和基础。在此，有必要对这个问题进行探究。举例而言，根据主张责任的原理，A 事实的存在，属于原告主张责任的范畴，而此时被告就 A 事实的存在或不存在，皆不负主张责任，在现实的辩论中，原告并未主张该事实存在或不存在，A 事实是否非当事人在辩论中所主张的事实？假如被告仅仅主张 A 事实不存在，那么 A 事实是否为当事人在辩论中所主张的事实？反之，假如 B 事实的存在属于被告的主张责任，此时原告就 B 事实的存在或不存在，皆不负主张责任，在现实的辩论中，被告并未主张该事实存在，B 事实是否非当事人在辩论中所主张的事实？假如原告仅仅主张 B 事实不存在，那么 B 事实是否非当事人在辩论中所主张的事实？

就前例而言，如果认为 A 事实可以由被告，或 B 事实可以由原告提出或主张，并得以该事实作为裁判的基础，则负主张责任的当事人事实上将因之不劳而获。因而，有观点认为辩论主义是建立在自己的利益应以自己的力量获得的基础上，故只有负主张责任的当事人所主张或提出的事实，才可以作为裁判的基础，亦即事实应由负有主张责任的当事人提出或主张。[①] 当不负有主张责任的当事人对本应由负有主张责任的当事人主张的事实进行主张时，则不应认为负有主张责任的当事人履行了主张责任。

辩论主义的核心在于划分法院与当事人在诉讼中的职能和权限，即“法院负责法律适用，当事人负责事实的主张”。辩论主义并非原告与被告在诉讼中的职能划分的标准，辩论主义也并非建立在自己的利益必须以自己的力量获得的前提要件上。这也就是说，即使负有主张责任的当事人没有在言词辩论中主张或提出法律规定的要件事实，如果对方当事人在言词辩论中主张了该法律规定的要件事实，那么法院仍然可以将该要件事实采纳为裁判的基础。因此，当对方当事人提出了本应由负有主张责任的当事

① 伊东乾「辩论主义」『民事诉讼法讲座』1959 年第 2 卷，93 ~94 頁。

人主张的法律规定的要件事实时，法院也应当认可负有主张责任的当事人履行了自己的主张责任。

主张共通原则存在的基础主要有三个。一是主张责任的性质使然。主张责任的本质不是一种义务，而是“无辩论、主张的危险负担”，这也就表明法律规定的要件事实并非必须由负有主张责任的当事人提出，而不能由对方当事人提出或者对方当事人提出就无法律效力。二是事实认定规律的体现。法官在进行事实认定审理案件时，应当斟酌全部辩论意旨以及证据调查、法庭辩论的结果，依据自由心证判断事实的真伪。如果法官生硬地理解主张责任，固守自己的利益应以自己的力量获得的原则，则在进行事实认定时很有可能背离真相。三是民事诉讼目的之要求。当不负主张责任的当事人提出或主张了本应由对方当事人主张的要件事实，而被提出的事实有助于发现事实真相时，则法院可基于诉讼经济、发现真实、公平合理地保障当事人合法权益的民事诉讼的目的，将该事实作为裁判的基础。例如，在所有物返还请求诉讼中，原告主张标的物虽曾出租于被告，但租赁契约业经解除时，对于租赁契约存在之真实，被告负有主张责任，此时被告纵然未再主张或援引该事实，法院为裁判时得就该事实之存否加以斟酌。[①]

二、主张共通原则与权利抗辩

关于权利抗辩是否适用主张共通原则，理论界存有争议，形成“肯定论”和“否定论”两种相互对立、截然相反的观点。“肯定论”认为当事人不仅可以在诉讼中援引抗辩权，在诉讼外同样可以行使该抗辩权作为当事人攻击防御的方法。只要有任意一方当事人在诉讼中提出该抗辩权曾经被行使的事实，法官就可以斟酌该抗辩权的行使效果，亦即可以对抗原告

① 刘春堂：《民事诉讼主张责任之研究》，载《法学丛刊》第22卷第1期（1977年）。

提出的请求权。[①]“否定论”认为权利抗辩并不适用主张共通原理或原则。对于不仅是民法上的抗辩权，甚至包含形成权在内的广泛的权利抗辩，尽管对于权利成立的主要事实或要件事实适用主张共通原则是适当的，但行使上述权利的事实仍必须由主张该抗辩效果的当事人证明。对于除了形成权之外的民事实体法上的抗辩权，如果权利人在诉讼中不主张权利行使的效果，法官可以当事人没有主张而否定抗辩的法律效果。

对于权利抗辩是否适用主张共通原则的问题，笔者持否定的观点。在民事实体法上，作为权利抗辩基础的抗辩权是当事人享有的一种利益和权利，权利抗辩的行使必须有当事人明确的意思表示，这在理论上已达成共识。这也就是说，在民法学者眼里，在当事人放弃对抗的情形下，法院不能审理。由于权利抗辩融合实体抗辩权和诉讼程序元素，不能仅从静态的实体权利角度考虑，应当同时将其置入动态的诉讼场域进行思考。

权利抗辩是否适用主张共通原则的问题，实际上讨论的是当事人行使权利抗辩时的生效要件问题。主张共通原则主要适用于当事人事实主张的范畴。对于权利抗辩的基础事实，主张共通原则自然适用。但在司法实践中，被告在诉讼中或诉讼外经常行使抗辩权（同时履行抗辩权、先诉抗辩权、不安抗辩权、留置抗辩权等），也就是权利抗辩。由于我国立法并没有对当事人在诉讼中行使实体抗辩权的法律要件作出规定，亦即对权利抗辩的生效要件并未作统一规定，这就可能给法官裁判案件造成困扰，即在何种情形下应该斟酌当事人援引实体抗辩权的效果界限不明。因此，这就需要对我国权利抗辩制度进行反思与重构。

在构建我国权利抗辩制度时，应当立足于民事诉讼体制改革的宏观背景和权利抗辩制度发展的内在机理两个方面。[②] 首先，在讨论主张共通原

---

① 松本博之＝上野泰男『民事訴訟法』（弘文堂，2003 年）242 ~244 頁。

② 段文波：《规范出发型民事判决构造论》，法律出版社 2012 年版，第 120 页。

则的适用时，应当界分事实抗辩和权利抗辩，主张共通主要适用于事实抗辩的范畴，而非权利抗辩。其次，在权利抗辩行使的法律要件问题上，宜规定为权利抗辩的行使必须由当事人在诉讼中明确作出援引实体法的抗辩权进行防御的意思表示，否则法官并不能根据证据调查的结果擅自将其作为心证的基础。作出这样的规定，主要基于如下两个方面的事由：一方面从权利抗辩的发展历史来看，无论是罗马法、罗马教会法还是中世纪罗马法，甚至包括后来的德国法，法官斟酌考量（Exceptio；Einrede）的前提是抗辩权人在请求权（ACTIO；Anspruch）存在的基础上首先行使抗辩权，而不容许对方当事人或法官置喙；另一方面权利抗辩制度不适用于主张共通原则，是基于私法自治、处分权原则、国家对公民个人权利的尊重等法理，同时也是基于减轻法官司法负担的重要考量。[①] 此外，当法官依职权擅自斟酌当事人并没有主张所享有的实体法上的抗辩权时，应当赋予当事人就此事由提起上诉的权利。

① 段文波：《规范出发型民事判决构造论》，法律出版社2012年版，第122页。

第五章　主张责任的履行

主张责任的履行，主要是指当事人在诉讼过程中如何提出于己有利的事实主张。主张责任的履行通常需要借助攻击防御方法体系这个程序载体进行。攻击防御方法体系为当事人展开有效的攻击防御提供了程序参照，即原告提出请求原因事实、被告提出抗辩事实、原告针对被告的抗辩事实提出再抗辩，被告针对原告的再抗辩提出再再抗辩，循环往复，进而将案件争议事实整理清楚。当事人履行主张责任应当按照一定的期限和方式进行。关于主张责任履行具体化的标准，不同诉讼阶段有着不同的要求。当事人的事实主张存在失当时，有法官释明作为一般化的救济方式，同时还赋予其主张责任缓和的特殊化救济方法。主张责任不履行的法律效果体现为两方面：对于当事人的法律效果是“主张不被法院考虑的不利后果”；而对于法院的法律效果则是“不考虑当事人主张”。

第一节　主张责任履行的载体：攻击防御方法体系

行为主张责任关注的焦点在于诉讼过程中当事人之间如何提出事实主张，因此，行为主张责任的履行直接关系诉讼程序能否有序开展和进行。主张责任的履行又与当事人攻击防御方法体系的提出具有非常紧密的关系，当事人的事实主张是其攻击防御方法的主要内容。可见，主张责任的履行需要借助当事人攻击防御方法体系这个载体来实现。

一、攻击防御方法体系概述

关于攻击防御方法概念的界定，理论界从不同的视角进行了分析。根据日本法律小辞典的定义，攻击防御方法是指“当事人提出作为自己请求基础的法律及事实上的主张、对他方当事人的主张进行否认，提出证据申请以及对其作出否认、证据抗辩等一切诉讼资料”①。日本学者兼子一、竹下守夫教授认为，它是指原告为了贯彻其攻击性的申请并证明其理由，而被告同样为了贯彻其防御性的申请并证明理由而进行的手段性的陈述。在攻击防御方法中，主要是指证明请求的理由或者证明驳回请求的理由而进行的陈述。② 而日本另外一位学者三月章教授认为，攻击方法是指为诉或反诉提供理由而由原告提出的一切事实上的主张，请求原因事实的主张，以及为剥夺抗辩、再再抗辩的效果所作的事实上的主张（抗辩与再再抗辩的否认及再抗辩的主张）；防御方法是指为排斥诉或反诉而由被告或反诉被告提出的一切事实上的主张（请求原因事实与再抗辩事实的否认，以及抗辩、再再抗辩的主张）。③

在德国，罗森贝克教授认为攻击方法是指原告用来证立其起诉或反诉（指原告请求的理由或诉之理由），以及用来驳斥被告抗辩或答辩（指原告之争执或再主张）的一切主张。至于起诉或反诉或诉之变更等本身，则为攻击，而非攻击方法；防御方法是指被告用以防御起诉或反诉（如否认诉之理由或否认原告之再主张，以及抗辩及答辩等）之一切主张。④ 另外一

---

① 林屋礼二＝小野寺規夫『民事訴訟法辞典』（东京信山社，1999 年）80 頁。

② ［日］兼子一、［日］竹下守夫：《民事诉讼法》，白绿铉译，法律出版社 1995 年版，第 76 页。

③ ［日］三ヶ月章：《日本民事诉讼法》，汪一凡译，台北，五南图书出版股份有限公司 1997 年版，第 321 页。

④ 转引自吴从周：《论迟延准备程序之失权》，载《东吴法律学报》第 3 期（2005 年）。

位学者穆泽拉克教授则认为，任意一方当事人在言词辩论中都应当及时主张他们的攻击手段和防御手段。其中，攻击手段是支持诉或否定抗辩的那些陈述，防御手段是为防御诉而为的陈述，主要是抗辩。①

可见，对攻击防御方法概念的界定，既有从静态的视角进行阐释，也有从动态的角度进行定义的。前者强调攻击防御方法是指事实、证据等一切诉讼资料；后者重点反映了原被告当事人在诉讼程序中动态的“对立与抗衡”。从上述学者对攻击防御方法概念的界定来看，可以总结出以下几点共识。

一是攻击防御方法体系形成的基础是辩论主义的诉讼体制，攻防体系结构精确反映了当事人主义诉讼体制的特点，是民事诉讼“两造对立”形态和结构的具体体现。

二是当事人攻击防御方法的内容包括事实和证据两方面，但主要是当事人的事实主张。就主张和证据的关系来看，主张是证据的基础和依归，是证据证明的目标。就主张和证据逻辑顺序来看，主张在前，证据在后，只有先确定事实主张，才能提出相应的证据对之进行证明。

三是从性质上来看，攻击方法和防御方法名义上虽为“方法”，但本质上是“诉讼行为”。在民事诉讼理论中，以诉讼行为与审判的关系为基准，将诉讼行为分为期待通过法院的裁判以产生其效果的行为和直接产生诉讼法上效果的行为。前者称为“取效性诉讼行为”，也称为“求效行为”“作因的诉讼行为”，具体而言，是指当事人积极向法院进行诉讼活动，希望审判产生效果的单独行为。当事人事实上的陈述和举证就属于取效性诉讼行为，承担主张、立证责任者所进行的陈述和主张称为攻击方法，对方所作的陈述和举证叫防御方法；后者称“与效性诉讼行为”，也称“生效

---

① ［德］汉斯－约阿希姆·穆泽拉克：《德国民事诉讼法基础教程》，周翠译，中国政法大学出版社2005年版，第64页。

行为”或者“作用诉讼行为”，具体而言，是指以直接产生诉讼法上效果为目的的诉讼行为。取效性诉讼行为之外的诉讼行为都属于与效性诉讼行为，范围比较广泛，如撤诉、取消诉讼代理人、诉讼告知、裁判和解等行为。[①] 那么，当事人的攻击防御方法属于何种性质的诉讼行为呢？在大陆法系国家，理论上通常认为，无论是攻击方法，还是防御方法，其实质都是作为一种取效性诉讼行为的事实上主张的形态。[②] 也就是说，当事人的攻击防御方法在民事诉讼中不能独立、直接地发生相应的诉讼法效果，还需要法院的介入和认可，方能发生相应的法律效果。

四是当事人的攻击防御方法针对的是原告支持起诉或反诉以及被告防御起诉或反诉的一切主张，而非起诉、反诉本身。起诉或反诉、诉之变更、中间确认之诉、控诉、上告、抗告本身属于本案的请求，而非攻击防御方法。

简言之，在民事诉讼中，当事人的攻击防御方法是指民事权利或民事法律关系发生、变更或消灭的必要的事实主张和证明。其中，以当事人与本案诉讼请求的关系为基准，分为攻击方法和防御方法。攻击方法是指原告为支持自己的请求基础的一切诉讼资料，防御方法是指被告为了支持自己反对原告请求基础而提出的一切诉讼资料。[③]

二、攻击防御方法体系的构造

在大陆法系国家和地区的民事诉讼中，攻击防御方法体系或构造是以要件事实为基础形成的。当事人之间展开攻击或防御的前提在于对所主张

---

① 参见［日］中村英郎：《新民事诉讼法讲义》，陈刚、林剑锋、郭美松译，法律出版社 2001 年版，第 160 页。

② 章恒筑：《试论民事诉讼攻击防御理论综述——基于大陆法系法学范式的视角》，载《南京社会科学》2005 年第 7 期。

③ 段文波：《规范出发型民事判决构造研究》，法律出版社 2012 年版，第 101 页。

的要件事实产生了争执。在司法实践中，当事人起诉时并非仅仅只提出单一的权利，被告亦非仅仅提出单一的抗辩。事实上，原告为了实现自己的诉讼目的，很有可能提出数个攻击方法，被告此时亦有可能提出数个防御方法，在当事人提出数个攻击防御方法时，彼此之间的关系就显得比较复杂。为了更加清晰地展现以要件事实为内容的攻击防御方法的具体应用，接下来以一买卖合同案件为例进行论述。① 设例：甲于2016年6月19日以10万元的价格将日本著名银器品牌创始人高桥吾郎的作品“大鹰”出售给乙，由于乙未按时支付对价，甲就此向法院起诉。

（一）原告提出请求原因事实

只要被告对原告提出的诉讼请求不予承认，原告就有责任发起具体的攻击方法，也就是要对诉讼请求所依据的该当于实体法规范的要件事实加以具体主张。此处的实体法规范是指产生权利的规范和权利根据规范。原告为支持自己诉讼请求而提出的权利根据事实就是请求原因事实。请求原因事实也称权利生成事实，具体包括生成民事实质权利的法律事实和生成民事救济权利的法律事实，前者如生成合同债权而订立合同的事实；后者如生成违约赔偿请求权的事实，生成侵权赔偿请求权的侵权事实。

在具体的案件中，如何确定原告所主张的请求原因事实，是实践中当事人和法官非常关注的问题。对此，有学者指出在采取法律要件分类说的基础上，可以按照如下步骤确定原告的请求原因事实。②

第一步，确定本案的诉讼标的。具体到上述案例中，就是指买卖“大鹰”价金的支付请求权。

---

① 案例来源为北京市顺义区人民法院奚某与翟某某买卖合同纠纷案，（2016）京0113民初15181号民事判决书，并结合许可先生在其《民事审判方法：要件事实引论》一书中所设的案例进行改编整理。

② 许可：《民事审判方法：要件事实引论》，法律出版社2009年版，第138页。

第二步，确定本案的权利根据规范。甲的请求权源于其与乙签订的买卖合同，因此，本案的权利根据规范就是关于买卖合同成立的有关实体法规定，主要是《民法典》第 143 条、《民法典》第三编第二分编第九章关于买卖合同的规定等。

第三步，确定相关法律要件。根据我国《民法典》第 595 条的规定，买卖合同是指“买卖合同是出卖人转移标的物的所有权于买受人，买受人支付价款的合同”。因此，买卖合同的成立要件包括：（1）买卖合同双方当事人自愿订立；（2）合同具有转移标的物及支付对价的合意。根据《民法典》第 143 条的规定，买卖合同生效的要件包括：（1）买卖合同双方当事人应当具有民事权利能力和民事行为能力；（2）买卖合同双方当事人意思表示真实；（3）买卖合同不得违反法律、行政法规的强制性规定，不得违反公序良俗。

第四步，结合案件具体情况，确定请求原因事实。具体到本案中，原告提出的请求原因事实可以概括为：（1）2016 年 6 月 19 日，双方约定甲将高桥吾郎的作品“大鹰”的所有权转移给乙的事实；（2）同时约定乙将支付 10 万元对价给甲的事实。具体到起诉状中，可以表述为“2016 年 6 月 19 日，甲乙签订买卖合同，将甲所有的高桥吾郎的作品‘大鹰’以 10 万元的价格出卖给乙”。

（二）被告提出抗辩事实抗辩

面对原告就请求原因事实的陈述，在理论上，被告可能存在如下态度：第一，沉默。此种态度是指被告对原告提出的请求原因事实未作出任何肯定性或否定性的意见。第二，自认。自认是指被告就原告提出的请求原因事实作出肯定性的陈述。第三，否认。否认是指被告针对原告提出的请求原因事实本身作出的否定性陈述。根据是否提出理由，否认可分为单纯否认和附理由的否认或积极否认。第四，不知陈述。不知陈述是指不负主张证明责任的当事人对对方当事人所主张的事实作出不知道或不记得的陈述，是介于自认与否认之间的一种特殊形态的陈述。第五，抗辩。诉讼法上的抗辩是指被告并未针对原告提出的请求原因事实本身作出相应陈述，而是针对请求原因事实的法律效果作出否定性陈述。

值得注意的是，在上述五种态度中，抗辩与附理由的否认最容易混淆。两者的区别主要集中在两个方面：其一，能否与请求原因事实在逻辑上同时存在具有区别，抗辩事实可以，而附理由的否认则不能；其二，在排斥原告诉讼请求的效果的方法不同，两者攻击的目标不同，抗辩直接针对的是原告请求原因事实的效果，而附理由的否认针对的是请求原因事实本身。质言之，两者都是为了排斥原告诉讼请求，但前者通过排斥请求原因事实的效果而达到目的，而后者则是通过排斥请求原因事实本身以实现目的。①

为了展现被告在实践中提出抗辩事实进行抗辩的情景，将通过上述案例来进行论述。根据要件事实论和主张责任分配的法理，被告在本案中可以根据具体的案情提出如下抗辩事实。被告除了可以提出事实抗辩之外，还可以提出权利抗辩进行应对。

一是权利发生障碍事实（Rechtshindernde Tatsache）。该抗辩事实也称阻却权利事实。从抗辩的角度观察，在诉讼法理上称之为“不发生抗辩”或“妨碍抗辩”。阻却权利事实的功能在于自始妨碍原告主张的权利的产生，使其存在受到阻碍。根据《民法典》第147条②以及原《合同法》第54条第1款的规定，对于因重大误解订立的合同，当事人一方有权请求人民法院或者仲裁机构变更或撤销。在本案中，如果被告乙发现其从甲处购

---

① 袁琳：《证明责任视角下的抗辩与否认界别》，载《现代法学》2016年第6期。

② 《民法典》第147条规定：基于重大误解实施的民事法律行为，行为人有权请求人民法院或者仲裁机构予以撤销。

买的“大鹰”并非如甲所说的属于高桥吾郎的作品，实际上是仿造的，做工和质地并不好，于是主张在缔约过程中存在重大误解，请求法院予以撤销合同；被告乙提出的事实就属于权利发生障碍的事实。

二是权利发生阻止事实（Rechtsnichtende Tatsache）。该事实也称阻碍权利的事实。从抗辩的角度观察，被称为“阻止抗辩”。权利发生阻止事实的功能在于虽不能导致原告权利的消灭，但可以使其暂时无法行使，其目的是阻止原告所主张的权利得以实现。根据我国《民法典》第 628 条的规定，① 买受人应当按照合同约定的时间支付价款。在本案中，如果被告乙在诉讼中提出自己的确从甲处购买了高桥吾郎的作品“大鹰”，但由于自己当时手头资金紧张，故而约定乙领取 2016 年年终奖时（通常是翌年的 1 月 15 日）再付款，目前还未到付款的日期。此处，《民法典》第 628 条属于权利阻止规范，被告乙据此提出的事实就是权利发生阻止事实。

三是权利消灭抗辩事实（Rechtshemmende Tatsache）。该事实也称消灭权利的事实。该事实涉及从当时起或从现在起消灭原告已存在的权利的效力的事实，如清偿的抗辩、抵消的抗辩、免除的抗辩、撤销或解约的抗辩等。合同法上的权利消灭规范主要规定在合同的权利义务终止部分中。在本案中，如果被告乙提出已将 10 万元的价款交给了甲，只不过交钱的时候甲出差不在家，于是就交给了其妻子，可能由于某种原因，甲的妻子并未告知收款这一事实。此处，根据我国《民法典》第 557 条的规定，② 乙提出的已支付或清偿的事实就是权利消灭事实。如果被告乙在诉讼中提出甲

① 《民法典》第 628 条规定：买受人应当按照约定的时间支付价款。对支付时间没有约定或者约定不明确，依据本法第五百一十条的规定仍不能确定的，买受人应当在收到标的物或者提取标的物单证的同时支付。

② 《民法典》第 557 条规定：有下列情形之一的，债权债务终止：（一）债务已经履行；（二）债务相互抵销；（三）债务人依法将标的物提存；（四）债权人免除债务；（五）债权债务同归于一人；（六）法律规定或者当事人约定终止的其他情形。合同解除的，该合同的权利义务关系终止。

三年前因买房曾经向其借款 10 万元，早已到期，遂主张与购买“大鹰”的价款抵销；根据《民法典》第 568 条的规定，① 乙提出主张抵销的事实也属于权利消灭事实。值得注意的是，权利消灭的事实并非仅仅包括上述两种事实，除此之外，还包括提存标的物、债务免除、合同已解除或者被撤销、混同、给付不能、除斥期间已过等具体事实。

四是权利抗辩。权利抗辩的本质是当事人享有的抗辩权利。权利抗辩的逻辑在于，被告通过行使抗辩权所产生的法律效果排斥原告诉讼请求或主张的请求权的实现。与权利抗辩不同，事实抗辩的对象是原告所主张的请求原因事实。具体到本案中，如果被告乙在诉讼中提出虽已与甲达成购买高桥吾郎的作品“大鹰”的买卖合同，合同履行期也已届满，当时合同约定的是“一手交钱，一手交货”，但由于甲迟迟不肯交付“大鹰”，所以才没有支付价款；此处，被告乙行使的抗辩权就是权利抗辩之一种，即同时履行抗辩权。在我国，属于权利抗辩的还有先履行抗辩权、不安抗辩权、留置权、“赠与人穷困”抗辩权、“买卖不破租赁”抗辩权等。

（三）原告针对被告的抗辩事实提出再抗辩

针对被告提出的抗辩事实，原告所采取的态度与被告面对原告所主张的请求原因事实所作出的反应一致，即可以采取沉默、不知、单纯否认、附理由的否认以及提出抗辩事实等多种态度。其中，原告针对被告所提出的抗辩事实而提出的新的抗辩事实，在诉讼法理上被称为“再抗辩事实”。抗辩事实与再抗辩事实虽在逻辑上可并存，但两者所产生的法律效果不同，抗辩事实的法律效果在于否定原告主张的请求原因事实的成立，而再

---

① 《民法典》第 568 条规定：当事人互负债务，该债务的标的物种类、品质相同的，任何一方可以将自己的债务与对方的到期债务抵销；但是，根据债务性质、按照当事人约定或者依照法律规定不得抵销的除外。当事人主张抵销的，应当通知对方。通知自到达对方时生效。抵销不得附条件或者附期限。

抗辩事实的法律效果在于排斥被告提出的抗辩事实所产生的法律效果，进而维护其提出的请求原因事实所产生的法律效果。原告提出的再抗辩事实在性质上属于攻击方法，如果被告对再抗辩事实有争议，则原告应当就再抗辩事实承担主张责任和证明责任。当然，针对被告的事实抗辩，原告同样可以提出权利的再抗辩。具体到本案中，针对被告提出的抗辩事实，原告既可以事实抗辩，也可以提出权利抗辩。

其一，原告在诉讼中可以提出如下事实进行再抗辩。即乙已经于2016年12月31日领取了年终奖金，现在已到付款期。原告提出的再抗辩事实是针对被告提出的“领取年终奖的时候支付价款，目前尚未到付款日期”的抗辩事实而提出的。此处，原告提出的再抗辩事实与被告提出的抗辩事实在逻辑上是可以并存的。

其二，原告可以针对被告行使的“一手交钱，一手交货”的同时履行抗辩权而提出权利的再抗辩。即根据《民法典》第526条的规定，[①] 在诉讼中提出当时在签订合同之时就约定应当由乙先付款，然后甲再交付高桥吾郎的作品“大鹰”，因此应当由乙先行付款。

（四）被告针对原告的再抗辩提出再再抗辩

针对原告所提出的再抗辩事实，被告同样可以采取前述几种态度和反应。其中，被告针对再抗辩事实而提出的抗辩事实称为再再抗辩事实。与抗辩事实与请求原因事实的关系一样，再再抗辩事实与再抗辩事实在

---

① 我国《民法典》第526条规定：当事人互负债务，有先后履行顺序，应当先履行债务一方未履行的，后履行一方有权拒绝其履行请求。先履行一方履行债务不符合约定的，后履行一方有权拒绝其相应的履行请求。该条规定的是后履行抗辩权。后履行抗辩权是指在双务合同中应当先履行的一方当事人未履行或者不适当履行，到履行期限的对方当事人享有不履行、部分履行的权利。构成后履行抗辩权的条件有三：一是需基于同一双务合同；二是该合同需要由一方当事人先为履行；三是应当先履行的当事人不履行合同或者不适当履行合同。

逻辑上可以并存。再再抗辩事实是为被告服务的，服务的路径在于通过再再抗辩所产生的法律效果去妨碍、阻止或消灭原告再抗辩所产生的法律效果，进而维护其提出的抗辩事实，最终实现否定原告诉讼请求的目的。

综上所述，首先由原告为支持其诉讼请求而提出请求原因事实，接着由被告针对原告的请求原因事实提出抗辩事实，然后再由原告针对被告提出的抗辩事实提出再抗辩事实，再接着由被告针对原告的再抗辩事实提出再再抗辩事实……就这样在原被告之间循环往复，进而在当事人之间构造了以要件事实为核心的攻击防御方法体系（见图 5－1）。

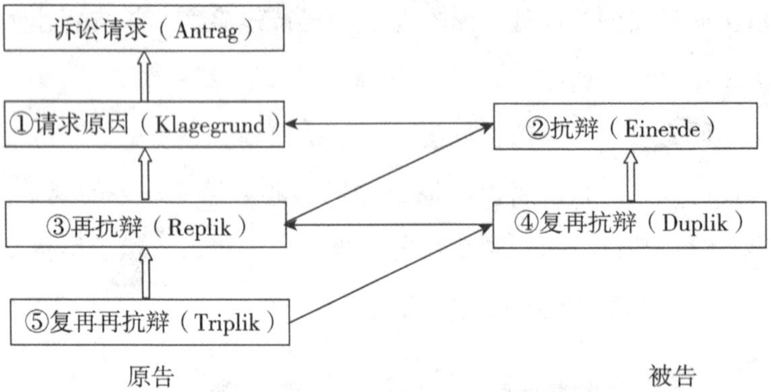

图 5－1　当事人攻击防御方法体系构造

注：图中空心箭头表示同一性质的攻击防御方法之间在法律效果方面的支持关系；实心箭头表示攻击防御方法之间在法律效果方面的排斥关系，圈内数字表示攻击防御方法的提出顺序。

资料来源：参见许可：《民事审判方法：要件事实引论》，法律出版社 2009 年版，第 147 页。

三、主张责任与攻击防御方法体系的关系

正如前述，从当事人诉讼行为的视角来看，主张责任要求当事人在诉讼中提出于己有利的、支持其诉讼请求的事实主张，并以事实支持其诉讼请求的法律规范的前提要件。从不予主张或不适时主张的结果来看，主张

责任是指当事人应当在诉讼中适时提出支持其诉讼请求的法律规范的要件事实，否则将承受由此发生的诉讼上不利益。其中，前者称行为主张责任，也称主观主张责任；后者则称结果主张责任或者客观主张责任。其中，行为主张责任所承担的任务是解决要件事实由哪一方当事人如何进行主张的问题。主张责任要求当事人就于己有利的要件事实承担主张责任。行为主张责任并非只由一方当事人承担，当事人双方在诉讼中均会承担主张责任。而结果主张责任或客观主张责任本质上是法官的一种裁判规范，是法官在当事人不予主张或不适时主张时该如何裁判的指引。可见，行为主张责任主要针对的是当事人，而结果主张责任则主要针对法院。因此，此处主要讨论行为主张责任或主观主张责任与当事人攻击防御方法体系的关系。

总言之，民事诉讼中当事人的攻击防御方法体系是以当事人主义诉讼体制为制度土壤，以要件事实为核心，并以主张责任和证明责任为骨干的攻击防御方法体系。[①] 行为主张责任主要规制的是当事人提出事实主张的行为，而当事人提出事实主张主要是通过攻击防御方法体系进行的。因此，行为主张责任与攻击防御方法体系是从不同角度对当事人事实主张的考察和理论概括。行为主张责任与攻击防御方法的关系表现为：行为主张责任与攻击防御方法均以要件事实为核心，并以当事人主义诉讼体制为制度土壤和基础；行为主张责任主要规制的是当事人在诉讼程序中的攻击与防御行为，行为主张责任是当事人实施攻击与防御方法的主要规则；行为主张责任能够使当事人实施的攻击防御方法与法院的审理裁判结构实现有效对接。

首先，攻击防御方法体系是以当事人主义诉讼体制为制度土壤的。当事人主义诉讼体制的核心特征在于诉讼资料的收集及提出主要是当事人的

---

① 许可:《民事审判方法——要件事实引论》，法律出版社2009年版，第134～136页。

责任，受到辩论主义原则的规制。根植于当事人主义诉讼体制的攻击防御方法体系呈现两方面的特征，一方面是当事人通过“请求原因事实＋抗辩事实＋再抗辩＋再再抗辩……”的结构提出请求原因事实和抗辩事实，即原告提出请求原因事实，被告提出抗辩事实，原告针对被告提出的抗辩事实提出再抗辩，被告针对原告提出的再抗辩提出再再抗辩，如此反复，经过一轮又一轮的攻击防御，充分展示请求原因事实和抗辩事实，实现限缩和明确本案的争议焦点目标，进而要求负有证明责任的当事人对有争议的事实提供证据加以证明。另一方面由于攻击防御方法体系受到辩论主义的规制，当事人通过攻击防御方法体系形成的诉讼资料自然对法官产生拘束。即要求法官应当将攻击防御方法形成的诉讼资料作为裁判的根据和基础，以防止当事人在诉讼程序中的攻击防御流于形式，避免当事人遭受来自法院的突袭性裁判。

其次，要件事实在当事人的攻击防御方法体系中处于核心地位。从大陆法系的学者对攻击防御方法的概念界定来看，攻击防御方法的对象包括主张和证据两方面的内容。其中，主张主要是指事实主张，而非法律上的主张。鉴于主张是证据的基础和目标的关系，因此，可以说攻击防御体系的核心方法是事实上的主张。在民事诉讼中，当事人向法院主张的事实通常分为要件事实或主要事实、间接事实和辅助事实或补助事实三类，其核心在于要件事实或主要事实。攻击防御方法的核心规制包括主张责任和证明责任两方面内容。其中，主张责任有关于当事人事实主张，尤其是要件事实的提出规则；而证明责任则是关于证据资料的提出规则的。主张责任和证明责任共同构成当事人攻击防御方法体系的骨干架构。由此可见，要件事实在当事人攻击防御方法体系中的核心地位就十分清楚了，即攻击防御方法体系是以要件事实为核心建构的。此外，主张责任与证明责任分配在原则上的一致性又保证了要件事实识别结论的稳定性，同时也保障了攻击防御方法体系的稳定性。[①]

再次，主张责任的分配为攻击防御方法体系提供了动力机制。主张责任的行为与结果或主观与客观的双重含义为当事人充分展开攻击与防御提供了强有力的动力机制。行为主张责任的核心在于要求当事人适时提供于己有利的事实，否则便遭受诉讼上的不利益。行为主张责任在当事人之间的合理分配，为当事人展开攻防提供了指引，即要求原告提供支持其请求的原因事实，要求被告提供相应的抗辩事实，通过多轮的攻防，为法院作出裁判提供事实基础。存在于当事人间的攻击防御方法体系和行为主张责任为纠纷事实进入要件事实的审理框架提供了平台。在采行规范出发型的审判方法或要件事实审判方法的背景下，当事人为了实现自己的诉讼目的，应当将纷繁复杂的生活事实或纠纷事实按照要件事实审理结构的要求转化为结构化的、需要加以证明的命题。亦即当事人双方围绕一定的法律效果展开充分的攻击与防御，原告就发生某种法律效果的要件事实加以主张，被告则应当就妨碍、阻却或消灭该种法律效果的要件事实进行主张，或者另外提出能够使其他有利于自己的法律效果发生的要件事实。[②] 结果主张责任主要解决的是当事人未主张或未按照要求主张时法院该如何裁判的问题，本质上是法官的裁判规范。对于当事人，结果主张责任就是承担败诉等不利后果。结果主张责任在一定程度上会督促当事人适时提出主张。

最后，攻击防御方法体系与法院裁判审理结构在逻辑上实现了有效对接。在以要件事实为理论基础的民事审判方法中，法官裁判案件的逻辑结构体现为：法官的任务在于审理判断本案的诉讼标的是否存在，亦即判定原告向法院所主张的权利或民事法律关系是否存在。对某一权利或法律关

① 许可：《民事审判方法：要件事实引论》，法律出版社2009年版，第133～134页。

② 王亚新：《对抗与判定：日本民事诉讼的基本结构》，清华大学出版社2002年版，第103～104页。

系进行判断需要借助不同法律效果的组合技术来进行认定。具体而言，就是要考察某一权利或法律关系产生或产生受到妨碍以及消灭或消灭受到妨碍等法律效果是否存在，其核心在于权利或法律关系的产生或消灭。法官对这些法律效果判断的依据是实体法的相关规定，这些规定在理论上被称为该法律效果的发生要件，也就是法律要件。对于是否满足某一法律要件，则是通过对具体的案件事实是否存在来进行认定的。此处的具体案件事实并非普通的事实，而是能够被评价为该当于法律要件的事实，即要件事实。[①] 可见，当事人的攻击防御与法院的审理判断均是以要件事实为核心展开的，当事人的攻击防御方法体系为法官认知要件事实提供了方法路径。这就实现了当事人攻击防御方法体系与法官裁判审理结构的有效衔接。

第二节　主张责任履行的时间与方式

一、主张责任履行的时间

主张责任履行的时间，是指当事人在诉讼中的事实主张在何时提出。主张责任履行的时间规则是对当事人事实主张提出的时间要求。在大陆法系国家及地区的民事诉讼中，当事人攻击防御期限包括事实主张的期限和证据提供的期限，前者也称主张期限，后者称举证期限。但是，我国现行的《民事诉讼法》只规定了当事人举证的期限，并没有规定主张期限，因此，当事人在哪个期限或阶段履行主张责任的问题还没有得到解决。本书认为，这是没有明确认识主张责任的独立价值及其与证明责任之间的合理

① 许可：《民事审判方法——要件事实引论》，法律出版社2009年版，第134～135页。

关系造成的。理论上，当事人攻击防御方法提出原则主要包括法定提出主义、随时提出主义和适时提出主义三种。由于事实主张是当事人攻击防御方法的一种，因此，事实主张的提出自然包括上述三种原则。

（一）法定提出主义原则

法定提出主义原则也称法定顺序主义，是指当事人的诉讼行为必须按照法律规定的顺序进行，不按照法律规定的顺序提出的，不发生法律效力的提出原则。根据是否同时提出事实与证据的标准，法定提出主义原则又分为证据分离主义与同时提出主义。①

证据分离主义是指将作为判决基础的事实上主张与证据方法的提出阶段，完全予以分离，在事实上主张阶段完了之后，继续进行调查证据，在证据调查阶段，当事人不得再进行事实主张。证据分离主义将主张阶段和证据提出阶段分离，当事人应当在主张阶段穷尽自己的各种主张，不得在证据提出阶段对主张进行补充陈述。同时提出主义是指当事人就事实上的主张及其证据，必须同时或者在一定期限内提出，否则不发生法律效力。②同时提出主义要求当事人将主张和证据的提出同时进行，或者在一定期限内提出。在同时提出主义原则之下，当事人的攻击防御方法的程序展开过程大致体现为：原告提出权利主张和事实主张，被告对原告的主张进行抗辩，原告针对被告的抗辩进行再抗辩……在裁判技术上，法官采用中间判决来固定证据调查的成果。

法定提出主义起源于德国普通法时代，法定提出主义原则的立法初衷是防止攻击防御方法的散漫无序，防止拖延诉讼。因此，立法将诉讼过程

① 马登科：《民事证据随时提出、同时提出抑或适时提出——兼评〈中华人民共和国民事诉讼法修正案（草案）〉第65条》，载《西南政法大学学报》2012年第3期。

② 王甲乙等：《自由顺序主义之检讨》，载民事诉讼法研究基金会：《民事诉讼法制研讨（三）》，台北，三民书局1997年版，第333页。

严格划分为不同阶段，当事人应当在相应的诉讼阶段完成立法要求的诉讼行为，不得将在前一阶段应当完成的行为拖延到下一阶段进行。在法定提出主义原则之下，当事人因害怕发生失权效果，可能笼统提出主张和证据材料，甚至可能提出不重要的主张和证据，同时也存在滥用假定主张和假定抗辩的可能。这样的做法不仅不能促进诉讼、保证诉讼程序的有序进行，反而增加了法官整理争点的负担，可能成为诉讼延滞的原因。

在德国普通法时期，与法定提出主义原则相应的审理方式是书面审理主义。法定顺序主义提出原则能够有效保障书面审理按部就班进行。然而，法定提出主义原则也存在诸多问题，比如过于严苛的诉讼阶段划分进而可能导致失权的法律后果，阻碍了当事人将事实主张准确、完整提出，在很大程度上削弱了裁判的事实基础，同时也未能充分保障当事人诉权。因此，在这样的背景之下，民事诉讼的审理原则就从书面审理主义转向言词辩论审理主义。

（二）随时提出主义原则

与法定提出主义原则相对的自由顺序主义，也称自由提出主义，是指对当事人的诉讼行为不设一定顺序，允许当事人在言词辩论终结前随时主张事实、提出证据，没有期限、样态的限制。此种提出主义原则的特点在于当事人在言词辩论终结前，无论何时均可以提出攻击防御方法。因此，通常也被称为随时提出主义。[①] 自由提出主义原则最早见于1806年制定的《法国民事诉讼法》中。自由提出主义充分体现了当事人的攻击防御自由，是自由权在民事诉讼程序中的具体体现。在德国，1877年《德国民事诉讼法》也确立了自由提出主义原则，配合言词辩论审理主义的确立和践行。

---

① 王甲乙等:《自由顺序主义之检讨》，载民事诉讼法研究基金会:《民事诉讼法制研讨（三）》，台北，三民书局1997年版，第333~334页。

日本继受德国民事诉讼法，也在民事诉讼立法中确立了自由提出主义原则。自由提出主义原则的核心特征有二：一是言词辩论具有不可分割性，立法将言词辩论的整个过程作为一个整体，不可分割；二是言词辩论的同价值性，当事人可以在言词辩论阶段终结之前，可以随时提出事实主张和陈述，并且其陈述和主张能够产生相应的法律效果。①

自由提出主义原则的优势在于能够保障当事人充实诉讼资料、确保案件审理的灵活性，但也存在诸多弊端。② 比如，对于当事人而言，随时提出主张也暗含着当事人可能实施主张突袭和拖延战术；对于法官而言，随时提出主张也意味着当事人不能及时提出完整的主张，不利于法官整理争点和及时作出裁判，影响诉讼效率。此外，在第二审程序采行续审主义的民事诉讼中，自由提出主义原则的弊端更明显。因续审主义原则允许当事人在二审程序中提出新的事实主张和证据资料，因此当事人往往忽视在第一审程序中提出诉讼主张和证据，重点在第二审程序提出事实主张和证据，这就使二审程序纠错的程序理念难以实践。自由提出主义突出的弊端要求对其进行修正和改革，在这样的背景下，适时提出主义就应运而生，登上历史舞台。

（三）适时提出主义原则

适时提出主义原则是为了弥补自由提出主义原则延滞诉讼等弊端而产生的。与随时提出主义原则不同的是，适时提出主义原则要求当事人根据诉讼进行的程度，"适时"提出攻击防御方法。在日本，为了践行适时提出主义原则，1993 年修改的《日本民事诉讼法》将诉讼过程分为争点整理和证据调查两个阶段。在争点整理阶段，当事人应当尽可能提出所有的攻击防御方法，包括权利主张、事实主张、抗辩和再抗辩等；在证据调查阶

① 李木贵：《民事诉讼法（上）》，台北，元照出版有限公司 2010 年版，第 1 ~99 页。
② 左卫民、陈刚：《证据随时提出主义评析》，载《法学》1997 年第 11 期。

段，当事人对争议的事实进行举证质证，展开证人讯问和本人讯问程序。[①]适时提出主义原则对于法官整理争点、促进诉讼以及提高诉讼效率具有重要的作用，因此，目前以德国、日本为代表的大陆法系国家在民事诉讼立法中确立了适时提出主义原则。实际上，我国在2012年《民事诉讼法》修改时，随着证据适时提出主义的确立，间接地确立了事实主张的适时提出主义原则。事实上，适时提出主义原则有着较为完善的理论体系。

第一，攻击防御方法的提出阶段。虽然各国对第一审程序攻击防御方法提出的时间和期限的规定存在细微区别，但总体而言第一审程序被划分为提交书面材料、整理争点和证据调查及口头辩论三个阶段。在提交书面材料阶段，当事人通过起诉状、答辩状等法律书状的方式向法院提交案件的诉讼请求、事实主张以及证据资料。在争点整理阶段，法官的任务就是将当事人提交的诉讼资料中的主张进行明确，在释明的基础上要求原告当事人明确、修正、补充自己的诉讼主张。通过庭前会议的方式使当事人就案件的问题进行交流讨论，从而明确案件的争议焦点。在证据调查和口头辩论阶段，立法并不禁止当事人提出审前准备阶段未提出的主张，但要接受法院的询问以及说明审前准备阶段未能适时提出的原因。在这个阶段，基于一次性彻底解决纠纷的理念，立法并不禁止当事人在本阶段追加、变更提出新的诉讼请求和提起反诉。

第二，攻击防御方法的提出顺序。通常，立法并未对当事人的攻击防御方法的提出顺序作出限制，只要是适时提出，法院便会按照当事人提出的主张和抗辩进行审理。在诉讼实践中，当事人基于获取胜诉判决的诉讼策略，在攻击防御方法的提出上也是有技巧的。比如，作为原告的当事人在提出自己的主张时，应当将于己有利且最重要的主张放在前面，提示法官重点关注对自己最有利的诉讼请求和事实主张。而作为被告的当事人，

① ［日］新堂幸司：《新民事诉讼法》，林剑锋译，法律出版社2008年版，第324～325页。

在提出抗辩时，通常将抵销抗辩放在后面，如在债务纠纷中，被告提出抗辩的顺序一般是：已经清偿 + 时效抗辩 + 抵销抗辩。此外，在存在备位主张或者备位抗辩时，应当允许当事人在审前准备阶段之后、口头辩论阶段终结之前提出。

第三，攻击防御方法“适时提出”的认定标准。有学者总结了六条“适时”的判断标准，具体包括：一是当事人的主张或防御行为未于准备程序期日内提出，则原则上属于“非适当时期”；二是当事人的主张或防御行为在第二程序中提出，原则上属于“非适当时期”；三是在言词辩论终结后才提出，则属于“非适当时期”；四是在最后一次言词辩论期日提出，则属于“非适当时期”；五是在法院询问、释明之后未及时提出，则属于“非适当时期”；六是在法院命令当事人提出后三个月内未提出的，则属于“非适当时期”。[①] 笔者认为，在判断“适时”的标准时，可以重点考虑以下三个因素：一是当事人的攻击防御方法是否具有在更早阶段提出的期待可能性；二是当事人迟延提出攻击防御方法的主观心态是否出于故意或重大过失；三是考量当事人迟延提出攻击防御方法的行为是否导致了诉讼延滞的后果。[②]

第四，攻击防御方法“未适时提出”的法律后果。无论德国还是日本，对诉讼资料不适时提出均确立了失权制度。比如，1976 年制定的《德国民事诉讼法》（简称“简素化法”）第 282 条第 1 项确立了一般性的诉讼促进义务，要求当事人在口头辩论中必须根据诉讼的状态，慎重地实施诉讼并适时提出攻击防御方法以促进诉讼程序，特别是主张否认、异议、抗辩、证据方法以及证据抗辩。第 286 条第 1 项也规定了诉讼促进义务，当事人错过时机提出的攻击防御方法如果可能会导致诉讼迟延，且法官认为当事人系有意为

---

① 沈冠伶：《民事证据法与武器平等原则》，台北，元照出版有限公司 2007 年版，第 299 ~303 页。

② ［日］新堂幸司：《新民事诉讼法》，林剑锋译，法律出版社 2008 年版，第 326 页。

之或者因重大过失而错过时机提出，可以驳回。日本民事诉讼立法对当事人错过时机提出的攻击防御方法的失权要件进行了规定，具体包括存在错过时机提出的行为、主观上存在故意或重大过失、结果上导致诉讼完结的迟延等。[①] 当然，德国理论界指出，法官运用失权规则判定失权时可能面临合宪性审查，[②] 因此，主张对失权要件通常会进行限缩性解释。

二、主张责任履行的方式

主张责任履行的方式，是指当事人在诉讼过程中以何种方式提出事实主张，完成提出于己有利要件事实的责任或负担。理论上，根据当事人提出事实主张的形式，可以将主张责任履行的方式分为书面和口头两种形式。

（一）书面形式

以书面形式履行主张责任的立法例，可以日本的准备书面制度为例进行论述。在日本，所谓准备书面制度，是指在口头辩论前预先告知对方当事人辩论内容的书面中，记载有攻击防御方法以及针对攻击防御方法应答内容的制度。原告向法院提交的准备书面包括起诉状，被告向法院提交的记载其本案申请的准备书面称为答辩书。[③] 向法院提交记载事实主张和证据的准备书面的功能在于，一方面意味着向法院提供就其请求本身作出判断的资料，另一方面也是在向被告提示进行反论的对象。[④] 准备书面的形式通常是法定的，如果形式上不完备但在实质上具有准备的目的，同样可以视为准备书面。为了谋求及时整理争点及证据的效率化，确保集中审理目标的达成，日本最高裁判所修改的《民事诉讼规则》对准备书面的记载

① 段文波：《诉讼资料提出失权制度之德日比较与启示》，载《浙江社会科学》2010 年第 7 期。
② 姜世明：《民事程序法之发展与宪法原则》，台北，元照出版有限公司 2003 年版，第 234 页。
③ ［日］新堂幸司：《新民事诉讼法》，林剑锋译，法律出版社 2008 年版，第 347 页。
④ 王亚新：《对抗与判定：日本民事诉讼的基本结构》，清华大学出版社 2002 年版，第 32 页。

形式等内容作出了详细规定。

第一，关于诉状的记载。《日本民事诉讼规则》第 53 条对当事人诉状记载事项作出了明确规定，诉状中除记载请求趣旨及请求原因（支持特定请求而必要的事实）外，还应详细记载可使请求具备理由的事实、需举证证明的事实、与该需要证明的事实相关的重要事实及证据。

第二，关于事实主张的记载要求。《日本民事诉讼规则》第 54 条第 2 项、第 79 条第 2 项对事实主张的记载作出了规定，即准备书面中记载关于事实的主张时，应尽可能地将请求理由事实、抗辩事实或再抗辩事实的主张与此关联的事实（间接事实等）主张予以区分，在此基础上记载上述事实主张。

第三，关于答辩书等书面准备的记载。《日本民事诉讼规则》第 80 条第 1 项、第 2 项对其进行了规定，即答辩书除了记载针对请求趣旨的答辩，还需要具体地记载针对诉状记载事实的否认及抗辩事实，并且，被告还应当就每个需要举证的事由，逐个记载与之关联的重要事实及证据。

第四，关于原告对被告反驳答辩的书面记载。《日本民事诉讼规则》第 81 条规定，当原告需要对被告的答辩进行反驳时，应当及时提出详细记载如下事项的书面准备：是否认可答辩书状中记载的事实、再抗辩事实，对于需要举证的事由，应当就每个事由逐个记载与其关联的重要事实及证据。

第五，关于否认的记载。《日本民事诉讼规则》第 79 条第 3 项也规定，如果在准备书面中否认对方当事人所主张的事实，那么应当记载其否认的理由，这在学理上被称为附理由的否认。在准备书面中，不仅要求当事人作纯粹的否认（单纯否认），而且还鼓励其主张与对方所主张的事实不能并存的事实，也即进行积极的否认。确立这样的司法惯例有利于尽快使争点获得确定。

综上所述，日本对准备书面中事实主张的记载作出了详细且具可操作性的规定，原告在起诉状记载的请求原因事实、被告在答辩状中记载的抗辩事实以及对对方当事人事实主张进行否认的记载要求等，都作了详细规定。在我国构建主张责任制度时，可以借鉴日本民事诉讼中关于准备书面记载要求的经验，细化当事人对事实主张的记载，确保争点整理程序的有序开展，进而实现集中审理的目标。

（二）口头形式

在日本，准备书面的目的在于为口头辩论做准备。准备书面记载的内容并不就此成为辩论的内容，只有当事人在口头辩论中作出陈述之后，才构成作为裁判基础的诉讼资料。[①] 口头辩论是直接审理主义和直接言词原则的具体体现。口头辩论能够使当事人的主张和抗辩更具针对性和明确性，同时有助于法官高效整理双方当事人的争议焦点。口头辩论已成为各国民事诉讼辩论的核心原则。当事人在通过口头辩论的方式向法院陈述自己的事实主张、提出抗辩，进而履行自己的主张责任的过程中，应当注意以下几点内容。

第一，当事人口头辩论的语言体系和庭审技巧。法官在诉讼中的任务是作出裁判决定以及如何用语言表述来证明其裁决是正当合理的，法官审理案件实际上有其自身的裁判语言体系。[②] 相较于法官的裁判语言体系，当事人在对抗的诉讼过程中同样形成了口头辩论特有的语言体系。在诉讼中，当事人经常呈现如下互动的话语体系：主张引起否认，否认引起重申主张，重申主张引发进一步的否认，进一步的否认引发再次主张，如此往复。通过这样的话语体系，主张可能发展成争论，争论可能最终会陷入僵局。[③] 因为争论是由一系列的控诉——应答话语相邻对组成的，当事人很容易就陷入反复主张、反复重申立场的旋涡中。[④] 当事人在诉讼过程中对主张、事

① ［日］新堂幸司：《新民事诉讼法》，林剑锋译，法律出版社 2008 年版，第 348 页。

② ［美］劳伦斯·M. 索兰：《法官语言》，张清、王芳译，法律出版社 2007 年版，第 1 页。

③ 刘丹：《民事诉讼主张研究》，武汉大学 2016 年博士学位论文，第 84 页。

④ ［美］约翰·M. 康利、［美］威廉·M. 欧巴尔：《法律、语言与权力》，程朝阳译，法律出版社 2007 年版，第 113 页。

实、证据的陈述，需要用语言进行。因此，在口头辩论或陈述的过程中，实际上暗含一个语言与法律的关系命题，即语言与法律的关系如何？语言对法律、诉讼具有何种作用？关于法律与语言的密切关系，有学者曾经典地概括为："法学其实不过是一门法律语言学。"[①] 可见，在口头辩论的过程中，掌握法庭语言体系、庭审语言技巧和风格对于赢得胜诉判决具有至关重要的作用。语言技巧因角色而异，而角色又受制于目的，角色不同必然导致语言和采取的语言策略的不同。这就需要当事人明确自己的角色定位和诉讼地位。无论是原告当事人向法庭陈述自己的事实主张还是被告当事人提出抗辩事实进行抗辩，口头辩论都应当建立在对事实的调查与澄清的基础上。一切离开事实和法律的语言技巧、语言艺术都犹如断了线的风筝，是毫无价值的，法庭语言技巧要受到法的制约和规制。[②] 当事人事实陈述的总原则或技巧是抓住案件事实的要点，语言简洁明了。作为原告，其掌握的语言技巧应当是攻击语言、攻击修辞与攻击策略，在口头辩论时应注意事实陈述逻辑清楚，或按照时间先后，或遵循因果关系。作为被告的防御角色，其应掌握的语言技巧实际上是防守语言、防守修辞和防守策略。这就要求被告在口头辩论时，针对原告的请求及根据的事实和证据，反击要害。[③]

第二，厘清当事人陈述的双重含义。理论上，基于当事人证据主体、辩论主体的双重身份，当事人陈述可以分为作为辩论主体的当事人陈述和作为证据主体的当事人陈述。在性质上，前者是诉讼资料，后者是证据资料。根据辩论主义的要求，当诉讼资料不足时不得以证据资料对其进行补充。[④] 也有学者将当事人陈述分为牵涉"主张"的陈述和牵涉"事实"的

---

① 舒国滢：《战后德国法哲学的发展路向》，载《比较法研究》1995 年第 4 期。

② 廖美珍：《法庭语言技巧》，法律出版社 2009 年版，"前言" 第 9 ~ 11 页。

③ 廖美珍：《法庭语言技巧》，法律出版社 2009 年版，第 276 ~ 287 页。

④ 段文波：《〈民事诉讼法〉修改应当关注作为证据的当事人》，载《西南政法大学学报》2012 年第 3 期。

陈述，前者是围绕权利存在与否的“请求”作出的陈述；后者又可以分为涉及要件事实或主要事实而作出的陈述和牵涉间接事实和辅助事实而作出的陈述。① 这也就是说并非当事人作出的陈述都是证据资料，只有关于案件事实的陈述才属于。证据资料和诉讼资料的本质区别在于诉讼资料只能基于当事人的辩论而提出。当事人为了履行主张责任，向法院说明请求或抗辩的事实依据属于事实主张，② 而被法院用来判断事实真伪，认定案件事实的，则属于证据资料的当事人陈述。

第三节　主张责任履行的标准

事实主张应当到达什么标准或者说具体到何种程度，才能避免产生结果主张责任？通常，事实主张具体化的基本要求是：当事人应当作出具体陈述，不得抽象地主张事实；当事人应当遵守真实义务而不得随意主张事实，否则即使从外观上看是明确具体的，也不能认为其满足了具体化的要求。这也就是说主张的具体化不仅要求当事人必须具体地陈述案件事实，而且要求当事人所作的事实陈述有合理的根据或有线索可循。主张的具体化同时禁止当事人作恣意的陈述。对于当事人主张具体化要求的程度，德国联邦最高法院和德国州高等法院采行的标准是不同的，前者采行的判断标准是当事人无须陈述生活事实中的每个细节，只要陈述能满足法院进行裁判重要性审查的事实就符合主张具体化的要求；后者采行的标准是当事人的主张应当具有可信凭性。③

---

① 王亚新、陈杭平：《论作为证据的当事人陈述》，载《政法论坛》2006 年第 6 期。

② 李浩：《当事人陈述：比较、借鉴与重构》，载《现代法学》2005 年第 3 期。

③ 占善刚：《主张的具体化研究》，载《法学研究》2010 年第 2 期。

笔者认为，德国联邦最高法院采行的主张具体化的标准更具科学性和合理性。这是因为，要求当事人的主张具备可信凭性的要求，不仅容易使法官在证据调查之前对当事人的主张是否真实产生预断而损及证据调查的效果，而且还会使诉讼资料过于泛滥，致使案件审理不能集中、有效率地进行，最终导致诉讼迟延，这显然与主张具体化的目的背道而驰。对于主张具体化的程度要求，笔者认为不同的诉讼阶段有不同要求。实际上，德日亦采取了相似的态度，即在诉讼过程中渐进发现真实的态度，逐渐加强对于事实陈述的具体化要求，这一方面是诉讼推进和双方争点细化的自然结果，另一方面也体现了根据被告对诉讼态度、程序分流的思路。[①] 对此，根据我国民事诉讼的进程，将其分为起诉阶段、证据调查阶段以及法庭辩论终结阶段等三个阶段来讨论主张具体化的程度要求。

一、起诉阶段的主张具体化

起诉阶段事实主张的具体化，主要体现在民事起诉状关于事实主张的记载上。观察两大法系国家及地区民事诉讼的做法，有两种不同的事实主张具体化标准，即“识别说”和“合理起诉标准说”。

（一）大陆法系：“识别说”

“识别说”是大陆法系国家及地区采行的标准。比如《德国民事诉讼法》第 253 条第 2 款第 2 项就规定原告在起诉状中应当对所提起的请求标的和理由作特定说明。《日本民事诉讼法》第 53 条第 1 款、第 80 条第 1 款、第 81 条亦规定当事人必须使特定的事实主张具体化。按照诉讼标的的具体化理论和个别化理论，事实是诉讼标的之要素，因而原告起诉时应当

---

① 参见 Rosenberg/Schwab/Gottwald' a. a. O. '§102 Rn. 3。转引自曹志勋：《立案形式审查中的事实主张具体化》，载《当代法学》2016 年第 1 期。

表明使其诉有理由的事实，以使法院能够明了原告与被告的哪一个案件发生了诉讼系属，而不至于跟其他的案件相混淆。[①] 在大陆法系国家和地区的民事诉讼中，当事人向法院提交的起诉状及附带材料须要满足使法官能够确认原告所主张的法律关系与其他同类法律关系相区分，否则原告的起诉将不满足起诉的形式要件。由此可见，当事人在起诉阶段，事实主张的具体化程度应当达到能够明确诉讼标的的要求，如果不能满足识别说的要求，法院将基于诉不合法驳回起诉。在日本，民事起诉状必须记载的请求原因，是指特定请求所必需的最小范围的事实。如果起诉状没有记载这种意义的请求原因，那么将无法获得特定。值得注意的是，从《日本民事诉讼规则》第55条的规定来看，其对事实主张具体化的要求只属于训示性规定，并不具有强制性，实践和学界也普遍持相似观点。[②]

（二）英美法系："合理起诉标准说"

"合理起诉标准说"是美国民事诉讼所确立的标准。从美国实践发展来看，其民事起诉标准经历了"通知起诉标准"到"合理起诉标准"的发展历程（见表5－1）。《美国联邦民事诉讼规则》第8条第1款第2项规定，原告应当在起诉状中简短地陈述表明有权获得救济的请求。此项规定是美国民事起诉状中的第二个要素，实际上是对事实主张的记载要求。1848年纽约州《菲尔德法典》对诉状记载作了要求。1938年《美国民事诉讼规则》取消了《菲尔德法典》中关于起诉状记载的要求。1944年 Dioguardi v. Durning 案[③]以及

---

① 周成泓：《走向动态：民事诉讼当事人的具体化义务》，载《华南农业大学学报（社会科学版）》2010年第2期。

② 王亚新：《对抗与判定：日本民事诉讼的基本结构》，清华大学出版社2010年版，第32页。

③ ［美］弗兰德泰尔、［美］凯恩、［美］米勒：《民事诉讼法》，夏登峻、黄娟、唐前宏、王衡译，中国政法大学出版社2003年版，第338页。

1957 年 Conley v. Gibson 案①确立了“通知起诉标准”。

表 5－1 美国民事诉讼起诉标准的发展变化

来源	内容
《美国联邦民事诉讼规则》第8条第 1 款第 2 项	原告在起诉状上简短地陈述表明有权获得救济的请求。该项规定确立的实际上是通知起诉的标准
1848 年纽约州《菲尔德法典》	原告应当就构成诉讼的每一个诉因的事实提出一个简明的陈述，并且避免不必要的重复
1938 年《美国联邦民事诉讼规则》	取消了《菲尔德法典》关于起诉状记载的规定
1944 年 Dioguardi v. Durning 案[1]	该案中，原告未聘请律师，自己用混乱而糟糕的英语制作起诉状。对此，初审法院以未能“陈述足以构成诉因的事实”驳回起诉；联邦第二巡回上诉法院则撤销了初审法院的裁定，理由是原告的起诉尽管难以理解且不够清晰，但该起诉状的确揭示了他与被告之间争议的基本性质以及作为该起诉状基础的特定事件
1957 年 Conley v. Gibson 案[2]	该案重申了“通知起诉标准”，即要求起诉状公平告知被告有关原告请求及其所依据的理由。确立通知起诉标准的目的之一就是使当事人起诉更容易
2007 年 Bell Atlantic Corp. v. Twombly[3]	在该案中，联邦最高法院作出的判决改变了原来的告知诉辩起诉状要素的要求，采用了“合理起诉标准”（plausibility standard），即要求原告起诉时必须提出充分的事实以说明其救济的请求是合理的
2009 年 Ashcroft v. Iqbal 案[4]	在该案判决中，联邦最高法院强调“合理起诉标准”适用于所有的民事案件，并进一步阐释为：原告提出足够的并且被认为是真实的事实，来说明其救济的请求是合理的

〔1〕［美］弗兰德泰尔、［美］凯恩、［美］米勒：《民事诉讼法》，夏登峻、黄娟、唐前宏、王衡译，中国政法大学出版社 2003 年版，第 338 页。

〔2〕See Conley v. Gibson,355 U. S. 41，47（1957）.

〔3〕该案的基本案情参见维基百科，http：//en. wikipedia. org/wiki/Bell_Atlantic_Corp. v. _Twombly。

〔4〕该案的基本案情参见维基百科，http：//en. wikipedia. org/wiki/Ashcroft_v. _Iqbal。

美国民事诉讼对原告起诉时的事实主张具体化程度，以 2007 年

① See Conley v. Gibson,355 U. S. 41，47（1957）.

Twombly 案为分水岭分为两个阶段，即在 2007 年以前，采行的是“通知起诉标准”，确立通知起诉标准的目的是使当事人起诉更容易。2007 年以后，由于在 Twombly 案[①]中，联邦最高法院在判决中指出要求原告起诉时应当提出具体事实，以使其起诉具有“合理性”，至此确立了“合理起诉标准”。在 2009 年的 Iqbal 案[②]中，联邦最高法院宣布“合理起诉标准”适用于所有的民事案件，确立了普遍的“合理起诉标准”。之所以要改变之前的通知起诉标准，适用较为严格的合理起诉标准，主要是受到要求当事人谨慎诉讼理念和政策的影响。

根据我国《民事诉讼法》第 122 条的规定，原告向法院提起诉讼应当在起诉状中记载“具体的事实”，但立法机关和司法机关并未对“具体”的程度作出细致规定。学界通说认为此处的“事实”是指原告与被告之间发生争议的民事法律关系产生、变更、消灭的事实，并指出不能将此处的“事实、理由”理解为“必须确实、充分”，而应当将其理解为“诉讼请求的提出并非毫无根据”或者“原告应当为其诉讼请求提供相应的事实与证据资料”。[③] 立法的模糊规定给司法实践造成了一定的困扰。理论界对于民事起诉事实的记载应当具体化已达成共识。然而在事实主张具体化应当达到何种程度或标准的问题上，并未形成统一的认识和做法，既有的研究主要着眼于重塑民事起诉状的功能和内容。比如，有学者指出要强化起诉状特定案件事实的功能，要求原告在起诉状中陈述具体的事实，而非模糊的事实结论，以使对方当事人对案件有所准备。[④] 有学者在对民事起诉状的功能、要素及内容进行考察后，认为民事起诉状的功能应当定位为起诉功能和准备功能，起诉功能是本质功能。起诉状对当事人、诉讼请求和事

---

① 该案的基本案情参见维基百科，http：//en. wikipedia. org /wiki/Bell_Atlantic_Corp. v. _Twombly。

② 该案的基本案情参见维基百科，http：//en. wikipedia. org/wiki/ Ashcroft_v. _Iqbal。

③ 江伟主编：《民事诉讼法》（第 4 版），高等教育出版社 2013 年版，第 302 页。

④ 纪格非：《论我国民事起诉状的功能转型与内容再造》，载《现代法学》2013 年第 6 期。

实及理由的记载应当满足特定、识别本案诉讼标的的要求。①

对于我国民事起诉状中“事实和理由”的记载要求，笔者认为需要确立具体化的规则，即原则上要求原告在起诉时提出的事实符合具体化的要求。当事人在提出抽象的诉讼请求之后，应当提出一系列具体的事实去支持该主张。此处的“具体事实”是实体法上规定的构成要件事实（法律评价事实）还是生活事实，理论界存在争议。有学者考虑到律师代理制度不全面、当事人诉讼能力不足等因素，建议采取标准较低的识别说，并且以生活事实，而非法律事实作为立案形式审查的内容。②

二、证据调查阶段的主张具体化

禁止摸索证明是主张具体化原理在证据调查阶段的具体体现。然而，关于摸索证明的概念认识和理解，理论上存有不同的认识。③ 在德国，在证据声请中无可信理由，只是不确切地说明证明对象或只是碰运气地将证据声请作为所提主张的理由；或如果一方当事人只能提出或多或少整体上的主张，并因此迫使对方当事人因其更接近案情提出证实性争辩。这种在德国诉讼实践中存在的无充分根据的缓解一方当事人证明困难的方法就是所谓的摸索性证明。④ 在日本，当事人把在证据调查阶段获得的信息用于补充自己的主张，也就是存在以获取信息为目的之证据声请现象。这种以获得相关信息为目的之证据声请或证据调查被称为摸索证明。⑤

在我国，有学者认为摸索证明是指当事人就其主张或抗辩必要之事

---

① 刘敏：《功能、要素与内容：民事起诉状省思》，载《法律科学（西北政法大学学报）》2014 年第 3 期。

② 曹志勋：《立案形式审查中的事实主张具体化》，载《当代法学》2016 年第 1 期。

③ 关于“Ausforschungs beweis”，已有的研究多将其翻译成摸索证明，除此之外，还有翻译成探询证明、证明摸索、证据摸索等。遵循翻译习惯，本书采用“摸索证明”的概念。

④ ［德］奥特玛·尧厄尼希：《民事诉讼法》（第 27 版），周翠译，法律出版社 2003 年版，第 277 页。

⑤ ［日］高桥宏志：《重点讲义民事诉讼法》，张卫平、许可译，法律出版社 2007 年版，第 72 页。

实、证据未能充分掌握、知晓时，借由证据调查或证据保全之声请，企图从证据调查中获得新事实或新证据，并以该事实或证据作为支撑其请求或声明为有理由的依据。[1] 也有学者认为摸索证明是指当事人欲借由此次证据调查而对现所未知的事实或证据方法进行摸索，亦包含当事人企图借由此次证据声明以摸索证据方法。[2] 还有学者认为摸索证明（Ausforschungs bewis）是指在当事人就其主张或抗辩成立所必要的事实和证据未能充分掌握或了解时，可以向法院申请对他方当事人掌握的相关证据进行调查，并试图通过该调查程序获取新事实或新证据，进而以该事实或证据作为支持其请求成立的依据。[3]

从上述对摸索证明概念的论述中，可以发现在摸索证明容许性的问题上存在两种相互冲突或对立的立场和态度。比如，德国采取否定的态度，强调摸索证明的“无可信理由”或“无充分根据”，对摸索证明的概念界定基本是否定性质的，并形成了“摸索证明之禁止原则”。在德国，“摸索证明禁止原则”（Verbot des Ausforschungsbeweises）是对当事人提出证据声请的具体要求，该原则要求当事人提出的证据声请应当满足相应的条件，如所欲查明的事实以及所欲使用的证据方法均应具有明确性、关联性以及重要性，缺一不可，否则将不被法院容许。通常认为下列情形是违反摸索证明禁止的要求：其一，证据查明声请的目的是利用法院的证据调查推导出或摸索出对于诉讼主张必要的事实；其二，当事人明知为不真实仍主张该事实或恣意性主张事实，并就此提出证据声请；其三，当事人提出的证据并非与相关事实主张有关联性。[4]

然而，日本则是从基本肯定的立场来界定摸索证明的。其承认摸索证

---

① 沈冠伶：《摸索证明与事证搜集开示之协力》，载《月旦法学杂志》2005 年第 125 期。

② 姜世明：《摸索证明例外性容许之考量因素》，载《月旦法学教室》2006 年第 47 期。

③ 魏庆玉：《摸索证明论》，载《当代法学》2013 年第 2 期。

④ 刘明生：《摸索证明禁止之原则》，载《月旦法学教室》2017 年第 181 期。

明的法理根据在于实现纠纷的良性沟通与解决，尤其是在存在证据偏在的现代型诉讼中，赋予当事人实质的诉讼武器平等，要求当事人之间的攻击与防御要遵循诚实信用原则。具体而言，该观点认为不负主张举证责任的当事人基于诚实信用原则、武器平等原则负有一定的协力义务，相对于此，举证人亦不能违背诚实信用原则而滥用证明权，如有违诚实信用原则的摸索证明仍应予以禁止。①

关于摸索证明的容许性问题，笔者认为应坚持否定的立场，理由如下。其一，为了贯彻负主张责任的当事人履行主张责任，不宜承认不负主张责任的当事人负有一般性的事案解明义务。承认不负主张责任者负有一般性的事案解明义务实有架空或崩坏当事人主张责任与举证责任的重大危险。其二，虽有法院依职权调查证据的制度，但这不能改变当事人的主张责任及具体化提出事实的责任，原则上负有主张责任的当事人仍须提出足够具体化的事实。其三，为达成第一审程序集中审理之目标，当事人就事实与证据的提出负有诉讼促进义务，但诉讼促进义务并不能推导出当事人可跳过事实之具体化主张，而直接提出摸索证明的证据声请。其四，在辩论主义适用的程序中，负主观举证责任与具体证据提供责任的当事人须具体化表明事实和证据。比如在甲诉请乙返还借款的案件中，甲就是否借款为较为抽象性的事实主张，其能否提出相关借款文书（借条字据等）或者仅向法院询问某特定证人，以获取更多关于借款的事实？根据摸索证明禁止之法理，本案中，可以期待甲提供有关借款的具体事实主张，乙无任何使事实具体化的一般性事案解明义务，甲的证据声请则属于摸索证明的范畴，法院应将其驳回。②

摸索证明的本质是当事人实施一种试探性、猜测性的事实主张或举证

① 沈冠伶：《民事证据法与武器平等原则》，台北，元照出版有限公司 2013 年版，第 134 页。

② 刘明生：《摸索证明禁止之原则》，载《月旦法学教室》第 181 期（2017 年）。

策略。在德国、日本等大陆法系国家，摸索证明是当存在证据偏在时持有证据的一方当事人不提供事实与证据而对负有证明责任方当事人的救济方式。摸索证明的容许性问题实质上就是待证事实的具体特定化应然要求与事实证据主张的盖然性与猜测性现实需要如何调和的问题。[①]

摸索证明在我国民事司法实践中很少使用，摸索证明容许性的问题实际上可以转化为当事人证据申请的准许标准问题。在证据调查阶段，负有主张责任的当事人应当就其事实主张履行具体化义务，其提出的证据申请也应当满足具体化、特定化的要求。事实主张欠缺具体性可能导致法院无法判断其重要性，也会给对方当事人防御造成困难，因为面对一个不确定内容的事实主张，要求提出反证难度极大，而且可能因此造成诉讼拖延。

当事人事实主张的具体化和特定性应当达到什么程度，实难确定一个统一标准，而只能根据个案的具体情形加以斟酌判断。判断考量的因素主要包括：（1）负主张举证之人是否处于事件发生经过之外，是否不可期待其就事实证据的具体特定化；（2）对方当事人是否对事案解明协力有期待可能性；（3）摸索证明可能花费的时间、精力和费用；（4）保障当事人及第三人权利，不应过分加重任何一方当事人的诉讼负担或侵犯其合法权益；（5）对方当事人对待证事实或证据是否涉及隐私权与营业秘密保护利益等拒绝提供的合理理由等。[②]

三、法庭辩论终结阶段的主张具体化

结果主张责任主要是负有主张责任的当事人应主张的要件事实或主要事实而未主张时而承担的不利后果或败诉风险。当然，由于存在主张共通

① 胡学军：《拥抱抑或拒斥：摸索证明论的中国境遇》，载《东方法学》2014 年第 5 期。

② 周成泓：《证据法基本问题的新探索》，法律出版社 2015 年版，第 247 ~248 页。

原理，对于应当由负有主张责任当事人主张的要件事实，如果由对方当事人主张，其亦可免于败诉和遭受诉讼上的不利益。辩论终结阶段的主张具体化要求可以说是法官行使自由裁量权时的一种指导性规范。①

当事人在审理阶段履行主张责任是为了赢得胜诉或避免败诉，因此在法庭最后的言词辩论终结时，对于原告支持其胜诉的权利产生事实和被告推翻原告诉讼请求的抗辩事实均应当满足“事实主张充分性”的要求。对于满足此等要求的事实，应当在审理阶段适时主张，即为及时整理争点和实行集中审理，在审前准备阶段就应当主张；若有正当理由，则可延期到本案法庭辩论最后言词辩论终结之前。当然，审理阶段对主张具体化程度的要求，还要视对方当事人的防御情况而定，比如原告起诉阶段可抽象地主张被告有过错，但在审理阶段，若被告对此有争执，则原告必须将“过错”这一要件事实具体化，否则既会导致被告无从进行实质性的反驳，也会造成审理对象的不明确等问题。②

第四节　主张失当的补救方式

当事人在履行主张责任的过程中，会面临两个方面的障碍。一是主观上的障碍。当事人在事实主张的过程中面临的主观障碍是指由于当事人未能准确认识主张责任的内涵，而出于疏忽、懈怠或者节省诉讼资料收集成本等形成的失当主张情形；二是客观上的障碍。当事人因物理上和社会上的隔离，无从获得事实资料，或者无法专业地解析事实资料，则可视之为

① 闫庆霞：《当事人民事诉讼主张研究》，法律出版社2013年版，第183页。

② 邵明、欧元捷：《论现代民事诉讼当事人的主张责任》，载《武汉大学学报（哲学社会科学版）》2015年第2期。

事实主张过程中的客观障碍。前述的两种障碍，很有可能导致当事人的主张不够具体，但这并不必然地引起败诉的不利益发生。实际上，严格遵循古典辩论主义的要旨，法官据此作出的裁判结论很有可能与实质正义冲突或矛盾。

因此，在修正辩论主义和协同主义理念的指导下，人们不可能对结果主张责任的发生持放任自流的态度，往往会经由合理加强法官职权或者允许具体化的缓和等，对当事人的失当主张进行补救。① 通过法官释明制度对失当主张进行补救的出发点在于充分挖掘和发挥当事人的主张能力，而允许主张具体化缓和的逻辑在于“法律不强人所难”。

一、一般化的补救方式：法官释明

在辩论主义下，事实资料的收集权主要由当事人享有，这也就是说当事人在诉讼中提出何种事实主张由当事人自行确定，法官不得随意干预。主张责任的裁判制约功能要求当事人在诉讼过程中提出的事实主张对法院裁判产生拘束力。正如前述，当事人在事实主张的过程中存在主客观的障碍，这就需要外在力量进行合理干预和指导。此时，作为法官职权之一的释明权就登场发挥作用了。

在主张责任领域，法官释明在主张失当的场合发挥着一般化的补救功能，这就意味着在当事人主张不明确、不充分、不适当或者遗漏要件事实之时，法官通过告知、发问、提醒等方式，给予当事人修正和补充事实主张的机会。

在事实主张领域，法官释明制度的一般化补救功能，主要体现在以下两方面：一是能够弥补当事人认知能力的不足，比如因欠缺法律知识而忽略某要件事实的主张；二是有助于法官充分挖掘当事人在收集事实资料方

---

① 欧元捷：《论民事诉讼主张责任法理》，载《山东警察学院学报》2016 年第 1 期。

面的能力。实际上，法官尽到释明义务已成为结果主张责任发生的前提要件，这也就是说只有在应负主张责任的当事人罔顾法官的释明，仍不修正其主张之时，法官才能对其课以结果主张责任所带来的诉讼不利益。值得注意的是，法官释明在事实主张领域并非泛化和毫无边际的。释明制度的初衷是克服诉讼竞技主义所带来的诉讼弊端，并非削弱辩论主义在民事诉讼中的基础地位。这就要求当事人在法官释明之后所选取或确定的事实主张，同样应作为划定法院裁判边界的标准。[①]

法官释明的本质在于要求法院将不明了、不完整的事实或法律争点，通过发问或晓谕，使当事人补充陈述或声明。法院的释明固然有助于当事人决定是否主张某一事实，但是否补充陈述或声明，仍应由当事人自己决定。无论是基于真实完全陈述义务还是争点整理之必要，抑或基于法院释明权，均不能推导出法官可以替代当事人决定是否提出事实主张的地位的结论，法官更不能依职权主动斟酌当事人未主张的要件事实。

二、特殊化的补救方式：主张具体化的缓和

（一）主张具体化缓和的概念

主张具体化的缓和，也称主张具体化的例外情形。主张具体化的缓和与法官释明制度两者主要存在以下区别。其一，二者的性质不同。法官释明是一种一般化的补救方式；而主张具体化缓和制度是一种特殊的、例外的救济方式。其二，二者的功能不同。法官释明制度的功能在于通过提醒、告知、发问等方式充分挖掘和发挥当事人的主张能力；而主张具体化的缓和则是为弥补当事人主张能力的不足而设置的制度。其三，二者的适用条件不同。法官释明本质上是法官职权之一，其适用主要受到法官主观

① 闫庆霞：《当事人民事诉讼主张研究》，法律出版社2013年版，第217页。

心证、自由裁量等因素的影响；而主张责任具体化的缓和则有较为严格的条件，一般限定在事实隔离和行业隔离范围之内。其四，两者的法律效果不同。在理论上，法官是否履行释明的职责和义务，往往被看作适用结果主张责任的前提条件，释明主要是对法官的要求；而主张责任具体化的缓和则主要发生在当事人之间，对负有主张责任的当事人和不负主张责任的当事人有不同的法律效果。通过对法官释明与主张具体化的缓和两种补救方式的比较可知，主张具体化的缓和有其特殊的适用条件和法律效果，有必要深入探究。[①]

（二）主张具体化缓和的条件

德国民事诉讼法上将主张具体化缓和的范围限定在事实隔离和行业隔离的范围之内。所谓事实隔离，是指事实发生在对方当事人或第三人支配的领域，故负主张责任的当事人无法详尽知晓事实的经过，难以进行充分具体的陈述。事实隔离的典型情形，如在医疗损害赔偿诉讼中，患者因出于麻醉状态而不知晓诊疗过程，在诉讼过程中，作为患者的当事人就无法完整、具体陈述损害发生的主要事实。而行业隔离则是指当事人欠缺只有专业人士才具备的知识从而不能提供具体化的事实。还是以医疗损害赔偿诉讼为例，患者即便清楚医生的诊疗，但对于医疗失败的原因也难以作出具体的陈述。通常认为，事实和行业隔离更常见于医疗损害责任、环境污染责任、产品制造责任等现代型诉讼之中。

（三）主张具体化缓和的法律效果

主张具体化缓和的法律效果主要体现在两个方面。其一，对于负主张责任的当事人而言，其主张责任因具体化的缓和而有所减轻。当事人在满

① 欧元捷：《论民事诉讼主张责任法理》，载《山东警察学院学报》2016 年第 1 期。

足主张具体化缓和的条件时，即便是作出抽象、推测性的事实陈述，同样会被法院认定为履行了主张责任，并且在此种情形下对方当事人不得拒绝具体化争执。如果该要件事实存有争议，当事人向法院提出证据调查申请时，其抽象的证据声明也不会被法院认定为属于摸索证明。其二，对于不负主张责任的当事人而言，由于存在促进诉讼、武器平等原则要求的事案解明协力义务，可能需要其提供有利于对方当事人的事实，因此其责任因主张具体化的缓和而有加重的可能。

此时，值得思考的问题是，要求不负主张责任的当事人承担事案解明协力义务的限度为何？通说认为要求不负主张责任的当事人履行事案解明协力义务应当具备期待可能性。至于期待可能性的判定则需要在个案中综合考虑各方面的因素。在理论上，对以下因素的讨论则是开放性的：第一，尚属明确的是负主张责任者的主张是毫无根据的或者权利滥用的情形，但若要求对于主张责任者的主张进行盖然性及可信性审查，则在理论上存有疑义；第二，对于可能造成非负主张责任的一方当事人须揭发自我犯罪，而有受追诉可能的，是否还对其提供事实及证据等诉讼武器具有期待可能性，亦受质疑；第三，如涉及非负主张责任的当事人的基本人格权、隐私权、商业秘密权等权利保护，则对该协力义务的要求是否有所退让，仍待评估。①

第五节 主张责任履行的效力

关于结果主张责任现实产生的条件，大致遵循如下逻辑：主张责任承担者的主张未达到具体化标准时，法院应先予以释明和指导，给予当事人修正

① 姜世明：《举证责任与真实义务》，台北，新学林出版股份有限公司2006年版，第303页。

补充的机会；如果承担主张责任的当事人虽不符通常的具体化标准，但属于具体化缓和的范围的，则抽象的主张亦已足够。负担主张责任的当事人经过法官阐明且没有具体缓和的事由，但是仍然未完成行为主张责任时，则产生对其主张不被法院考虑的不利后果，此为结果主张责任的内涵。

由此可见，结果主张责任对于当事人的法律效果就是"主张不被法院考虑的不利后果"，结果主张责任对于法院的法律效果就是"不考虑当事人主张"。在现代民事诉讼中，诸如法官释明等补救主张失当的措施引入，使得当事人在现实生活中承担主张责任的概率大大降低，而从法院的角度，结果主张责任对法院的规制则从不干涉当事人的主张转向了防止裁判突袭。

一、主张责任对当事人的效力

对于当事人来说，结果主张责任在性质上属于一种风险负担。因为正如胜诉不是当事人的法律义务一般，主张责任也不是当事人的法律义务。法律并不用惩罚来强迫当事人履行行为主张责任，也就是说，这里"责任"的属性既不涉及权利也不涉及义务，而是当事人为了使法院作出对其不利的裁判，不得不承担的一种责任。在诉讼阶段，法院发现当事人无正当理由没有主张一定程度的要件事实，经法院阐明而仍不补正的，域外有实践以"本案诉讼标的和诉讼请求没有实体事实支持"或者以"主张本身失当或不充分"为由，判决驳回原告的诉讼请求，此种立法值得我国借鉴。

当然，还应当看到，结果主张责任所包含的不利益，虽然从诉讼伊始就对当事人形成一种压力，但是在法官释明和当事人主张具体化缓和的双重保险下，这种压力从潜在转化为现实的可能性并不大。正如日本学者所指出的那样：实务中法院就请求原因事实作出释明的前提下，当事人仍然不依法院释明而遗漏主张的情形，是极其罕见的，所以结果主张责任基本不会现实地发生。[①]

二、主张责任对法院的拘束力

结果主张责任虽然是当事人的主张责任，但其是通过直接调控法院行为来落实当事人的责任的。其本意是在民事诉讼的实体判决阶段，法官不考虑当事人未主张的事实或者未适当主张的事实，这与传统辩论主义严格的私权自治理念相一致。但是在现代民事之诉中，对于当事人未提出的事实，而法院已经显著或为职务上已经知悉，如要以其作为裁判的基础或根据，应当向当事人释明，使当事人有辩论的机会；在证据调查程序中，法院发现于裁判重要但当事人未提出的事实时，亦有必要以阐明的方式，使当事人就是否提出该事实表示意见的机会。只有当事人坚持不予主张时，其才不可成为判决的基础。

此外，对于当事人未主张的事实，法官并非一概不予考虑，但问题在于法院判决的内容在多大程度上可以与当事人的主张不一致。对此，日本学者指出："是否对对方当事人造成突袭成为判断法官是否违反辩论主义的标准，并且在没有造成突袭的合理范围内，也应允许法院通过对当事人主张进行适当的解释来使自己的认定与当事人主张趋于一致。"[②]

三、主张责任法律效力在不同诉讼阶段的体现

当事人的结果主张责任在起诉审查阶段和法庭审理阶段有不同的体现，有必要分别予以阐释。其中，被告缺席场景下的主观责任也有必要单独分析。

---

① ［日］高桥宏志：《民事诉讼法：制度与理论的深层分析》，林剑锋译，法律出版社 2003 年版，第 432~433 页。

② ［日］高桥宏志：《民事诉讼法：制度与理论的深层分析》，林剑锋译，法律出版社 2003 年版，第 339 页。

（一）起诉审查阶段的主张责任

当事人若主张的要件事实中明显遗漏某要件事实，是否可以对其跳过诉讼要件的审查，而直接进入实体判断，判决驳回诉讼请求？比如，在美国民事诉讼中就有关于对诉辩状的判决，即在提交答辩状及诉辩结束后，任何一方当事人都还有其他机会请求法院不经审判而判决案件。[①] 结果主张责任在起诉阶段的表现，亦即原告未能履行主张责任的法律后果是有可能遭受驳回起诉的不利益的。起诉阶段，当事人未能履行主张责任的，经过法院阐明并给予原告合理补正期限，但原告没有正当理由而未予以补正的，法院直接以起诉要件不具备为由裁定驳回起诉。

在事实调查之前，法院应当首先对原告主张的请求权构成要件事实是否足够具体化进行审查。如果原告的事实主张本身颠三倒四、漏洞百出，法院在经过释明及其指导之后，仍然如此，则法院可以直接因原告未满足其主张责任的具体化为由驳回其诉讼请求。[②]

（二）法庭辩论终结阶段的主张责任

在法庭辩论终结阶段，原告没有正当理由未具体或充分主张权利的产生要件事实，且经法院阐明仍未补正的，可以本案诉讼标的和诉讼请求没有实体事实根据为由，判决驳回原告的诉讼请求。被告没有正当理由未具体或充分主张抗辩事实，且经法院阐明仍不予以补正的，则意味着被告没有抗辩或抗辩失败，从而可能被判决败诉。

---

① ［美］史蒂文·苏本、［美］玛格瑞特（绮剑）·伍：《美国民事诉讼的真谛——从历史、文化、实务的视角》，蔡彦敏、徐卉译，法律出版社2002年版，第154～155页。

② 吴泽勇：《民间借贷诉讼中的证明责任问题》，载《中国法学》2017年第5期。

（三）被告缺席场景下的主张责任

对席审理是司法的基本形式，是司法过程的根本规则。对席审理体现了现代审判的基本特征，即当事人以对席审理的方式参与诉讼程序，双方当事人必须有机会提出主张和证据，并就自己主张的成立进行论证、抗辩，法官所作的裁判结论必须建立在通过对席审理所认定的事实以及法律的基础上。① 可见，对席审理原则所要表达的基本思想在于体现当事人对诉讼程序的参与权。② 美国著名学者戈尔丁教授也认为："纠纷解决者应在双方当事人到场的情况下听取双方的辩论和证据，对各方当事人的意见均给予公平的关注……这些都是程序公正必须包含的基本内容。"③ 对席审理原则也在立法中得到明确规定，如《法国新民事诉讼法》的序言及第 14 条就宣示了当事人对席审理的权利，任何当事人均享有陈述、辩论、接受传唤的权利。

然而，由于种种原因，在民事审判实践中总有当事人缺席审理，在此种情况下，诉讼程序如何进行、法官该如何作出裁判就是值得讨论的问题。客观的主张责任在现实诉讼中产生的实际问题是被告缺席的场合如何处理。如果发生被告缺席的情况，那么依据《日本民事诉讼法》第 159 条的规定，被告对于原告主张的事实产生拟制自认的效果，如此一来，判决就仅仅依据原告诉主张的事实来作出。在这种情形之下，诉讼中就会直接面临"原告主张的事实应当达到何种程度，就可以获得胜诉"这样以纯粹的客观主张责任之形式出现的问题。如果遵循通常的"客观的主张责任是主观的主张责任的反映"之概念规定的思维，那么原告从诉讼最初开始就

---

① 杨剑：《缺席审判的基本法理与制度探索》，厦门大学出版社 2016 年版，第 4 ~5 页。

② 邵明：《论民事诉讼程序参与原则》，载《法学家》2009 年第 3 期。

③ ［美］马丁·P. 戈尔丁：《法律哲学》，齐海滨译，生活·读书·新知三联书店 1987 年版，第 240 ~ 241 页。

必须陈述的最低限度的事实，在此处就被称为“范围事实”（负有证明责任的事实），而且，这种事实也是以前判决书之“指出事实栏”中作为原告主张予以记载的事实。

对此，高桥宏志教授提出了两点值得注意的事项：第一，作为这种实践操作所出现的结果，原告负有主张责任的事实以及由此产生的原告必须陈述的最低限度的事实，是一种颇具人为化、技巧性之构成的事实。关于主张责任在此方面的探讨，说到底不过是一种理论上的论述，在某种意义上，甚至可以说是一种吹毛求疵的论述。第二，对于“当事人应当在何时之前提出何种程度的事实”的问题，仅依据主张责任未必能够对该问题作出充分的应对。如果从实现“审理的迅速及充实”之目标出发进行分析，在诉讼初期，应当期待当事人尽可能多地提出事实。在依据公示送达而开始的诉讼中，如果自觉地意识到“出现某种事实原告可以获得胜诉”的问题，那么能否作出如下结论，即原告应当主张“比客观主张责任之对象事实范围更广”的事实？所有这些都是在理论层面上颇具探讨价值的事项。①

① ［日］高桥宏志：《民事诉讼法：制度与理论的深层分析》，林剑锋译，法律出版社 2004 年版，第 435 ~436 页。

第六章　主张责任的中国化路径

主张责任起源于德国判例，后在日本等国家及地区得到发展。在我国，理论界与实务界对主张责任的研究并不深入，总是将其作为证明责任的“附属品”进行研究。随着证明责任理论研究的深入及其具体制度在我国民事诉讼中的确立和发展，主张责任也搭着证明责任的“顺风车”得到相应的发展。主张责任不应仅仅停留在理论研究层面，任何理论研究都应为实践发展提供支撑，主张责任也不例外。因此，这就需要我们深入探讨主张责任在中国的具体制度建构问题，进而发挥主张责任在当事人事实主张活动中的作用。

第一节　主张责任在我国的现状考察

对主张责任在我国民事诉讼中的现状考察，需要从相关立法和司法实践两个方面进行。考察主张责任在我国的立法，需要分析我国民事诉讼、相关司法解释有关主张责任的规定；考察主张责任在我国的实践，需要从当事人和法官两个视角进行，考察法官与当事人对主张责任的认知。此外，需要考察主张责任在我国民事裁判方法中的具体运用问题。

一、主张责任的立法考察

讨论主张责任在我国立法中的具体体现，需要明确的是此处的“立法”并非仅仅指由全国人大及其常务委员会制定的法律，除此之外还包括由最高人民法院制定的适用《民事诉讼法》的配套司法解释。因此，此处的“立法”是广义上的立法，不仅包括民事诉讼法典，还包括相关的民事诉讼司法解释，如2001年制定、2019年修改的《最高人民法院关于民事诉讼证据的若干规定》及2015年制定、2022年修改的《民事诉讼法解释》。接下来主要讨论《民事诉讼法》《民事证据规定》《民事诉讼法解释》中有关主张责任的规范，并从中总结主张责任制度在我国的产生、发展及其未来趋势。

（一）主张责任在我国立法中的具体体现

第一，主张责任在我国民事诉讼法典中的发展沿革。1982年颁行的《中华人民共和国民事诉讼法（试行）》［以下简称《民事诉讼法（试行）》］第56条第1款以及第81条规定了当事人有责任为了支持自己的主张提供相应证据，并要求在起诉状中记载明确的被告、具体的诉讼请求和事实根据、理由。对此，有学者将其界定为在职权主义诉讼模式的温床上长成的具体化义务的幼苗。由于《民事诉讼法（试行）》第81条赋予了法院全面收集、调查证据的职权，约束性辩论原则和民事诉讼当事人主张责任存在的制度根基在当时并不存在。[①] 法院全面收集事证资料权的存在，一方面使得部分当事人在诉讼中存在消极行为、过度依赖法院职权调查；

---

① 从1982年颁布的《民事诉讼法（试行）》第56条第2款规定来看，人民法院享有全面收集、调查证据的职权，可以说当时的民事诉讼制度的运行模式是职权探知主义。因此，学者将第56条第1款以及第81条规定的内容称为职权主义诉讼模式下生成出来的具体化义务的幼苗。参见胡亚球：《论民事诉讼当事人具体化义务的中国路径》，载《清华法学》2013年第4期。

另一方面使得当事人事实主张权受到很大程度上的限制，当事人的事实主张行为对法院的裁判行为缺乏应有的拘束。职权主义诉讼模式的弊端，在一定程度上影响了诉讼程序的有序开展。

对此，1991 年正式颁行的《民事诉讼法》第 56 条第 2 款将“收集和调查证据”修改为“审查核实证据”，这在一定程度上限缩了法院的证据收集权，亦是对职权探知主义的微调。《民事诉讼法（试行）》第 81 条第 2 项“有明确的被告、具体的诉讼请求和事实根据”则被修改为“有具体的诉讼请求和事实、理由”。此处需要讨论的问题在于该条是否确立了当事人事实主张具体化的要求，对此有不同的观点。有观点认为从使用的“和”这一连接词来看，“具体的”对象仅限于“诉讼请求”，而非“事实、理由”，也就是说该条要求当事人的诉讼请求是具体的，而非要求诉讼请求所根据的事实也是具体的。但从立法者的解释来看，立法在起诉状的内容记载中对事实主张作出了具体化的要求，即事实部分同样应“实事求是、陈述力求确切”，理由部分应当作出有理有据的论证，只有记明提出诉讼请求的客观基础，才能使受诉法院明确其起诉的事实依据和具体原因，并在此基础上对案件依法进行审理裁判。[①] 2007 年《民事诉讼法》的修改主要集中在执行程序上，有关事实主张、主张责任等内容的规定较少。

2012 年对《民事诉讼法》的修改幅度较大，涉及当事人事证资料主张的内容较多。比如《民事诉讼法》第 13 条第 1 款确立了诚实信用原则，为当事人真实完整陈述义务以及禁反言提供了法律依据；第 65 条第 1 款规定的当事人适时提出证据的原则，根据事实与证据的逻辑关系，实际上也包含了当事人适时提出事实主张的要求；第 141 条第 1 款规定了当事人在法庭上攻击防御方法提出的顺序和程序等（《民事诉讼法》中有关主张责

① 全国人大常委会法制工作委员会民法室编：《〈中华人民共和国民事诉讼法〉条文说明、立法理由及相关规定》，北京大学出版社 2012 年版，第 203 页。

任的具体规定及其评析见表 6－1）。

表 6－1 《民事诉讼法》中有关主张责任的具体规定及其评析

规范名称	规范内容	评析
1982 年《民事诉讼法（试行）》	第 56 条第 1 款：当事人对自己提出的主张，有责任提供证据。	在形式上初步确立了当事人的主张责任；并且出现了当事人主张具体化的雏形
	第 81 条：起诉必须符合以下条件：……（二）有明确的被告、具体的诉讼请求和事实根据。	
1991 年《民事诉讼法》	第 56 条第 1 款：当事人对自己提出的主张，有责任提供证据。	在起诉状的内容记载中对事实主张作出了具体化的要求
	第 81 条：起诉必须符合以下条件：……（三）有具体的诉讼请求和事实、理由。……	
2021 年《民事诉讼法》	第 54 条：原告可以放弃或者变更诉讼请求。被告可以承认或者反驳诉讼请求，有权提起反诉。	该条规定了原告的权利主张和被告的防御方法
	第 67 条第 1 款：当事人对自己提出的主张，有责任提供证据。	主张责任与证明责任的分配
	第 68 条第 1 款：当事人对自己提出的主张应当及时提供证据。	适时提出主义原则
	第 122 条：起诉必须符合下列条件：……（三）有具体的诉讼请求和事实、理由。……	起诉条件中的权利主张和事实主张要求
	第 124 条：起诉状应当记明下列事项：……（三）诉讼请求和所根据的事实与理由。……	起诉状有关事实主张的记载要求
	第 144 条第 1 款：法庭辩论按照下列顺序进行：（一）原告及其诉讼代理人发言；（二）被告及其诉讼代理人答辩；（三）第三人及其诉讼代理人发言或者答辩；（四）互相辩论。	法庭辩论中当事人攻击与防御方法提出的顺序
	第 155 条：判决书内容包括：（一）案由、诉讼请求、争议的事实和理由；（二）判决认定的事实和理由、适用的法律和理由；……	判决书中有关当事人争议的事实主张和法院认定的事实的记载要求
	第 176 条第 1 款：……经过阅卷、调查和询问当事人，对没有提出新的事实、证据或者理由，合议庭认为不需要开庭审理的，可以不开庭审理。……	二审程序中新的事实主张与审理方式的选择
	第 207 条第 1 款：当事人的申请符合下列情形之一的，人民法院应当再审：……（二）原判决、裁定认定的基本事实缺乏证据证明的；……	基本事实的证明与再审理由

2017年6月27日，第十二届全国人民代表大会常务委员会第二十八次会议通过了对《民事诉讼法》的第三次修正。此次修正的内容是在第55条（关于公益诉讼的规定）增加一款，作为第2款，主要规定人民检察院提起公益诉讼和支持起诉的程序。2021年10月24日，第十三届全国人民代表大会常务委员会第三十二次会议通过了对《民事诉讼法》的第四次修正。此次修正的内容主要涉及司法确认程序、小额诉讼程序、简易程序、独任制的适用范围、在线诉讼及送达规则等。需要说明的是，2017年和2021年对《民事诉讼法》的两次修改虽未涉及主张责任相关内容，但为确保法律条文的时效性，以2021年最新的条文进行比较。

第二，主张责任在我国《民事证据规定》中的展开。2001年12月21日发布的《最高人民法院关于民事诉讼证据的若干规定》（以下简称2001年《民事证据规定》）在1991年《民事诉讼法》对主张责任规定的基础上作出了细化规定（见表6－2）。2001年《民事证据规定》第2条第1款对当事人的事实主张及其证明以及反驳及其证明进行了明确规定；第5条专门对合同纠纷案件中的当事人主张责任与举证证明责任进行了规定；第8条对当事人事实主张的自认、拟制自认等内容进行了规定；第32条也对被告的答辩义务进行了规定；同时在第35条规定了法院对当事人事实主张及法律主张的释明机制；此外，第9条对免证事实的规定、第15条与第16条关于法院职权调查取证的规定、第37条的庭前证据交换的规定等内容落实了辩论主义的内涵。2019年修改的《最高人民法院关于民事诉讼证据的若干规定》（以下简称2019年《民事证据规定》）虽未直接明确规定主张责任的内容，但从相关条文的解读和解释来看，立法通过规定证明责任分配的一般规则和限制法院依职权调查收集证据的范围等，间接性地在我国民事诉讼中确立了主张责任，至少在立法中贯彻了主张责任的理念和思想。可见，《民事证据规定》在一定程度上落实了辩论主义三命题的要求，确立了辩论主义的民事诉讼架构，为主张责任与证明责任制度的功能发挥奠定了坚实的基础。①

表 6－2 《民事证据规定》中有关主张责任的规定及其评析

规范	规范内容	评析
2001 年《民事证据规定》	第 2 条第 1 款：当事人对自己提出的诉讼请求所依据的事实或者反驳对方诉讼请求所依据的事实有责任提供证据加以证明。……	当事人的事实主张、反驳及其证明责任
	第 5 条：在合同纠纷案件中，主张合同关系成立并生效的一方当事人对合同订立和生效的事实承担举证责任；主张合同关系变更、解除、终止、撤销的一方当事人对引起合同关系变动的事实承担举证责任。对合同是否履行发生争议的，由负有履行义务的当事人承担举证责任。对代理权发生争议的，由主张有代理权一方当事人承担举证责任。	合同纠纷案件中当事人的主张责任与举证责任
	第 8 条：诉讼过程中，一方当事人对另一方当事人陈述的案件事实明确表示承认的，另一方当事人无需举证。但涉及身份关系的案件除外。对一方当事人陈述的事实，另一方当事人既未表示承认也未否认，经审判人员充分说明并询问后，其仍不明确表示肯定或者否定的，视为对该项事实的承认。当事人委托代理人参加诉讼的，代理人的承认视为当事人的承认。但未经特别授权的代理人对事实的承认直接导致承认对方诉讼请求的除外；当事人在场但对其代理人的承认不作否认表示的，视为当事人的承认。	裁判上自认、拟制自认等规定
	第 35 条第 1 款：诉讼过程中，当事人主张的法律关系的性质或者民事行为的效力与人民法院根据案件事实作出的认定不一致的，不受本规定第三十四条规定的限制，人民法院应当告知当事人可以变更诉讼请求。	当事人的法律主张与法院认定的案件事实不一致的处理
	第 75 条：有证据证明一方当事人持有证据无正当理由拒不提供，如果对方当事人主张该证据的内容不利于证据持有人，可以推定该主张成立。	主张推定的规定
	第 76 条：当事人对自己的主张，只有本人陈述而不能提出其他相关证据的，其主张不予支持。但对方当事人认可的除外。	当事人事实主张推定及认可

① 胡亚球：《论民事诉讼当事人具体化义务的中国路径》，载《清华法学》2013 年第 4 期。

续表

规范	规范内容	评析
2019 年《民事证据规定》	第 1 条：原告向人民法院起诉或者被告提出反诉，应当提供符合起诉条件的相应的证据。	进一步重申了当事人收集提供证据责任的原则
	第 2 条：人民法院应当向当事人说明举证的要求及法律后果，促使当事人在合理期限内积极、全面、正确、诚实地完成举证。当事人因客观原因不能自行收集的证据，可申请人民法院调查收集。	

第三，主张责任在我国《民事诉讼法解释》中的体现。2015 年制定、2022 年修改的《民事诉讼法解释》充实了主张责任的内涵，细化了主张责任具体规则（见表 6－3）。比如 2022 年《民事诉讼法解释》第 81 条第 1 款规定了有独立请求权第三人的事实主张权；第 90 条规定了当事人的事实主张及其证明责任；第 91 条明确了证明责任承担的分配规则，由于主张责任与证明责任分配的原则一致性，因此，该条实际上也规定了主张责任的分配规则；第 92 条规定了裁判上自认的具体认定规则；第 93 条规定了免证事实的范围；第 108 条规定了反驳事实主张的规则；第 110 条规定了当事人拒绝签署保证书时，法院对事实主张应当如何处理的规则；第 229 条及第 340 条规定了民事诉讼当事人的禁反言规则；第 335 条也界定了民事诉讼中“基本事实”的概念。此外，第 225 条也确立了庭前会议制度，即要求法官明确原被告的诉辩意见，并组织证据交换等；第 226 条规定了争点整理规则，即法院应当根据当事人的诉讼请求、答辩意见以及证据交换的情况，归纳争议焦点；第 229 条进一步明确了禁反言规则，即当事人在庭审中对其在审理前的准备阶段认可的事实和证据提出不同意见的，人民法院应当责令其说明理由。

表 6－3　2022 年《民事诉讼法解释》中有关主张责任的规定及其评析

规范内容	评析
第 81 条第 1 款：……有独立请求权的第三人有权向人民法院提出诉讼请求和事实、理由，成为当事人。……	有独立请求权第三人的事实主张权
第 90 条：当事人对自己提出的诉讼请求所依据的事实或者反驳对方诉讼请求所依据的事实，应当提供证据加以证明，但法律另有规定的除外。在作出判决前，当事人未能提供证据或者证据不足以证明其事实主张的，由负有举证证明责任的当事人承担不利的后果。	当事人事实主张的证明责任
第 91 条：人民法院应当依照下列原则确定举证证明责任的承担，但法律另有规定的除外：（一）主张法律关系存在的当事人，应当对产生该法律关系的基本事实承担举证证明责任；（二）主张法律关系变更、消灭或者权利受到妨害的当事人，应当对该法律关系变更、消灭或者权利受到妨害的基本事实承担举证证明责任。	证明责任的分配规则
第 92 条：一方当事人在法庭审理中，或者在起诉状、答辩状、代理词等书面材料中，对于己不利的事实明确表示承认的，另一方当事人无需举证证明。对于涉及身份关系、国家利益、社会公共利益等应当由人民法院依职权调查的事实，不适用前款自认的规定。自认的事实与查明的事实不符的，人民法院不予确认。	裁判上自认规则
第 93 条第 1 款：下列事实，当事人无须举证证明：（一）自然规律以及定理、定律；（二）众所周知的事实；（三）根据法律规定推定的事实；（四）根据已知的事实和日常生活经验法则推定出的另一事实；（五）已为人民法院发生法律效力的裁判所确认的事实；（六）已为仲裁机构生效裁决所确认的事实；（七）已为有效公证文书所证明的事实。	免证事实的范围
第 108 条第 2 款：……对一方当事人为反驳负有举证证明责任的当事人所主张事实而提供的证据，人民法院经审查并结合相关事实，认为待证事实真伪不明的，应当认定该事实不存在。……	反驳事实主张的规定
第 110 条：人民法院认为有必要的，可以要求当事人本人到庭，就案件有关事实接受询问。在询问当事人之前，可以要求其签署保证书。保证书应当载明据实陈述、如有虚假陈述愿意接受处罚等内容。当事人应当在保证书上签名或者捺印。负有举证证明责任的当事人拒绝到庭、拒绝接受询问或者拒绝签署保证书，待证事实又欠缺其他证据证明的，人民法院对其主张的事实不予认定。	当事人拒绝签署保证书时，法院对事实主张的处理
第 229 条：当事人在庭审中对其在审理前的准备阶段认可的事实和证据提出不同意见的，人民法院应当责令其说明理由。必要时，可以责令其提供相应证据。人民法院应当结合当事人的诉讼能力、证据和案件的具体情况进行审查。理由成立的，可以列入争议焦点进行审理。	禁反言规则

续表

规范内容	评析
第 333 条：民事诉讼法第一百七十七条第一款第三项规定的基本事实，是指用以确定当事人主体资格、案件性质、民事权利义务等对原判决、裁定的结果有实质性影响的事实。	关于基本事实的概念界定
第 340 条：当事人在第一审程序中实施的诉讼行为，在第二审程序中对该当事人仍具有拘束力。当事人推翻其在第一审程序中实施的诉讼行为时，人民法院应当责令其说明理由。理由不成立的，不予支持。	禁反言规则

综上所述，1982 年制定的《民事诉讼法（试行）》和 1991 年颁行的《民事诉讼法》在形式上确立了辩论原则、主张责任和证明责任的制度。之所以是“形式”而非“实质”，主要是因为其存在的制度根基在于职权探知主义的诉讼体制。即便立法赋予了当事人事实主张权和辩论权，但职权主义的诉讼体制还是会限制主张权和辩论权的发挥，并且事实主张和辩论权的行使并不能有效约束法官的裁判行为。随着民事审判方式的改革和理论界对民事诉讼模式或体制研究的深入，2001 年制定的《民事证据规定》、2012 年修改的《民事诉讼法》以及 2015 年颁行的《民事诉讼法解释》虽未明确规定主张责任，但通过《民事诉讼法》及其司法解释进行文义解释和体系解释，立法通过规定证明责任分配的一般规则和限制法院职权调查证据范围，间接地在民事诉讼中确立了主张责任。[①]

其一，在证明责任分配的一般规则方面，《民事诉讼法》第 67 条第 1 款明确了“事实主张”是“提供证据”的逻辑前提，明确了事实主张和提供证据两种诉讼行为的先后顺序，即“无事实便无举证之必要”。实践中通常将该款称为“谁主张，谁举证”，虽欠缺一定的科学性，但也明确了主张责任和证明责任在分配上的原则一致性。2001 年《民事证据规定》第

① 许可：《论当事人主义诉讼模式在我国法上的新进展》，载《当代法学》2016 年第 3 期。

2 条首次界定了证明责任的概念，并强调了结果意义上或客观意义上的证明责任内涵。由结果意义上的证明责任概念去推演，即没有证据或证据不足以证明当事人的事实主张的，将可能遭受败诉不利益或风险。此外，2001 年《民事证据规定》第 2 条也明确了“事实主张”与“诉讼请求”的逻辑关系，即当事人的事实主张是支持自己提出的诉讼请求或反驳对方当事人所提出的诉讼请求的。2015 年《民事诉讼法解释》继承了 2001 年《民事证据规定》第 2 条规定的证明责任概念，只是为了突出行为与结果两种意义上的证明责任，创设了“举证证明责任”的概念。在学界与实务界人士的共同努力之下，《民事诉讼法解释》第 91 条以德国罗森贝克的规范说为基础，确立了证明责任分配的一般性规则，即主张法律关系存在的当事人应当对该法律关系的基本事实承担举证证明责任；主张法律关系变更、消灭或者权利受到妨害的当事人，应当对该法律关系、变更或者权利受到妨害的基本事实承担举证责任。由于主张责任与证明责任在分配上具有一致性，这就间接确定了主张责任的分配规则。实际上，该条也明确了主张责任的作用对象，根据司法解释的起草制定者的解释来看，第 91 条中的“基本事实”与大陆法系民事诉讼中的“要件事实”同义，指民事权利及法律关系构成要件所依赖的事实。只是考虑与民事诉讼法典用语相协调，而未采用大陆法系国家“法律要件事实”的表述。①

其二，在限定法院职权调查证据方面，《民事诉讼法》第 64 条第 1 款确立了当事人在证据收集提供中的核心地位，也就是说收集、提供证据原则上由当事人进行，在例外情形下才由法院协助。在职权调查收集证据问题上，《民事诉讼法》第 64 条第 2 款赋予了法官较大的自由裁量权，而 2001 年《民事证据规定》第 15 条以及《民事诉讼法解释》第 96 条则采取

---

① 最高人民法院修改后民事诉讼法贯彻实施工作小组编著：《最高人民法院民事诉讼司法解释理解与适用（上）》，人民法院出版社 2015 年版，第 317 页。

进一步限定的思路，将法院调查收集证据的范围限定为：（1）涉及可能损害国家利益、社会公共利益的；（2）涉及身份关系的；（3）涉及民事公益诉讼的；（4）当事人有恶意串通损害他人合法权益可能的；（5）涉及依职权追加当事人、中止诉讼、终结诉讼、回避等程序性事项的。2019 年《民事证据规定》第 1 条、第 2 条也进一步重申了当事人收集提供证据责任的原则。从《民事诉讼法解释》的一系列规定来看，可以看出司法解释起草者采取的当事人主义的立法理念，即“在辩论主义的诉讼模式下，诉讼的实体内容由当事人决定，法院仅在特殊情况下，出于保护公共利益等需要进行有限地介入”①。可见，《民事证据规定》及《民事诉讼法解释》采取了当事人主义的立法理念，强调当事人收集提供证据的责任，禁止法官在适用当事人主义的案件中以证据资料补充诉讼资料的行为，但允许法官出于维护公共利益的需要介入调查收集案件相关的证据资料。②

（二）我国现行立法对主张责任规定的缺陷分析

第一，对主张责任在民事诉讼法中的地位不够重视。综观大陆法系国家及地区的立法，仅有少数的国家在立法上对主张责任作出了明确规定，如《法国民事诉讼法》第 7 条规定“法官不得以在法庭辩论中没有涉及的事实为裁判依据”。事实上，主张责任在德国、日本等国家一直都是作为公理性存在，立法并未明确作出规定，一般都是通过相关条文推演出来的。诚然，在我国民事诉讼法上，通过法解释学方法的分析，同样可以从相关法律条文中推演出主张责任在我国已经确立的结论。相较于德国和日本民事诉讼法上的推演，我国法在推论基础上并不充分，即主要是从证明

---

① 最高人民法院修改后民事诉讼法贯彻实施工作小组编著：《最高人民法院民事诉讼司法解释理解与适用（上）》，人民法院出版社 2015 年版，第 328 页。

② 许可：《论当事人主义诉讼模式在我国法上的新进展》，载《当代法学》2016 年第 3 期。

责任的视角进行分析的。德国、日本民事诉讼法虽未直接规定主张责任，但明确规定了相关的具体规则，如《德国民事诉讼法》第138条第1款规定的当事人真实完整陈述义务规则；《日本民事诉讼法》第180条第1款规定的主张具体化规则等。我国民事诉讼法上之所以对主张责任尚无体系性、明确性规定，一方面是由于理论界对主张责任研究的不足，缺乏对主张责任法理应有的关注和研究，即尚未充分认识到主张责任在民事诉讼法中的重要地位以及主张责任法理的体系性；另一方面是由于立法者基于证明责任与主张责任在分配上的一致性，未能充分意识到主张责任应有的独立性，强调证明责任的贯彻落实而忽略主张责任功能的发挥；此外，由于人们始终把目光放在“证据”上，制定了庞大的证据规则体系，但对“事实”主张的规定则相对模糊。

第二，立法对主张责任内容的规定简单，相关规则不够健全。主张责任法理包括基本内涵、适用对象、分配原则、履行规则、结果主张责任构成要件以及与证明责任、诚实信用原则、法官释明的关系法理等。概念的界定事关法官及当事人对主张责任的认知和采纳；主张责任的履行规则直接影响主张责任行为指引功能的发挥；主张责任的真正履行实际上还能起到制约法官恣意裁判的功能。主张责任的具体化义务规则能够使法官尽早明确争议焦点，推进诉讼程序的开展。主张责任的缓和规则以及法院对当事人事实主张的释明规则能够使主张责任更具实效性和正当性。然而，从前述对《民事诉讼法》、《民事证据规定》以及《民事诉讼法解释》规定的考察来看，现行立法并未对主张责任的概念、履行规则、结果主张责任构成要件等作出规定。

第三，忽略了当事人主张责任履行的平台——审前准备程序的搭建。通过考察1982年制定的《民事诉讼法（试行）》、2012年修订的《民事诉讼法》以及2015年制定的《民事诉讼法解释》的规定，我国民事审前准备程序的改革大致经历了事务准备程序到现代审前准备程序的变化。然而，这种改革仍然不彻底，制度设计还有待进一步改进。总体来看，现行的审前准备程序的框架还比较粗略，主要存在程序比较简略、目的比较模糊等缺陷。[①] 2001 年《民事证据规定》第 32 条虽规定了被告应当在答辩期届满前提出书面答辩，要求阐明对原告诉讼请求及所依据的事实和理由的意见，但并未规定被告不提出答辩意见的法律后果，即被告不答辩不影响法院对案件的审理。此外，当前审前准备程序的构建并未按照事实主张的规制原理进行建构，也在一定程度上影响了主张责任的有效实施。

二、主张责任的实践考察

了解主张责任制度的现状离不开对当事人及法官对主张责任的认知、践行等情况的考察。考察可以采取实地观察、调研访谈、问卷调查等形式，从而清楚了解主张责任制度的实务运作情况。

（一）当事人对主张责任认知与践行调查

为了弄清当事人对主张责任的认知，笔者于 2016 年秋季毕业论文开题时就设计调查问卷和访谈提纲，先后在北京、西安、重庆、长沙、南京、上海、武汉、乌鲁木齐、深圳、天津等十余个城市，分别对当事人、律师进行问卷调查和调研访谈。针对当事人及律师的调查，本研究设计了 8 道题目，题目涉及的内容主要是：（1）从事律师的工作时间（确保办案经验）；（2）原告当事人提出事实的情况；（3）被告当事人提交答辩状的情况；（4）对主张责任概念的认知；（5）对抗辩与否认概念的认知；（6）对事案解明协力义务的认知；（7）当事人视角下事实性突袭裁判现象的现状；（8）对强制答辩义务的认知等。在近一年的时间里，共访谈有诉讼经历的当事人 20 人，律师 25 人，发放调查问卷 60 份。经过调查与访谈，总

① 胡亚球：《民事诉讼当事人具体化义务的中国路径》，载《清华法学》2013 年第 4 期。

结了实践中当事人事实主张存在的一系列问题，为民事诉讼主张责任的理论研究奠定了实践基础。

第一，当事人对主张责任的认知现状。在问及“您是否知道主张责任概念”时，仅有少数受访律师回答“知道”，多数受访者回答“不知道”。作为受过法律专业学习和训练的律师都很少知道主张责任的概念，就很难奢望没有经过专业训练的当事人知晓这一概念。当进一步追问“主张责任的概念”时，回答内容有“主张责任是指当事人有责任提出自己的主张”“主张责任是指当事人有义务向法院提出自己的主张”“主张责任是指当事人有责任向法院提出自己的诉讼请求”“主张责任是指当事人有责任向法院提出权利主张和事实主张”等。从问卷整理情况来看，人们对主张责任的概念还缺乏认知，未弄懂主张责任的内涵及适用对象。此外，问卷还反映了主张责任的内涵与诉讼请求、主张、权利主张、事实主张等概念容易产生混淆的问题。

第二，当事人实施诉讼突袭行为现象比较严重。理论上，诉讼突袭分为来自法院和来自当事人的诉讼突袭两大类型，前者又具体包括事实认定的突袭、证据采信的突袭、法律适用的突袭、裁判文书欠缺说理的突袭等内容；后者又包括提出“新证据”的突袭、诉讼请求变更的突袭、诉讼主张的突袭、当事人变更事实陈述的突袭、管辖权异议提出的突袭、起诉与答辩的突袭等内容。① 从调研访谈和问卷调查的情况来看，当事人实施诉讼突袭的行为主要表现为：一是作为原告的当事人故意提出不完整的主张或分阶段、分层次提出事实主张，这种诉讼行为在很大程度上扰乱了对方当事人提出防御方法以及严重影响法官整理争点，阻碍了诉讼程序的有序开展；二是作为被告的当事人故意不提交或不按照要求提交答辩状，实施抗辩突袭的诉讼行为。根据笔者的调查结果，仍有很多被告不提交或不及

① 杨艺红：《诉讼突袭：一个问题的初步展开》，载《河北法学》2011 年第 12 期。

时提交答辩状。当问及"为什么不提交答辩状"时，受访者的回答是"法律没有强制规定必须要提交答辩状""在庭审前提出答辩状会使自己在诉讼中处于被动的地位""不提交答辩状也不会受到法院的制裁""不提交答辩状是我的一项权利，亦是我的一项诉讼策略"等。可见，事实主张作为当事人攻击防御方法的一种，有时会成为当事人之间相互猜忌和互相试探的一种活动，事实主张活动在诉讼过程中呈现某种"神秘"色彩。

第三，在对律师的访谈调查中发现，部分法官存在突袭裁判的行为。法官在事实认定过程中形成的裁判突袭行为主要体现为：一是法院认定的事实超出了当事人事实主张的范围；二是法院忽视当事人的事实主张，有的事实应当被法院斟酌，但未在裁判中体现；三是将当事人未主张的事实作为法院裁判的基础；四是当事人虽未主张，但已经在当事人的诉讼资料中呈现的事实未作为法院裁判的基础。之所以发生突袭性裁判，在很大程度上可以说是法院未遵守辩论主义的规则。然而，法院恪守辩论主义的要义，是否就必然不发生突袭性裁判呢？事实上，规制法官的突袭性裁判，一方面是要求法官遵守辩论主义和主张责任的规则，另一方面需要法官适时公开心证，毕竟辩论主义、主张责任规制的是当事人对主要事实的提出问题，法官在裁判过程中经常从大量的证据和事实中获取与主要事实相关联的间接事实，并以之作为审理对象进行判决。

第四，法官在当事人事实主张方面行使释明权的做法不一。骆永家教授指出："法官行使释明权的作用在于，通过发问、提醒，促使当事人将不明了的事项予以澄清，或对不充足的事项予以补充，或把不当的主张和陈述予以排除，或提出原来所没有提出的新诉讼资料。"① 通过对当事人及律师的调查访谈，实践中法官行使释明权仍存在一些问题，如部分法官存

① 骆永家：《阐明权》，载民事诉讼法研究基金会：《民事诉讼法之研讨（四）》，台北，三民书局1993年版，第168页。

在不释明的情况，也有部分法官过于积极主动，一定程度上影响了释明权功能的发挥。实践中，法官行使释明权方面存在的做法不一等问题，主要是法官对职权主义运行的范围界限认识不清造成的。

（二）法官对主张责任的认知及适用考察

为了了解法官对主张责任的认知及适用现状，笔者制定了一套调查访谈提纲，调查访谈提纲的内容主要涉及：（1）主张责任的概念认知；（2）事实主张的提出；（3）被告提交答辩状的现状；（4）当事人事实陈述的现状；（5）律师代理对当事人事实主张的影响；（6）法官对当事人事实主张的释明现状等。笔者主要对北京、上海、深圳、西安、长沙、成都、重庆等地法院的法官进行了访谈，访谈主要采取微信、电话、邮件等方式。访谈法官近 20 人，涉及 4 个中级人民法院，7 个基层人民法院。调查问卷基于法官的视角，去发现当事人在事实主张活动中存在的问题。

第一，当事人存在实施虚假陈述、矛盾陈述的现象。2012 年修改的《民事诉讼法》第 112 条对恶意串通，实施虚假诉讼侵害他人合法权益的行为进行了规制。然而，司法实践中，当事人实施虚假陈述、矛盾陈述的行为仍然存在。当事人实施虚假陈述不仅存在于口头陈述中，还存在于民事诉状中。受访的法官指出“立法对证人作伪证的行为进行了规定，但对当事人的虚假陈述行为并没有明确禁止”。理论上，当事人在提出主张之后要撤回的情形主要包括两种：一种是提出主张后立马提出撤回；另一种情形是在法庭辩论前，经对方当事人同意之后可撤回，此种情形属于对方当事人对适用禁反言原则所获诉讼利益的放弃，法院原则上应尊重其意志。如果当事人更改、撤回主张的行为属于故意为之，甚至是为了扰乱对方当事人的行为和拖延诉讼时间而作的恶意反悔，此种行为则属于违背诚实信用原则项下的禁反言规则。实际上，这种行为在很大程度上阻碍了诉讼的正常开展。

第二，当事人在诉讼中存在提出事实主张模糊、混乱的现象。通过调查访谈发现，实践中当事人在事实主张方面并不理想。在调查访谈中，多数受访者指出，“当事人事实主张的随意性、不明确、模糊混乱已成为我们在事实审查与认定过程中的最大难题”。当进一步追问原因时，有法官指出“当事人出于对胜诉的强烈追求，重点关注和反复强调诉讼请求，在事实陈述部分反复强调自己的诉讼请求，忽视了支持其诉讼请求的事实主张，尤其是要件事实的主张”，还有法官指出“实践中，当事人向法院提交的起诉状和答辩状，并没有针对法律规定中的要件事实进行详细分析，进而没有提出应当提出的事实主张”。此外，也有法官指出，“正是由于当事人没有提出支持其诉讼请求或反驳对方当事人诉讼请求的要件事实，一方面增加了当事人遗漏诉讼要点的风险，进而致使当事人无法按照事实主张一一举证；另一方面增加了法官整理诉讼争点和行使释明权的难度，进而影响诉讼效率”。

（三）主张责任在民事裁判方法中的运用

裁判方法一直是备受中外学者青睐的问题，就此有很多经典著作，比如德国学者拉伦茨的《法学方法论》①、恩吉施的《法律思维导论》②、齐佩利乌斯的《法学方法论》③，美国著名大法官波斯纳的《法官如何思考》④、亚狄瑟的《法律的逻辑》⑤、瓦瑟斯特罗姆的《法官如何裁判》⑥，我国学者王泽鉴教授的《民法思维——请求权基础理论体系》⑦、杨仁寿教

① ［德］卡尔·拉伦茨：《法学方法论》，陈爱娥译，商务印书馆2020年版。
② ［德］卡尔·恩吉施：《法律思维导论》，郑永流译，法律出版社2014年版。
③ ［德］齐佩利乌斯：《法学方法论》，金振豹译，法律出版社2009年版。
④ ［美］理查德·波斯纳：《法官如何思考》，苏力译，北京大学出版社2008年版。
⑤ ［美］鲁格罗·亚狄瑟：《法律的逻辑——法官写给法律人的逻辑指引》，唐欣伟译，法律出版社2007年版。
⑥ ［美］理查德·瓦瑟斯特罗姆：《法官如何裁判》，孙海波译，中国法制出版社2016年版。
⑦ 王泽鉴：《民法思维——请求权基础理论体系》，北京大学出版社2009年版。

授的《法学方法论》[①]、梁慧星教授的《裁判的方法》[②] 与《民法解释学》[③]、杨立新教授的《民事裁判方法》[④]、王利明教授的《法学方法论——以民法典适用为视角》[⑤]、孔祥俊教授的《法官如何裁判》[⑥]、许可教授的《民事审判方法——要件事实引论》[⑦]、邹碧华法官的《要件审判九步法》[⑧]，等等。事实上，作为裁判主体的法官们从未停止对裁判方法的探索与思考，因为在实现公平正义的路上，法官不能仅凭一颗追求正义的心，还需要科学的裁判方法论的支撑。上海法院、北京法院、江苏法院、大连法院等在充分吸纳要件事实理论和主张责任理论进行裁判方法创新方面尤为典型，形成了“要件审判九步法”和“要素式审判方法”的实践样态。对此，有必要对其加以分析。

1. 上海法院的“要件审判九步法”

上海市高级人民法院于2003年制定《上海法院民事办案要件指南》，后经过发展升华，形成了“要件审判九步法”。“要件审判九步法”也称基础规范分析方法，是指以当事人的权利请求出发点、以实体法律规范构成要件分析为基本手段的审判方法。“要件审判九步法”的逻辑在于以确定当事人主张的法律关系为核心，首先固定权利请求、法律关系，接着寻找并确定请求权基础和抗辩权基础，然后再整理当事人的争点，分配举证证明责任，最后根据实体法律规范的构成要件进行逻辑分析作出裁判。[⑨]“要

① 杨仁寿:《法学方法论》，中国政法大学出版社2013年版。
② 梁慧星:《裁判的方法》，法律出版社2021年版。
③ 梁慧星:《民法解释学》，法律出版社2015年版。
④ 杨立新:《民事裁判方法》，法律出版社2008年版。
⑤ 王利明:《法学方法论——以民法典适用为视角》，中国人民大学出版社2021年版。
⑥ 孔祥俊:《法官如何裁判》，中国法制出版社2017年版。
⑦ 许可:《民事审判方法——要件事实引论》，法律出版社2009年版。
⑧ 邹碧华:《要件审判九步法》，人民法院出版社2021年版。
⑨ 邹碧华:《要件审判九步法》，法律出版社2010年版，第26~28页。

件审判九步法”的内容为如下。

第一步，固定权利请求。法官的任务有三：（1）明确当事人诉讼请求的含义，弄清楚当事人诉讼请求中的模糊含义；（2）剔除当事人诉讼请求中的矛盾之处；（3）促使当事人更正明显错误、荒谬或非理性的诉讼请求。从当事人起诉的视角分析，固定权利请求就是指明确当事人起诉的目的，也可以说是在起诉之初就明确当事人的权利主张。当事人只要明确了权利主张，才能有针对性地提出相应的事实主张，进而提出证据证明有争议的事实。

第二步，确定权利请求基础规范以及法律观点开示。此处的权利请求基础规范是指当事人提出的权利主张所依据的法律基础。此步骤的核心任务在于审查、确定原告所主张的法律关系，厘清原告的请求原因事实，具体包括民事实体权产生的事实和民事救济权产生的事实。确定权利请求基础规范主要是针对原告进行的。

第三步，确定抗辩权基础规范。此步骤主要是针对被告的诉讼行为进行的。针对原告的起诉，被告可以采取否认、自认、沉默、抗辩等态度，其中，抗辩主要包括权利消灭抗辩、权利妨碍抗辩和实体权利抗辩等。对此，法官应当就被告的应对行为进行审查，明确被告的抗辩权基础规范。

第四步，基础规范构成要件分析。在确定权利请求基础规范和抗辩权基础规范之后，接着就可以对这些基础规范的构成要件进行分析，将法律条文中所涵摄的构成要件解构出来，然后将案件事实与法律条文中的事实要件进行一一比照。

第五步，诉讼主张的检索。此步骤是指法官应当对当事人诉讼主张的完备性、明确性、合理性进行审查，及时告知当事人主张责任，要求其适时提出诉讼主张，如发现当事人遗漏诉讼主张或诉讼主张有模糊、不完备或不合理之处，应当及时释明修正补充。

第六步，争点整理。争点整理是法官必须掌握的一项审判技能，是法官有效驾驭庭审、指导当事人充分展开辩论的前提。法官在进行争点整理时，应当以要件为基本元素，基于当事人争议的法律关系，从双方当事人的诉辩主张及其所依据的法律规范出发，发现、固定直接影响法律规范各项要件成立或满足的事实争点，以及争议法律规范能否适用的法律争点，并及时组织当事人确认、固定。

第七步，要件事实的证明以及心证公开义务。该步骤的主要内容包括三项：一是厘清当事人自认的事实，整理出当事人有争议的事实；二是围绕当事人的事实争点，在证明责任分配规则的指导下，告知当事人结果意义上证明责任的法律后果，要求当事人及时、全面提出支持其事实主张的证据；三是组织当事人举证质证，适时公开自己的心证结论，促使当事人围绕法官心证有效进行诉讼行为等。

第八步，事实的认定。针对不同的事实，法官应当采取不同的认定方法。一是自认事实。根据自认规则，当事人自认的事实，法院无须举证，当事人应当将其作为裁判的根据，认定事实主张成立；二是对于非自认事实，法院应当根据当事人举证、质证的情况，认定事实是否被当事人举证证明，如果当事人提出的证据能够证明支持其请求的事实，那么应当将该事实作为裁判的根据，认定事实主张成立；三是对于经过举证质证仍然处于真伪不明的事实，经过法院释明之后，当事人仍然无法提出证据进行证明，此时法官应当适用结果意义上的证明责任进行认定，即认定事实主张无法成立。

第九步，要件归入并作出裁判。要件归入是指把法院认定的案件事实与本案的法律规范构成要件进行一一对照。如法院认定的案件事实与请求权基础法律规范构成要件事实或法律事实一一对应，则法院应当支持原告诉讼请求；反之，如果法院认定的案件事实与被告所主张的抗辩权基础法律规范的构成要件事实一一对应，则法院应当支持被告的抗辩主张，驳回原告的诉讼主张。

“要件审判九步法”与法官裁判的“三段论”逻辑的关系主要体现为，“第一步：固定权利请求”“第二步：找到权利请求基础规范”“第三步：寻找抗辩（权）基础规范”“第四步：基础规范构成要件分解”等前四步对应于“大前提”，而后四步“第五步：检索诉讼主张”“第六步：整理诉讼争点”“第七步：证明要件事实”“第八步：认定要件事实”则对应于“小前提”，“第九步：要件归入并作出裁判”则对应于“结论”。

从上述要件审判的九个步骤来看，“要件审判九步法”兼具事实认定与法律适用的双重功能，以请求权为中心，将案件事实逐一归入请求权基础规范构成要件，考察原告的请求与被告的抗辩是否合理有效，进而判断当前案件事实能否完整支持原告的诉讼请求。①“要件审判九步法”中的“要件”包括两个方面的内容：一是指法律规范的构成要件，也就是法律规范的各个构成要素；二是指“要件事实”或者“主要事实”，即与法律规范构成要件相对应的能够引起法律效果的主要事实。“要件审判九步法”的显著特征就是以要件事实作为审判的基本元素的裁判方法，而主张责任原理主要解决的是要件事实或主要事实的提出问题。可见，主张责任原理在“要件审判九步法”中占据重要的地位。根据主张责任的要求，当事人应当在诉讼中分别就有利于己的事实加以主张，这种对相关事实的主张行为以及对对方当事人事实主张的反馈行为被形象化地称为攻击防御方法。主张责任理论是要件审判九步法在程序法层面的法理基础，在诉讼中体现为“请求原因、抗辩、再抗辩、再再抗辩……”的攻击防御方法。②

2. 北京法院速裁案件要素式审判实践

2018年3月，北京市高级人民法院制定了《北京法院速裁案件要素式审判若干规定（试行）》，对要素式审判的含义、适用的案件类型、庭审方

---

① 戴津伟：《“要件审判九步法”的思维构造研究》，载《法律方法》2017年第2期。

② 邹碧华、许可、王闯等：《民商事审判方法》，法律出版社2016年版，第10～16页。

式、不同案件的审理要素以及审理程序等问题进行了规定。要素式审判方法，主要是对固定案情的基本事实要素进行提炼，就各要素是否存在争议进行归纳，并围绕争议要素进行庭审及制作裁判文书，简化审理流程，提高审判效率，实现简案快审。可见，要素式审判方法是法院为了解决“案多人少”矛盾而探索和实践出的举措。

第一，适用要素式审判的案件类型。适用要素审判式审判的案件主要是指多元调解不成，但事实清楚、权利义务关系明确、当事人争议不大的普通民商事案件。具体包括诉讼标的额在50万元以下的买卖合同纠纷和民间借贷纠纷，信用卡纠纷，金融借款纠纷，追索物业费、供暖费的物业服务合同纠纷，供用热力合同纠纷，机动车交通事故责任纠纷，家事纠纷（包括婚姻家庭、继承、赡养、抚养、扶养等纠纷）等案件。

第二，买卖合同案件审理要素。具体包括：合同效力；签订买卖合同的时间、地点；合同约定买卖标的物情况、合同约定的价款和价款支付方式；合同约定的交货时间；合同约定的质量标准及检验方式；合同约定的质量异议期限；合同标的交付情况（时间、地点、数量）；合同价款的实际支付情况；合同标的有无质量争议；对合同约定违约金标准有无异议等。

第三，民间借贷案件审理要素包括：合同效力；原、被告之间的关系；原告从事的行业、收入情况；被告从事的行业、收入情况；原告出借款项资金来源；被告借款的用途；合同约定的借款数额及款项支付方式；被告实际收到的借款数额；原告向被告支付款项的方式；双方是否签订借款合同；被告是否向原告出具借条及收条；双方约定的还款期限和还款方式；双方对利息如何约定；是否存在保证或担保事宜；被告借款后偿还本金时间、数额、方式；被告借款后偿还利息时间、数额、方式等。

第四，信用卡纠纷案件审理要素包括：持卡人信息、信用卡申请书内容、信用卡领用合约内容、信用卡欠款情况；诉讼请求的计算方式等。

第五，金融借款合同纠纷案件审理要素包括：借款人概况，共同借款人概况，贷款申请日期，合同签订日期，合同约定的贷款金额、贷款期限、每期应付款，抵押情况；实际发放贷款的时间和金额、借款人还款情况；借款人欠款情况；诉讼请求的计算方式等。

第六，物业服务合同纠纷、供用热力合同纠纷案件审理要素包括：涉案房屋坐落；被告系房屋所有权人；原告向被告收取物业费（供暖费）的依据；原告通过何种方式向被告催缴物业、供暖费用；被告抗辩意见及证据等。

第七，机动车交通事故责任纠纷案件审理要素包括：事故发生概况、责任划分、车辆情况；受害人伤情、病休、伤残鉴定情况；已赔偿情况等。

第八，继承案件审理要素包括：被继承人及法定继承人的基本情况；被继承人与配偶的财产情况；遗产情况；被继承人生前的债权债务情况；被继承人有无遗嘱、遗赠等情形等。

第九，离婚案件审理要素包括：结婚时间及生育子女情况；原告第几次起诉离婚；是否有婚前财产协议；是否有婚内财产协议；是否有可准予解除婚姻关系的情形；子女抚养权归属应查明的事实；财产分割应查明的事实；确定损害赔偿（补偿）应查明的事实；对外债权债务。

要素式审判的前提条件之一就是准确、科学、明确提炼具体的要素。此处的“要素”是指争讼民事法律关系的基本构成部分——法律事实。要素表是案件法律事实的类型化表单，由法官根据原告的诉讼请求确定本案审理需要的要素。要素表具有以下几方面的作用或功能：一是可以作为诉讼指引，有利于引导当事人更好地主张权利，有针对性地举证、质证和辩论；二是也可以作为裁判指引，具有庭审提纲的功能，有助于法官准确把握庭审调查的重点；三是可以明确当事人无争议的事实，提高庭审效率等。①

3. 江苏法院金融借款合同纠纷案件要素式审判实践

江苏省高院为了满足金融民商事纠纷案件当事人司法效率需求，在金融借款合同纠纷领域开展要素式庭审和以要素式裁判文书为核心的审判方法改革。②《要素式审判工作指引》指出，要素式审判方法主要是指对固定案情的基本事实要素进行提炼，就各要素是否存在争议进行归纳，并围绕争议要素进行庭审及制作裁判文书，简化审理流程，提高审判效率，实现简案快审。要素式审判方法主要适用于基层法院依法适用简易程序审理的金融借款合同纠纷案件。

金融借款合同纠纷案件要素式审判主要分为立案、送达、庭前准备、开庭和判决五个阶段。在立案阶段，向原告发放案件要素表，由原告按照要求填写案件要素表，明确原告的诉求和事实、理由。在庭前送达阶段，向被告送达起诉状副本、应诉材料以及案件要素表副本，告知被告应当按照原告提交的案件要素表所记载的内容进行针对性答辩，表明承认或否认的意见，对于否认的部分，写明所依据的事实和证据。在庭前准备阶段，法官应当根据当事人填写的案件要素表，归纳无争议的事实和焦点，梳理当事人提供的证据材料，确定庭审调查的重点。在正式庭审阶段，法院应当围绕事实要素推进庭审，结合庭前准备阶段确定的调查重点展开庭审，对双方无争议的事实结合证据直接确认，对争议事实引导当事人举证、质证和辩论。在法庭判决阶段，根据当事人对事实争议的程度，分别采用表格式、令状式、要素式判决书。金融借款合同纠纷案件事实要素主要包括

① 黄振东：《要素式审判：类型化案件审判方式的改革路径与模式选择》，载《法律适用》2020 年第 9 期。

② 江苏省高级人民法院于 2018 年 1 月 8 日发布了《关于印发〈金融借款合同纠纷案件要素式审判工作指引〉的通知》（苏高法电〔2018〕22 号，以下简称《要素式审判工作指引》）。

合同名称及签订日期、诉请借款本金金额、借款期限、利息罚息金额、付息还款方式、诉请利息罚息金额、实现债权的费用（律师费等）、保证人及保证方式、保证期间、保证范围、抵押人及抵押物、抵押担保范围、质押人及质押物、质押担保范围等事实。

综上所述，主张责任在我国民事裁判方法中得到广泛的运用与实践，主张责任是要件审判方法的程序法基础，主张责任对当事人进行事实主张和法官认定事实具有重要的指导作用。江苏法院的“要素式审判方法”目前主要集中在金融借款合同案件，其范围还是有限，要件审判方法的运用应不仅限于此，应当加强对其他类型案件的研究，将要件审判方法运用到更广的领域。

4. 大连法院知识产权案件速裁要素式审判实践

2020 年 4 月，辽宁省大连市中级人民法院制定了《知识产权速裁案件要素式审判若干规定（试行）》，对适用要素式审判的知识产权案件类型及其审理要素以及审理程序等问题进行了规定。

第一，适用要素式审判的案件类型。对于事实清楚、权利义务关系明确、当事人争议不大的以下知识产权案件，可直接导入速裁程序适用要素式审判方式进行审理：一是被告未答辩或无实质性答辩意见的商标合同纠纷案件及商标权权属、侵权纠纷案件；二是被告仅抗辩其有合法来源的商标合同纠纷案件及商标权权属、侵权纠纷案件；三是被告未答辩或无实质性答辩意见的侵害作品信息网络传播权纠纷案件；四是被告仅抗辩其属于合理使用的侵害作品信息网络传播权纠纷案件；五是人民法院认为可以适用要素式审判的其他知识产权案件。

第二，商标合同纠纷案件及商标权权属、侵权纠纷案件审理要素包括：原告诉权来源、商标权属情况、被告侵权情节、侵权行为的证明方式；赔偿数额；被告是否认可原告享有商标权；生产、销售案涉商品情况，合法来源、停止侵权情况等。

第三，侵害作品信息网络传播权纠纷案件审理要素包括：原告作品情况，著作权情况、侵权情况、赔偿数额；被告是否认可原告享有著作权、是否属于合理使用、停止侵权情况等。

司法效率是现代司法公正的基本构成要素，审判及时与否直接决定着当事人能否获得公正的审判。要素式审判强调民商事简易案件快审快结，促进民商事庭审的优质化、高效化，推进民商事案件裁判文书的精简化、快捷化，能够满足人民群众的司法需求。[①] 大连法院将要素式审判方法运用到知识产权诉讼案件中，有助于提升知识产权审判的效率，缓解知识产权案件激增的难题。

三、分析与反思

2001 年制定的《民事证据规定》、2012 年修改的《民事诉讼法》以及 2015 年制定的《民事诉讼法解释》虽未明确规定主张责任，但通过民事诉讼法典及司法解释进行文义解释和体系解释，可以得出立法通过对证明责任的规定间接地确立了主张责任的结论。然而，现行立法对主张责任的规定还存在一些问题，如未重视主张责任在民事诉讼中的独立地位，立法对主张责任内容的规定简单，相关规则不健全，此外主张责任履行平台也有待完善。通过对主张责任实践的考察可知，目前我国当事人及法官对主张责任概念的认知有限，主张责任在我国民事裁判方法中虽有实践，但总体而言还有待进一步挖掘。

事实上，我国民事审判实践中存在的部分问题，其症结在于没有认识到主张责任的功能和作用，即仅仅强调举证证明责任的落实与贯彻而忽视主张责任基本法理的适用。事实上，举证证明责任的落实必须以主张责任

---

① 林遥：《民商事类型化案件要素式审判机制研究——以 C 市法院民事庭优质化改革情况为样本分析》，载《法律适用》2018 年第 15 期。

的贯彻为前提和基础，主张责任的贯彻又依赖于主张的适时、适格提出。在未真正贯彻主张责任的情形之下，就无法奢谈举证证明责任的真正落实。因此，我国在构建主张责任的具体制度时，一方面需要加强主张责任的理论研究，为主张责任的具体制度建构提供理论支撑；另一方面需要完善主张责任的相关制度，如确立当事人攻击防御方法的适时提出制度，构建一个高效的审前准备程序，完善当事人诉状记载制度，确立被告及时提交答辩状的义务，进一步完善争点整理程序，加强法官争点整理的技术的培训。此外，还需要完善法官的释明机制，为当事人的事实主张提供协助。

第二节　主张责任的规则塑造

主张责任的规则主要包括主张责任的适用对象规则、主张责任的分配规则、主张责任的履行规则以及主张责任的效果规则等内容。其中，主张责任的履行规则又包括当事人的具体化义务规则和当事人真实完全陈述规则。主张责任理论要在我国民事诉讼活动中发挥作用，就需要遵循从理论到制度、从原则到规则的规律。

一、明晰主张责任的适用对象

由于主张责任是约束性辩论原则的逻辑产物，主张责任的适用对象应当受到辩论主义适用对象的规制。当事人的主张分为权利主张、事实主张和法律主张，主张责任规制的是当事人的事实主张活动，而非权利主张和法律主张。在诉讼法上，当事人提出的事实可分为主要事实、间接事实和辅助事实。在实体法上，引起民事法律关系或民事权利形成、变更和消灭的客观现象称为法律事实，而能够引起民事权利义务关系发生变动的必要事实的总称被称为法律要件。理论上，通说认为主张责任的适用对象是要件事实，而非间接事实和辅助事实。要件事实是融合了民事实体法上法律事实和诉讼法上主要事实的特征而形成的概念。

首先，主张责任的适用对象是要件事实。作为主张责任适用对象的要件事实，是指与发生某一法律效果（权利的发生、妨碍、消灭和阻止）所必需的法律要件构成要素相对应的具体事实。此处的要件事实与实体法上的法律事实和诉讼法上的主要事实的含义相同。对此，有人会质疑，为什么不将主要事实或法律事实直接作为主张责任的适用对象，而使用要件事实这一术语？笔者认为，这主要是受到要件事实理论的影响。正如日本研究要件事实理论的集大成者伊藤滋夫教授所言："要件事实论是一种在明确要件事实法律性质的基础上，对民法内容与结构以及民事诉讼审理和判断结构进行思考的理论。"① 我国学者许可教授将要件事实论的属性概括为"诉讼结构下或具体诉讼场景下的法学方法论"或者"当事人主义诉讼体制下法官的审判方法"。要件事实这一术语的表达，较好地体现了当事人主义诉讼体制下法官裁判方法的特点，体现了规范出发型民事裁判方法的本质特征，表明了当事人主张责任的适用对象并非所有事实，而是该当于实体法法律要件构成要素的事实。此外，使用要件事实这一术语，能够有效避免对现有概念的冲击。与要件事实紧密联系的概念是法律事实和主要事实，法律事实是民法解释学理论体系下的概念，法律事实关注的焦点在于具体的案件事实与法律要件之间的涵摄过程；而主要事实是从诉讼法学为适应民事诉讼结构以及特定的诉讼体制而发展出来的概念，并未凸显其与实体法法律要件之间的联系。要件事实与主要事实的内涵本质上是一致的，使用要件事实来表述主张责任的适用对象，目的是避免对现有主要事实、间接事实、辅助事实理论分类的冲击。

---

① ［日］伊藤滋夫：《要件事实的基础》，许可、［日］小林正宏译，法律出版社2022年版，第8页。

其次，间接事实不宜作为主张责任的适用对象。通说认为主张责任的适用对象是要件事实，但其也遭到质疑和挑战。具体而言，质疑的声音主要出现在以下两种情况：一是某些民事法律关系中的要件事实为消极事实，如民法上构成不当得利的“没有法律上的原因”等要件，这些消极事实需要借助与其相关的积极事实来证实与推论；二是某些法定的要件事实甚至不能算作真正意义上的事实，如一般的民事侵权责任构成要件中的“过错”等要件，这些要件并非诉讼法上的事实，严格来说属于法律上的评价。然而，法律评价只能通过考量其他具体的事实来进行认定。可见，在上述两种情形之下，通说的问题在于将要件事实限于“没有法律上的原因”“过错”等要件本身，这也就意味着与这些要件相对应的具体的根据事实属于间接事实，从而使其不能受到主张责任的规制。依据通说观点，由于与这些要件相对应的具体根据事实属于间接事实，法官可以在当事人未主张的情况下直接将其作为裁判的基础，这样一来就很有可能给当事人造成突袭性裁判的结果。

质疑论者据此提出间接事实应当作为主张责任适用对象的观点。将主张责任的适用对象扩张至重要的间接事实，同样也面临诸多困难。例如，如何应对认定“重要的间接事实”，即法院与当事人对“重要”的认识可能存在不一致，操作起来比较困难；存在间接事实与证据具有等质性的理论障碍，在逻辑上难以自洽等。当然，也有学者提出以新的概念“准主要事实”来替代，但同样面临如何认定“准主要事实”操作难题。笔者主张不宜将间接事实作为主张责任的适用对象，仍然坚持以要件事实作为主张责任的适用对象。要件事实比间接事实的内涵更清晰，范围更确定。将主张责任的适用对象界定为要件事实，不仅有助于保持主张责任适用对象在概念上的清晰和范围上的确定，在实践上还有助于维护诉讼审理的安定性。

最后，如何解决间接事实的提出问题。将主张责任的适用对象限定为要件事实，并不代表当事人对要件事实之外的其他事实全无提出的义务。只不过诉讼中相关间接事实的提出，是与主张责任概念无涉的一个问题，它在很大程度上是一种机能上的需要，因为某些间接事实如不提出当事人攻击防御的目标就不明确，辩论就难以开展；也可以说其是证明技术上的需要，因为无法用直接证据证明要件事实时，可采用间接证据证明间接事实的方式，迂回地达到证明要件事实的目标。[①] 实际上，间接事实的提出，虽不受主张责任法理的规制，但还受到发现真实、形成正当裁判等法理的制约，这就从诉讼机能或者证明技术上对其进行了规制。从当事人攻击防御方法体系的角度分析，间接事实的提出有助于明确攻击与防御目标，并且还能借助对间接事实的证明，迂回达到证明要件事实的目标。

二、完善主张责任的分配规则

主张责任的分配是主张责任制度化过程中争议最大的问题。理论界有观点认为主张责任的分配取决于证明责任的分配。主张责任的分配是按照证明责任分配的标准进行分配的，亦即原告对其负有证明责任的事实同时负有主张责任，被告对其负担证明责任的事实同样负有主张责任。因此，主张责任的分配没有单独进行研究的必要。事实上，这种观点值得反思。在日本，以松本博之、伊藤滋夫教授为代表的学者质疑上述观点，认为主张责任的分配虽与证明责任的分配在原则上具有一致性，但主张责任的分配与证明责任的分配具有差异性。对此，有必要对其进行分析。

其一，应当承认主张责任的分配与证明责任分配的原则一致性。主张责任与证明责任在分配上具有原则一致性，主要是基于两者有着共同的实体法渊源，主张责任与证明责任在适用对象上均是以要件事实为内容的，主张责任与证明责任共同构成了要件事实理论的两大核心内容。在民事私

① 欧元捷：《论民事诉讼主张责任法理》，载《山东警察学院学报》2016 年第 1 期。

益案件中，对于于己有利的实体法律规范构成要件事实，由当事人进行主张和提出，当事人没有主张或自愿撤回的事实，法院则不予认定和采纳。主张责任解决的是案件事实由谁主张以及有责任的当事人不主张的法律后果等问题，而证明责任解决的是对有争议的要件事实，由谁提出证据进行证明以及举证不能的法律后果问题。可见，主张责任与证明责任相辅相成，共同成为规制当事人事实主张及证明的理论。主张责任与证明的关系难以分离，犹如事实与证据的关系紧密一般。由于主张责任与证明责任的对象均是要件事实，这就决定了主张责任与证明责任的分配上的原则一致性。

其二，应注意主张责任的分配有其一定的独特性，通过类型化、案例化的方法明确主张责任的分配与证明责任分配不一致的情形。正如前述，在主张责任分配的问题上，应当承认其与证明责任的分配具有原则一致性，但同时也应看到主张责任的分配与证明责任分配不一致的地方。常见的情形主要有以下几种：一是在证明责任倒置时，比如特殊侵权责任中的因果关系推定，主张于己有利事实的当事人不承担证明责任，而由对方当事人承担；二是在涉及免证事实时，负主张责任的当事人无须提供证据证明；三是在法院职权调查证据时，负主张责任的当事人因申请法院职权调查，其就“卸载”等情形承担提供证据的责任或主张证明责任。主张责任与证明责任在分配上不一致的常见案件类型主要有三种：一是在追究无权代理人责任的案件中，原告需要主张被告作为他人的代理人与其订立合同、被告没有代理人等事实，但由被告就其有无代理权承担证明责任；二是在不当得利案件中，原告须主张被告不当得利、被告获益无法律上的原因等事实，但被告获利是否具有法律上的原因则由被告当事人承担证明责任；三是在因债务不履行而发生的损害赔偿案件中，作为被告的债务人对债务履行承担证明责任，而作为原告的债权人则对债务人没有履行债务的事实承担主张责任。

其三，主张责任的具体分配规则。根据主张责任分配的法律要件分类说，当事人需要提出的要件事实可以分为请求原因事实和抗辩事实。主张责任在当事人之间的分配规则体现为原告主张责任的事实范围是请求原因事实，被告主张责任的事实范围是抗辩事实。请求原因事实也称请求理由事实、权利产生事实。在民事诉讼中，权利产生事实或权利根据事实包括民事实体权产生事实和民事救济权产生事实。抗辩事实由被告当事人承担主张责任，抗辩事实包括符合权利障碍规定、权利消灭规定和权利排除规定的构成要件事实。我国《民事诉讼法解释》第91条虽是对证明责任分配的规定，但实际上间接地规定了主张责任的分配。

三、细化主张责任的履行规则

（一）当事人具体化义务规则

在大陆法系国家，当事人的具体化义务是主张责任能够得以顺利履行的重要保障。笔者认为，完善当事人具体化义务的规则应当从以下方面着手努力。

1. 具体化义务的功能与定位

当事人的具体化义务是规制当事人事实主张行为的规则，其适用范围只能是采取辩论主义的民事诉讼领域。要求当事人承担具体化义务是构建现代民事诉讼义务体系的基本要求。当事人具体化义务在性质上属于主张责任的逻辑产物，理由是辩论主义是分配法官与当事人在事实提出与阐明方面的基准。作为辩论主义第一命题的主张责任则是解决事实主张在当事人之间如何分配的准则，而要使受辩论主义和主张责任法理支撑的诉讼体制能够有效运作，就必须落实当事人的具体化义务规则。正如学者所言：“证明责任制落实必须以主张责任之贯彻为前提，而主张责任制贯彻又以当事人的主张适格为前提。在未严格贯彻主张责任的情形下，无法奢谈证明责任的落实。”① 在我国，完善当事人具体化义务规则的基本思路应当是无须采取多数国家及地区采行的理论推演、判例总结以及法意解读的方式确定具体化义务的立法例。笔者主张在立法中采取独立规则的方式确立当事人具体化义务，并通过司法解释塑造具体化义务的各项规则，进而形成以辩论主义、主张责任法理为基础的具体化义务规则体系。这样既能保证立法的简洁性和概括性，同时也能使规则具有较强的可操作性。

2. 具体化义务的内容规则

正如理论界所达成的共识一般，当事人具体化义务的内容或客体是指当事人在诉讼过程中对案件事实的具体陈述。根据当事人陈述的目的和阶段的不同，可以将当事人的陈述分为主张性陈述、争议性陈述和证据声明三种。在理论上作如此分类的意义在于不同类型的陈述有不同的规制原理，就此采取不同的具体化规则。其中，主张性陈述是指当事人对支持其诉讼请求的法律构成要件事实所进行的陈述，包括原告提出的有关权利发生要件事实的陈述和被告为抗辩而作出的有关权利妨碍要件事实、权利消灭要件事实和权利受制要件事实的陈述。基于广义当事人地位的诉讼原理，民事诉讼中第三人对要件事实的陈述也应当属于当事人具体化义务的内容。争议性陈述是指当事人对负有主张举证责任当事人所主张的法律构成要件事实提出的争执性陈述。证据声明是指当事人在向法院提出证据调查申请时，对待证事实、证据方法、证明目的等所作的具体说明。② 之所以将证据声明作为当事人具体化义务的内容之一，是因为立法一般禁止摸索证明，这也是为了方便法院迅速审查证据调查申请是否具有重要性和必要性。

3. 具体化义务的程度规则

所谓程度规则是指当事人的事实主张应当达到何种程度或标准才满足

① 占善刚：《主张的具体化研究》，载《法学研究》2010 年第 2 期。

② 胡亚球：《论民事诉讼当事人具体化义务的中国路径》，载《清华法学》2013 年第 4 期。

"具体化"的要求。理论上要确立一个明确的标准并非易事。事实上，由于具体化义务的标准无法量化，学界至今尚未确立明确的标准。虽不能确立一个量化的标准，但至少可以从解释论视角为当事人及法官提供一个指导性的原则和准则，尽量确保诉讼程序确定性和可预测性的实现。一般认为，当事人具体化义务的履行程度应当根据具体化义务的目的来确定。具体化义务的确立宗旨是保障辩论主义诉讼体制的运行，通过明确分配当事人的事实主张责任以实现诉讼程序的顺畅运行。① 基于目的性考量，对当事人事实主张的具体化要求不能过高。从德国法院所累积的判例经验来看，德国联邦法院认为当事人事实主张的具体化要求原则上满足法院进行裁判重要性审查即可。也就是说当事人无须陈述生活事实的每个细节，只要具体陈述能够满足法院进行裁判重要性审查的事实。而德国州高等法院及部分学说认为当事人的事实主张还应当满足可信凭性的要求。德国联邦法院采取的"裁判重要性说"与德国州高等法院提倡的"可信凭性说"的差异在于具体化义务制度的目的不同。② 比较而言，联邦法院的经验值得借鉴，而德国州高等法院所提倡的"可信凭性说"可能会使诉讼资料过于泛滥，致使诉讼迟延。对此，笔者认为当事人具体化义务的履行应当根据诉讼阶段的不同而有不同的要求，随着诉讼程序的进展，要求或标准会不断提高。

4. 具体化义务的免除规则

具体化义务的免除规则也称为缓和规则，是指负有主张责任的当事人因事件的专门性或由于其在物理上或社会上处于与事实关系相隔绝的地位而无法期待其履行具体化义务时，允许当事人抽象地进行事实主张，从而缓和或免除了当事人事实主张具体化的要求。在裁判实践中，具体化义务

① 王聪、郑则川：《有序与效率：当事人主张的具体化义务研究——以民事诉讼为视角》，载《西南政法大学学报》2012 年第 1 期。

② 占善刚：《主张的具体化研究》，载《法学研究》2010 年第 2 期。

的缓和主要存在于如下两种情形：一是在事件具有专业性、专门性的场合下，由于负有主张责任的当事人缺乏相应的专业知识而无法提供细节性事实，该当事人可以援用缓和规则而无须履行具体化义务，亦即可以在诉讼程序中抽象陈述假定的事实并申请法院进行证据调查。当事人的这种抽象陈述行为不构成不合法的摸索证明，应当得到法院的允许；另一种情形是指当事人在物理上或社会上处于与事实关系相隔绝的地位，无法详尽知晓案件事实的经过，从而难以进行充分、具体的陈述，此时当事人亦可以抽象地主张假定的事实。如果当事人以此作为证明主题向法院申请证据调查，同样应当得到允许。此种情形在理论上也达成共识，正如德国学者所言，相对于作为证明对象的事实，当事人若在物理上或社会上处于被隔绝的地位，从而欠缺关于事实经过的详细认识，不得已抽象地主张推测的事实应当被允许，以之作为证明主题申请法院证据调查则不属于不合法的摸索证明。①

5. 具体化义务的效力规则

效力规则主要是规定当事人违反具体化义务法律效果的规则。“在诉讼过程中，应当负主张责任的当事人关于事实陈述欠缺具体化之情形，如法院已尽其提醒和阐明义务，但该当事人仍不就其主张予以具体化，原则上该主张即不能被法院考虑。”② 在建构具体化义务的效力规则时，应当根据具体化义务的客体不同设立不同的法律效果。就原告而言，原告应对其主张性陈述履行具体化义务，主张性陈述应当满足特定诉讼标的以及便于法院进行一致性或一贯性审查的要求。若原告未履行主张具体化义务，没有按照要求陈述诉讼请求以及诉请所依据的事实、理由，无法特定诉讼标的，此时原告的起诉就可能被法院驳回。就被告而言，针对原告所提的权

① Vgl. Thomas/Putzo，Zivilprozeβordnung，28. Aufl，1986，§ 284，Rn. 3. 转引自胡亚球：《论民事诉讼当事人具体化义务的中国路径》，载《清华法学》2013 年第 4 期。

② 姜世明：《举证责任与真实义务》，厦门大学出版社 2017 年版，第 206 页。

利发生要件事实的主张，应当履行具体化争执的义务，如欠缺具体化的争执，原则上将被视为自认。相应地，原告针对被告所主张的权利障碍要件事实、权利消灭要件事实以及权利抑制要件事实等主张的再抗辩，则应采取相同的评价。在适用辩论主义程序的证据声明的场合，当提出证据声明的当事人对其待证事实未予以明确化时，其提出的证据声明则可能被评价为摸索证明而被法院驳回。值得注意的是，实践中当事人的确很有可能因不可归责的原因而无法具体化其证明主题，此时法院应当综合考虑具体情况对其进行合理的司法评价。

（二）当事人真实完全陈述规则

当事人的真实完全陈述义务规则是当事人事实主张责任得以顺畅履行的重要保障。从诉讼行为理论来看，主张责任制度在诉讼程序中体现为当事人的陈述行为。无论是主张性陈述还是争执性陈述，抑或当事人的证据证明，均以当事人的陈述行为呈现。从现今各国民事诉讼程序的发展趋势来看，民事诉讼程序结构逐渐从“为权利而斗争”走向“为权利而沟通”。相应地，诚实信用原则、真实义务、事案解明义务、文书提出义务等制度相继确立。其中，诚实信用原则、真实义务就成为规制当事人事实陈述行为的法律依据。具体而言，规制当事人事实主张陈述行为的规则可以分为真实陈述义务规则和完全陈述义务规则两种。值得注意的是，在理论上，广义的真实义务包括狭义的真实义务和完全义务。[①] 此处的真实陈述义务实际上指的是狭义的真实义务。

1. 真实陈述义务规则

在理论上，真实义务是一种主观真实的义务，有禁止故意犯错误陈述的意义，真实义务的客体及于事实主张或争执行为，即禁止当事人故意作

---

① 姜世明：《民事诉讼中当事人之真实义务》，载《东吴法律学报》2005 年第 3 期。

出不真实的陈述或故意就对方当事人的真实陈述进行争执。对当事人的事实主张行为确立真实陈述的规则，一方面能够制裁诉讼上的欺诈和滥诉行为，进而维护诉讼程序的公正进行；另一方面也能够禁止当事人利用诉讼上失误而获得不当得利的行为。《德国民事诉讼法》第137条第1项规定，当事人应当就事实状况作出完全而真实的陈述。为了保障主张责任制度的贯彻与落实，有必要借鉴上述经验，在今后的民事诉讼立法中确立真实陈述的规则。《民事诉讼法》第13条第1款确立的诚实信用原则为确立当事人真实义务提供了原则根据。原则具有较强的抽象性，原则的贯彻与落实往往靠一系列的规则与制度去实现。当事人真实义务是诚实信用原则的具体内容之一，是诚实信用原则的规则与制度体现。在构建当事人真实陈述义务制度时，应当坚持以辩论主义为背景，当事人的真实义务是一种主观真实，不应过分加重当事人的负担则是底线。在落实当事人真实陈述义务的过程中应当强化当事人的出庭义务和陈述义务。此外，还应当合理构建当事人真实陈述义务的惩罚机制，应当充分考虑当事人作出虚假陈述的原因、虚假陈述使诉讼程序受到影响的程度、消除影响的可能性与成本、对方当事人利益保护等多方面的因素，从而决定其责任形式和责任限度。①

2. 完全陈述义务规则

骆永家教授将完全义务定义为："完全义务乃谓各当事人就诉或抗辩之基础之事实关系所知之事实，不问其有利或不利应为完全之陈述；对于他造之事实关系之主张，亦应如此为陈述。"② 在德国，有学者认为完全义务乃要求当事人对判决基础之生活事实就所有可预见的要点加以陈述，而

① 纪格非：《我国民事诉讼中当事人真实陈述义务之重构》，载《法律科学（西北政法大学学报）》2016年第1期。

② 骆永家：《民事诉讼法Ⅰ》，作者自版，1999年3月修订第9版，第124页。

不得就其不利部分沉默而致扭曲事件发生之图像。[①] 狭义的真实义务是从陈述者的主观心态视角进行的规制，即禁止当事人故意作出不真实的事实陈述行为，而完全义务是从陈述的内容角度进行的规制，即完全义务要求当事人为完全或完整的陈述。理论上，通常认为狭义的真实义务与完全义务的关系体现为，前者是一种积极的为不真实的陈述行为，后者是一种歪曲事实关系并使其不符合真实的陈述行为。真实完全陈述义务并非意味着在诉讼一开始就要求当事人将所有案件相关的事实予以陈述，当事人在诉讼过程中的事实陈述行为应当遵循主张责任、举证责任的分配法则和规律进行。当事人的事实陈述行为违反真实完全陈述义务之时，法院不得将当事人所陈述的事实作为裁判的基础，即负有主张责任的当事人作出虚伪陈述的，将被视为未主张；若属于否认的，将被视为不争执。[②]

四、明确主张责任的效果规则

关于结果主张责任现实产生的条件，大致遵循了如下逻辑：主张责任承担者的主张未达到具体化标准时，法院应先予以释明和指导，给予当事人修正补充的机会；如果承担主张责任的当事人虽不符通常的具体化标准，但属于具体化缓和的范围的，则抽象的主张亦已足够。行为主张责任主要解决的是要件事实有何方当事人以何种方式进行主张的问题，而结果主张责任则解决的是当事人未主张或未具体主张时法院应当如何裁判的问题。结果主张责任对于当事人的法律效果是“主张不被法院所考虑”，对于法院的法律效果则是“不考虑当事人的主张”。在起诉审查阶段，如果当事人未能履行主张责任，经法院释明并给予合理的补正期限，其仍不能

---

① MünchKomm ZPO-peters，§138 Rdnr. 5. 转引自姜世明：《举证责任与真实义务》，厦门大学出版社 2017 年版，第 358 页。

② Rosenberg/Schwab/Gottwald，ZPR，§65 Ⅷ 7 S. 366. 转引自沈冠伶：《民事证据法与武器平等原则》，台北，元照出版有限公司 2013 年版，第 30 页。

履行，则结果主张责任体现为法院驳回当事人的起诉；在法庭审理阶段，原告无正当理由未具体主张权利产生的要件事实，经法院释明后仍不补正的，则法院可能判决驳回诉讼请求。被告如果无正当理由未具体提出抗辩事实，经法院释明仍不补正的，则法院可能判决被告败诉。此外，如果当事人未能具体提出事实主张，却满足主张具体化缓和的条件，即在事实隔离和行业隔离的情形下，当事人提出抽象主张就满足要求。

第三节　主张责任的保障机制

主张责任功能的发挥必须以当事人的攻击防御方法的适时提出为前提，同时需要借助高效的审前准备程序平台，此外还需要法官释明机制的协助。我国在构建主张责任制度时，应当注意上述主张责任保障机制的完善。首先，需要确立当事人攻击防御方法的适时提出义务，确保当事人事实主张活动的有序开展；其次，需要重构我国民事诉讼审前准备程序，以辩论主义、主张责任的法理指导审前准备程序的完善，完善民事诉状记载制度，确立被告适时答辩制度，完善争点整理程序；最后，完善法官事实释明机制，发挥法官在当事人事实主张中的协力作用。

一、前提：攻击与防御方法适时提出

（一）攻击防御方法适时提出的德日经验及启示

德国对于当事人逾时提出攻击防御方法均明文规定制裁措施。在德国的民事诉讼中，当事人须履行一般诉讼促进义务和特别诉讼促进义务，依法适时提出攻击防御方法。逾时提出攻击防御方法将受到失权制裁。逾时提出的认定从提出对象、迟延提出、诉讼迟滞、因果关系和可归责性 5 个

要件入手。在规制对象方面，民事诉讼中的攻击防御方法是指当事人为对诉讼请求赋予理由（攻击方法），或对之抵拒（防御方法）之事实主张、争执（否认）、证据方法与证据抗辩。在迟延提出方面，迟延提出攻击防御方法是对诉讼促进义务的违反，迟延提出有可能遭受法律上的不利益制裁。在诉讼迟滞方面，对是否存在诉讼迟滞的认定，应当根据许可迟延提出攻击防御方法后诉讼程序终结的时间点是否比驳回该迟延提出之后诉讼程序终结的时间点更迟。在迟延提出攻击防御方法与诉讼发生迟延之间的因果关系方面，法官应当综合考量各方面的因素，如果诉讼迟滞的发生有法院违法或违规行为的介入，或者有其他诉讼参与人或案外人的介入等情形时，则不应苛责当事人。在可归责性方面，通常将其限定在重大过失的范围内，要求当事人对诉讼迟延进行“充分地辩解”。在确立和拓展攻击防御方法概念、设置一般诉讼促进义务、明确逾时提出判断标准以及对待新证据方面，德国法的相关规定应当为我国民事诉讼立法所借鉴。①

（二）攻击防御方法适时提出的制度建构

第一，应当厘清攻击防御方法与诉讼资料、证据资料的概念。所谓诉讼资料，是指当事人在诉讼过程中向法院提供的作为法官裁判资料的事实主张及其证据。而攻击防御方法是大陆法系民事诉讼中的概念，是指当事人向法院提出的作为支持自己请求基础的法律及事实上的主张、对对方当事人主张的否认、证据声请以及对对方当事人提出的证据声请的否认或提出证据抗辩等一切诉讼资料。其中，原告当事人为了支持自己诉讼请求基础而提出的一切诉讼资料被称为攻击方法。被告为了支持自己对抗原告请求基础所提出的一切诉讼资料被称为防御方法。② 证据资料是诉讼资料的

---

① 马龙、刘显鹏：《德国逾时提出攻击防御方法之规制及其启示》，载《法律适用》2017 年第 3 期。

② 林屋礼二＝小野寺规夫『民事诉讼法辞典』（信山社，1999 年）80 頁。

一部分，是法院调查证据所获得的资料。广义的诉讼资料包括证据资料和事实主张。攻击防御方法有时与诉讼资料同义。因此，在德日民事诉讼中，攻击防御方法或诉讼资料的提出并不仅限于证据，还包括其他事实主张。

第二，借鉴德国日本等国家的经验，立法明确规定攻击防御方法的适时提出。为了充实庭审和实现集中审理，以德国、日本为代表的大陆法系国家的民事诉讼立法对诉讼促进义务作了规定，如《德国民事诉讼法》第282条第1款就明确规定："当事人各方都应当在言词辩论中，按照诉讼的进度和程序上的要求，在进行诉讼所必要的与适当的时候，提出他的攻击和防御方法，特别是各种主张、否认、异议、抗辩、证据方法和证据抗辩。"[①]《日本民事诉讼法》第156条也规定："攻击或防御方法应当根据诉讼进行状况适时提出。"[②] 他山之石，可以攻玉。实际上，在我国，2012年修改的《民事诉讼法》就确立了证据适时提出主义，摒弃了以往证据随时提出主义的做法。今后我国民事诉讼立法时，建议在法律中明确规定当事人的攻击防御方法的适时提出义务和诉讼促进义务。

第三，完善攻击防御方法失权制度。当前，我国研究民事诉讼失权理论的学者认为确立民事失权制度不仅需要完善一般性规则，还需要对具体失权类型加以改进，比如对答辩失权制度，证据失权制度，变更、增加、放弃诉讼请求权、反诉权[③]、上诉权、申请回避权、管辖异议权、反诉权、撤诉权、申请再审权、诉讼代理权等失权制度进行改进。[④] 完善攻击防御方法失权制度，应当明确失权的构成要件。具体而言，一是在行为上，当事人存在逾时提出攻击防御方法的行为；二是在主观心态上，逾时提出攻

① 《德国民事诉讼法典》，丁启明译，厦门大学出版社2016年版，第67页。
② 《日本民事诉讼法典》，曹云吉译，厦门大学出版社2016年版，第54页。
③ 刘显鹏：《民事诉讼当事人失权制度研究》，武汉大学出版社2013年版，第171页。
④ 田海鑫：《民事诉讼失权理论研究》，中国政法大学出版社2017年版，第290～305页。

击防御方法是由当事人故意或重大过失造成的；三是在结果上，如果法官对逾时提出的攻击防御方法进行审理，将会造成诉讼程序的迟延。① 值得注意的是，“逾时提出”的认定标准在于当事人在更早的诉讼阶段提出诉讼资料是否具有可期待性。对“故意或重大过失”进行认定时需要考量当事人的法律知识水平、攻击防御方法的种类以及当事人对诉讼资料的可接近度等因素。

二、平台：构建高效的审前准备程序

构建高效的审前准备程序，应当有科学的理论作指导。构建高效的审前准备程序，需要遵循事实主张的规制原理，坚持主张责任法理的指导。在民事诉讼行为理论中，主张与举证的逻辑关系体现为主张在前，举证在后。在采行辩论主义的诉讼程序中，证明责任与主张责任的逻辑关系体现为证明责任制度的功能发挥有赖于主张责任的实际履行。在我国，无论是理论上还是司法实务，人们始终热衷于对证明责任理论的研究和相关制度的完善，但并未给予属于辩论主义核心范畴的主张责任以应有的关注。相较于证明责任理论，不能因主张责任与证明责任在分配上存在原则上的一致性就否定主张责任的独立价值。事实上，主张责任是民事诉讼程序中有着自身独立的理论价值和实践意义。在主张责任法理中，武器平等原则、诚实信用原则以及事实主张的具体化规则、真实完全陈述规则、攻击防御方法的适时提出规则等法理对完善审前准备程序具有重要的指导意义。在完善审前准备程序的过程中，无论是配置法官与当事人的权限，还是规定当事人的事实主张要求，都应当遵循主张责任基本法理的指导。此外，还需要合理配置法官与当事人在审前准备程序中的权限，保障当事人在庭前准备程序中的主导地位，发挥法官在庭前准备程序中的指挥作用。与此同

① ［日］新堂幸司：《新民事诉讼法》，林建锋译，法律出版社2008年版，第326页。

时，需要处理好庭前准备程序与正式庭审程序的关系，庭前准备程序是为庭审的集中审理做准备的。主张责任在庭前准备程序中的落实，有助于法官厘清当事人的事实争点，从而指挥当事人有针对性地提供证据，履行举证证明责任，为庭审的集中审理、实质审理奠定良好基础。①

（一）完善民事诉答程序

作为民事审前准备程序的重要组成部分，诉答程序具有确定争点、防止诉讼突袭并开示事实与证据的功能。② 完善民事诉答程序对构建高效的审前准备程序具有重要的意义。

第一，完善起诉状事实记载的要求。正如前述，现行立法对民事起诉状事实记载的具体化程度规定模糊，这也成为侵害当事人诉权的重要原因。在德国，关于原告在民事起诉状中对请求原因事实的记载应当达到何种程度或要求，理论上形成了“识别说”和“理由记载说”两种见解。“识别说”的根据在于起诉状记载的请求原因事实的目的在于确定审判对象，亦即能够特定本案的民事权利关系即可；而“理由记载说”则要求原告在民事起诉状中应当记载支持其主张获得法院认可的全部事实，包括预备性主张等相关事实。值得注意的是，有关请求原因事实记载的“识别说”和“理由记载说”指的是民事起诉状的必要记载事实。在大陆法系国家及地区推行的审理集中化改革的进程中，为了便于法官尽早了解案情、确定争点以及提升庭审效率，准备书状制度中记载的事实不仅包括必要记载事实，还包括一系列的任意记载事实。为了实现审理集中化的改革目标，德国要求原告不仅要在起诉状中全面描述案件事实，还要

① 熊跃敏、张润：《民事庭前会议：规范解读、法理分析与实证考察》，载《现代法学》2016 年第 6 期。

② 熊跃敏：《民事诉讼中的诉答程序探究》，载《福建政法管理干部学院学报》2007 年第 1 期。

记载支持其诉讼请求的法律依据，此外还要阐述自己的法律主张以及提供相应的证据材料。[①] 日本则要求当事人在民事起诉状中尽量就案件事实甚至纠纷发生的背景事实等提供全面的信息。《日本民事诉讼规则》专门规定当事人应当在准备书状中具体记载支持其诉讼请求的事实与抗辩事实、重要的见解事实，明示证明相关事实的证据，提出重要书状的复印件，从而实现主张以及证据的尽早提出。[②] 在美国的民事司法领域，2007 年的 Twombly 案和 2009 年 Iqbal 案确立了合理诉答标准或制度，即要求原告在民事起诉状中不仅要记载诉讼请求，还要记载支持其请求具有合理性的充分事实主张。

可见，无论是大陆法系的德国日本，还是英美法系的美国，民事起诉事实的记载应当具体化已经达成共识，并成为司法改革的重要方向。具体到我国，鉴于我国未确立律师强制代理制度、民众法律素养有待提升等因素，起诉具体化要求或程度不宜过高，当事人在起诉状记载生活事实即可，无须经过法律的过滤，否则可能会增加当事人负担。针对民事起诉状记载的事实，笔者认为可以将其分为必要记载事实和任意记载事实，前者是指支持其诉讼请求及主张的具体构成要件事实，后者是指支持具体构成要件事实的间接事实或者证据事实。我国现行立法并未对民事起诉状记载的事项进行上述区分，只是概括地要求起诉状记载当事人的情况，诉讼请求和所根据的事实、理由以及证据和证据来源、证人姓名和住所等。对此，建议将我国民事起诉状记载的事项分为必要记载事项和任意记载事项，前者包括当事人的情况、原告的诉讼请求以及具体化构成要件事实和所根据的法律，后者则包括除上述之外的其他相关事实和证据手段等内

---

① 宋冰:《读本：美国与德国的司法制度与司法程序》，中国政法大学出版社 1999 年版，第 293 页。

② 秋山干男「诉状、答辩状、准备书面的记载事项与攻击防御方法的提出时期」松本博之＝宫崎公男『讲座新民事诉讼法（2）』（弘文堂，1998 年）249 頁。

容。为避免当事人在起诉状中提出的事实主张过于琐碎且无意义，需要立案法官充分行使释明权，进而指导当事人正确提出支持其诉讼请求的请求原因事实。

第二，科学构建被告适时答辩制度。根据我国《民事诉讼法》第128条第2款的规定："被告不提出答辩状的，不影响人民法院审理。"立法允许被告在审前准备程序中不提交答辩状，当事人之间有关事实和法律的主张争议无法在正式庭审前确定，可能影响庭审的效率。关于被告适时提交答辩状的问题，在2012年的法律修改中，就有专家学者纷纷建议删除被告不答辩不影响审理的规定，建议明确规定被告有答辩的义务，同时应当规定被告不及时提交答辩状的法律后果。[①]"被告不答辩不影响审理"的规定产生于1991年的《民事诉讼法》，并一直沿用至今。关于该条文的立法理由，立法机关给出的解释是："被告提出答辩状并非其必须履行的法定义务，……在审判实践中，被告不作答辩的现象比较普遍，为了审判程序不受延滞，规定被告是否答辩不影响法院对案件的审理有必要。"[②]可见，立法机关如此规定是为了防止诉讼延滞，确保审判程序的顺利进行。但实践证明正是由于被告不及时提交答辩状，致使争点难以及时确立，影响了庭审的集中化审理，成为造成审判延滞的原因之一。因此，有必要通过立法修改正式确立被告适时提交答辩状的义务。

确立被告及时提交答辩状的义务，需要完善相关规则：一是明确提交答辩状的期间。根据《民事诉讼法》第128条第1款的规定，被告提交答辩状的期间是15日。由于立法未确立不答辩的法律后果，故立法规定的15日并不具有实际意义。因此，基于不同案件在事实和证据方面有繁简之

---

① 全国人大常委会法制工作委员会民法室编：《民事诉讼法立法背景和观点全集》，法律出版社2012年版，第130页。

② 全国人大常委会法制工作委员会民法室编：《〈中华人民共和国民事诉讼法〉条文说明、立法理由及相关规定》，北京大学出版社2012年版，第215~216页。

别的考量，建议被告提交答辩状的期间为15日，但法官可以根据案件的繁简程度和当事人的诉求综合考虑后适当延长。二是明确被告不提交答辩状的法律后果。理论上针对被告不及时提交答辩状的后果包括私法和公法两方面的责任，在私法上是答辩失权，而在公法上则可采取训诫、罚款等措施。答辩失权是指被告不提交答辩状，故意造成诉讼程序迟延，之后又在法庭审理时出庭答辩的，法院不予准许，被告将承担拟制自认甚至败诉的法律后果。由于答辩失权给当事人的实体权利和诉讼权利将造成重大影响，因此立法应当赋予当事人陈述逾期不答辩理由的机会。逾期答辩的正当理由应当是不可抗力等客观事由，在司法认定时，法官应当根据当事人的实际能力和认识水平以及案件的具体情况综合考虑。此外，应当明确答辩失权的法定除外情形，即答辩失权不适用于直接送达、留置送达以外的其他送达方式，不适用于涉及职权调查的案件类型，不适用于简易程序和小额诉讼案件程序。

综上所述，在未来对《民事诉讼法》进行修改时，可以将其第128条修改为："被告应当自收到民事起诉状之日起15日内提交答辩状，法院可以根据当事人的申请适当延长答辩期限。被告不提交答辩状，又在开庭审理时出庭答辩的，人民法院应当责令其说明理由。拒不说明理由或者理由不成立的，人民法院根据案件不同情形可以认定起诉状主张的事实成立，或者允许被告答辩但予以训诫或罚款。"

（二）完善争点整理程序

第一，争点概念与内容。民事争点是指当事人间以及当事人与法院之间在诉讼标的、法律适用、案件事实、证据以及一些程序事项等方面具有实质意义的争议焦点。根据争点的内容，可以将其分为诉讼标的争点、法律争点、事实争点、证据争点以及程序争点等。其中，诉讼标的争点是指当事人之间、当事人与法院之间就确定诉讼标的所产生的争议。法律争点是指涉及法律规范内容的解释与填补、法条冲突的选择、法律效力的确定等方面的争点。证据争点是指围绕证据关联性、真实性、合法性的争点。程序争点是指在案件审理过程中，当事人之间、当事人与法官之间因程序问题而产生的具有实质性内容的争执，具体包括诉之合法性争点、有关回避、保全等诉讼程序中产生的争点。事实争点是指根据法条的构成要件所归纳的待证事实方面的争点。[①] 事实争点又可分为要件事实争点、间接事实争点和辅助事实争点。在民事诉讼法上，事实分为满足法律效果的构成要件的主要事实、用来推论出主要事实的间接事实以及与证据可靠性相关的辅助事实。其中，主要事实或要件事实成为当事人陈述的重点。根据辩论主义和主张责任的法理，主要事实或要件事实只要在当事人的辩论中没有出现，法院不得将其作为裁判的根据和基础。针对原告陈述的事实，被告如果在答辩时表示自认，这些事实则不需要原告提出证据加以证明，自认的事实也就不会成为事实争点。当事人否认或者以不知陈述推定为否认以及抗辩所争执的事实，就成为案件事实争点。[②]

第二，事实争点归纳与整理技术。争点归纳或整理是法官裁判案件非常重要的诉讼方法，是使法官、当事人、书记员等在诉讼过程中井井有条的非常有效的手段。法官审理案件的逻辑总是遵循如下思路：一方当事人主张→一方当事人承认或自认→不承认时举证加以证明→法官能否认定案件事实→案件事实真伪不明时根据证明责任法则作出裁判结论。在法官裁判案件的过程中，争点整理是法官必须掌握的技能和方法。具体而言，在法官在进行争点整理时，在内容上应以基础规范的构成要件为基本元素，当法官整理的争点与基础规范的构成要件不一致时，难免会出现争点比较笼统或比较琐碎的问题。

---

① 黄湧：《民事审判争点归纳：技术分析与综合运用》，法律出版社2016年版，第12～19页。

② ［日］兼子一、［日］竹下守夫：《民事诉讼法》，白绿铉译，法律出版社1995年版，第81～82页。

由于基础规范存在多层次性，法官在进行整理时应当注意争点的多层次性。基础规范的多层次性主要体现为：一是不完全性法条必须依靠补充性法条来进行补充；二是完全性法条，但仍需补充性法条来进行解释或补充；三是比较独立的完全性法条，不需要其他法条补充而可成为法律基础规范。完全性法条如果需要我们以其他法条来进行补充，就会给争点整理带来多层次性。邹碧华法官在其《要件审判九步法》一书曾以违约之诉中当事人意思表示是否成立为例进行阐述说明。违约请求权成立具有三个层次的要件：第一层次要件为意思表示已经成立、请求符合意思表示。在这一层次，如当事人对意思表示是否成立存有异议，则意思表示是否成立便成为争点；第二层次要件，亦即意思表示是否成立的要件，包括主体适格、意思表示达成一致以及内容合法。如当事人对主体适格、内容合法无异议，但对意思表示是否达成一致存有争议，则意思表示是否达成便成为进一步的争点；第三层次要件，亦即意思表示是否达成一致的要件，包括要约、承诺、期限以及承诺与要约内容一致。在此层次中，如当事人对要约、承诺、期限均无异议，但对承诺与要件是否一致存有争执，则承诺与要约是否达成一致便成为进一步的争点。[①] 从违约请求权成立的三个层次要件中存在的争点形成来看，从意思表示是否成立的争点到意思表示是否达成一致的争点，再到承诺与要约的内容是否一致的争点，争点不断细化、限缩与明晰。

在争点整理的过程中，争点不仅具有多层次性，还具有可变动性、随机性、模糊性、私权性和灵活性，这就需要法官运用不同的争点整理技术加以解决。实践中有法官结合多年的审判经验和理论研究心得，将争点整理技术概括为以下四种：一是争点归纳技术，解决争点多样性、多层次性问题；二是应对争点变动技术，解决争点变动性问题；三是争点释明技

① 邹碧华：《要件审判九步法》，法律出版社2010年版，第124～125页。

术，解决争点模糊性问题；四是争点协商技术，解决争点私权性问题。①争点整理对法官的素质具有较高的要求，具体而言，法官在审判过程中应当高度重视争点整理在案件审理过程中的重要作用；通过庭前阅卷，了解当事人的诉求、主要的事实与理由以及存在的主要争议，做好庭前准备工作；庭审中要充分保障当事人的陈述权，专注当事人的事实陈述，养成自行整理记录的习惯，形成案件审理过程的备忘录。此外，法官还应当训练自身的逻辑分析能力和争点归纳能力。

三、协助：完善法官事实主张释明机制

根据古典辩论主义的要义，诉讼资料的收集与提出属于当事人的自我责任，要求当事人承担该责任的前提是双方当事人诉讼能力的平等。然而，现实生活中当事人的诉讼能力由于种种原因而面临实质上的不平等。为了实质保障当事人平等收集与提供诉讼资料，这就需要完善法院的协助机制，释明制度就是法院协助机制的重要内容。释明是大陆法系民事诉讼为了解决实践中当事人诉讼能力实质不平等的问题而创设的概念和制度。释明通常是指法院为了明确案件事实关系与法律关系，就事实上以及法律上的有关事项向当事人发问，促使当事人及时、完整地陈述事实和提供证据的活动。理论上，根据释明的范围，可以将释明分为诉讼请求的释明、事实主张的释明、举证责任分配的释明、证据提供的释明、法律适用的释明等类型。其中，事实主张的释明，指的是当事人的事实主张不明确、不充分、不适当以及存在前后矛盾时，法院应当积极履行释明义务，通过发问、提醒等方式促使当事人对不明确、不充分、不适当以及前后矛盾的事实主张进行补正，实现对内心所想内容的完整陈述。事实主张的释明是法

---

① 黄湧：《民事审判争点归纳：技术分析与综合运用》，法律出版社2016年版，第24～25页。

院释明的基本内容之一。[①] 在民事诉讼中，当事人提出的主张与抗辩须有事实依据。在当事人提出的事实资料包括主张与抗辩所依据的事实不明确、不充分、矛盾或不适当时，法院通过释明，使其主张或抗辩明确、清楚、充分、适当，不允许法院未经释明就以当事人主张不明为由排斥其主张。[②]

完善法院事实主张释明机制在于补充当事人主张能力之不足，为当事人主导权提供程序保障，并具有补足主张责任正当性的功能。法院的事实释明机制并非替代当事人进行事实主张，而是通过提醒、发问等方式提示当事人履行主张责任、提出应当提出的要件事实。[③]

完善法院事实主张释明机制，需要从以下几个方面着手。第一，明确事实主张的释明的原则。法院在事实主张释明上应坚持以辩论主义为边界，遵循主张责任的基本法理，不得以释明的方式替代当事人提出新的事实主张。第二，改进法院事实主张释明的行使方式。实践中，法官往往简单地以案件受理通知书、应诉通知书、举证告知书等书面方式对当事人如何主张、举证、辩论等内容进行释明，此种释明方式可以说是静态的，不足之处在于释明效果不佳，法官很难探寻当事人的真实意思。事实上，释明发生在法院与当事人之间，由法院与当事人的双方的行为共同构成，是一个“行为群”的概念。[④] 因此，法官在庭前会议、证据交换、法庭质证、法庭辩论等程序中，应通过发问、提醒、告知等方式促使当事人对其不充分、不明确、不适当、前后矛盾、遗漏的事实进行修正、说明、澄清与选

① 熊跃敏：《民事诉讼中法院释明的实证分析——以释明范围为中心的考察》，载《中国法学》2010年第5期。

② 熊跃敏：《民事诉讼中法院的释明：法理、规则与判例——以日本民事诉讼为中心的考察》，载《比较法研究》2004年第6期。

③ 杨会新：《当事人诉讼行为论》，法律出版社2018年版，第137～139页。

④ 张卫平：《民事诉讼“释明”概念的展开》，载《中外法学》2006年第2期。

择，确保当事人事实主张活动的顺利展开。第三，完善法院释明不当或怠于释明的救济规则。通过对主张责任在我国实践运用中的考察，现实中的确存在法官释明不当或怠于释明的现象，为了保障当事人的主张权、证明权与辩论权，建议将法官不当释明以及怠于释明的两种情形纳入程序不当的范畴，赋予当事人提起上诉的权利，通过二审程序予以救济；如果判决已生效的，当事人可援引《民事诉讼法》第 211 条第 9 项的规定，即以法官违反法律规定，违法剥夺当事人的辩论权为由，申请再审。

结　语

在采行约束性辩论原则的民事诉讼程序中，当事人欲使法院认可自己的诉讼主张，就应当积极向法院主张所期待的某一法律要件的事实，否则法院便不会适用相应的法律规范条文，当事人因此便可能遭受该法律要件所对应的法律效果不能得到法院认定的不利益。此种规制当事人事实主张活动的法理就称为主张责任。主张责任是辩论主义三大命题的核心要义之一，被看作检验是否承认约束性辩论原则的试金石，此外，是否承认主张责任也成为检验是否确立当事人主义诉讼体制的基本标准之一。主张责任在民事诉讼中具有独立的价值，是民事诉讼理论体系中不可或缺的组成部分。

一直以来，由于低估了主张责任的重要性，学术界并未对主张责任的基本法理进行体系化的研究，对主张责任的现有研究散乱于辩论主义、证明责任、摸索证明、主张具体化、攻击防御方法体系构造等相关主题之中。事实上，主张责任并非证明责任等理论的“附属品”，恰恰相反，主张责任在理论上不仅有其自身的法理体系，而且是辩论主义的本质内容，与诚实信用原则、真实义务、具体化义务、法官释明等原理相互贯通，为证明责任、摸索证明等机制的建立提供了基础。主张责任对于规制当事人的事实主张行为、防止法官裁判突袭、实现武器平等原则等方面具有重要的作用。

本书以主张责任作为主题进行研究，第一，采用规范分析、比较分析等方法全面阐释了主张责任的概念、性质、分类、功能、根据、定位、根据等基础法理。第二，重点论述并分析了民事诉讼主张责任的适用对象，主张责任的适用对象是要件事实，而非间接事实和辅助事实。第三，着重讨论了主张责任分配的问题，主张责任的分配并非从属于证明责任的分配。第四，对行为主张责任的相关问题进行了详细论述，对构成现代主张责任两大内容的请求原因事实和抗辩事实进行了理论解剖和规范梳理。第五，具体阐释了不同诉讼阶段结果主张责任发生的条件以及结果主张责任对当事人和法官的法律效果。

立足我国现有立法规范的分析，通过实证调查了解主张责任的实践运作情况，在借鉴域外国家及地区主张责任理论和制度经验的基础上，初步构建了包括主张责任的内涵论、性质论、功能论、根据论、适用对象论、分配论、行为主张责任以及结果主张责任论等理论体系，同时还构建并完善了包括诉答程序、争点整理程序在内的审前准备程序制度，主张责任的具体化，攻击防御方法的适时提出义务，主张的真实完全陈述义务，法官事实主张释明义务等在内的配套制度体系。

2021 年，我们正式步入民法典时代，民法典的实施与民事诉讼法的衔接与协调已然成为理论界与实务界关注的焦点。在民事裁判方法的研究中，实体法学者探索出了请求权基础方法，而程序法学者从要件事实论的角度进行了研究。课堂上的请求权思维训练着重于请求权基础本身的分析，也就是裁判三段论中“大前提”的找寻，而案件事实（小前提）则是教师在编写案例时事先定好的，是一个静态、固定的案件事实。源于德国法官群体探索的“法庭报告技术/关联分析法”，核心功能在于以请求权基础思维引导案件事实（小前提）的裁剪和认定。要件事实论则是源于日本司法研修所针对法律职业共同体的要件事实教育，其核心功能在于指导当事人的攻击防御和法官的审理裁判，核心问题在于如何检索要件事实。民事诉讼主张责任是关于事实主张的原理和方法，是要件事实论的程序法基础。而要件事实中的“要件”指的是实体法法律要件（包括权利发生要件、权利妨碍要件、权利消灭要件和权利阻止要件）。建立在要件事实论基础上的要件审判方法与请求权基础分析方法本质上是相同的，只是切入的视角不同。在民法典实施的背景下，需要将请求权基础分析方法与要件审判方法进行统合性研究，也需要司法实务界的实践探索。诚然，这项工作既需要民法学者和民事诉讼法学者的联手努力，也需要学者与法官的配合。

附录　当事人与法官对主张责任认知与践行的调查问卷

（一）当事人对主张责任的认知与践行访谈问卷

1. 您从事律师工作的时间？（　）

A. 2 年以下　　B. 2 ~ 5 年　C. 5 ~ 8 年　　D. 8 年以上

2. 当您作为原告律师，您是否会在起诉状中将案件的主要事实全部提出？

A. 会

理由是：____________________

B. 不会

理由是：____________________

3. 当您作为被告律师，您是否会提交答辩状？

A. 会

理由是：____________________

B. 不会

理由是：____________________

4. 您知道主张责任概念吗？

A. 知道

您知道的主张责任是指：____________________

B. 不知道

5. 您认为抗辩和否认有区别吗？

A. 有

您认为二者的区别在于：________________________________

B. 没有

6. 您认为不负证明责任的当事人是否有义务陈述自己所知晓的且对对方当事人有利的事实？

A. 有义务　　　　B. 没有义务

C. 如果负有证明责任一方当事人对该事实的掌握确有困难，而对方当事人对该事实可能知晓时有义务陈述

7. 您在办案过程中，是否遇到法官使用未经当事人主张的事实作为裁判根据的现象？

A. 有　　　　B. 没有

8. 您认为是否有必要规定当事人强制答辩义务？

A. 有必要　　B. 没有必要　　C. 当有律师代理时有必要

（二）法院对主张责任的认知与适用问卷

【基本信息】

您所在法院的地点（城市）：____________

您从事民事审判工作的时间：____________

【问卷信息】

1. 您知道主张责任概念吗？

A. 知道

您知道的主张责任是指：________________________________

B. 不知道

2. 您认为是否有必要通过法律规定，要求当事人开庭前将自己的主要

事实全部提出，且没有特殊的情况，在之后的庭审阶段不得再提出新的事实主张？

3. 您办理的案件中，在开庭前，被告未提交答辩状的情况普遍吗？

4. 您办理的案件中，是否会有当事人含糊地在起诉状中说明事实，使得被告不能展开有针对性的答辩？

5. 您在办案过程中，是否遭遇过当事人进行前后矛盾的事实陈述？

6. 您在办理案件的过程中，当事人的事实主张随意性、模糊性大吗？

7. 您认为不负证明责任的当事人是否有义务陈述自己所知晓的、对对方当事人有利的事实？

8. 您在办案过程中，当事人实施虚假陈述行为现象普遍吗？

9. 您认为有律师代理的案件和没有律师参加的案件，当事人的事实主张是否有区别？

10. 在办理案件过程中，您会向当事人释明如何进行事实主张吗？

主要参考文献

（一）著作类

1. 江伟主编：《中国民事诉讼法专论》，中国人民大学出版社 2005 年版。

2. 常怡主编：《外国民事诉讼法新发展》，中国政法大学出版社 2009 年版。

3. 梁慧星：《裁判的方法》，法律出版社 2003 年版。

4. 王泽鉴：《法律思维与民法实例：请求权基础理论体系》，中国政法大学出版社 2001 年版。

5. 陈荣宗、林庆苗：《民事诉讼法》，台北，三民书局 2006 年版。

6. 张卫平：《转换的逻辑——民事诉讼体制转型分析》，法律出版社 2007 年版。

7. 邱联恭：《争点整理方法论》，台北，三民书局 2001 年版。

8. 沈冠伶：《民事证据法与武器平等原则》，台北，元照出版有限公司 2007 年版。

9. 段文波：《规范出发型民事判决构造论》，法律出版社 2012 年版。

10. 王福华：《民事诉讼基本结构》，中国法制出版社 2002 年版。

11. 王亚新：《对抗与判定：日本民事诉讼的基本结构》，清华大学出版社 2010 年版。

12. 刘荣军：《程序保障的理论视角》，法律出版社 1999 年版。

13. 唐力：《民事诉讼构造研究：以当事人与法院作用分担为中心》，法律出版社 2006 年版。

14. 杨秀清：《民事裁判过程论》，法律出版社 2011 年版。

15. 闫庆霞：《当事人民事诉讼主张研究》，法律出版社 2013 年版。

16. 占善刚：《证据协力义务之比较法研究》，中国社会科学出版社 2009 年版。

17. 许可：《民事审判方法：要件事实引论》，法律出版社 2009 年版。

18. 王亚新等：《法律程序运作的实证分析》，法律出版社 2005 年版。

19. 熊跃敏：《民事审前准备程序研究》，人民出版社 2007 年版。

20. 刘学在：《民事诉讼辩论原则研究》，武汉大学出版社 2007 年版。

21. 黄娟：《当事人民事诉讼权利研究：兼谈中国民事诉讼现代化之路径》，北京大学出版社 2009 年版。

22. 邵明：《现代民事诉讼基础理论：以现代正当程序和现代诉讼观为研究视角》，法律出版社 2011 年版。

23. 姜世明：《举证责任与真实义务》，台北，新学林股份有限公司 2006 年版。

24. 胡学军：《具体举证责任论》，法律出版社 2014 年版。

25. 段厚省：《诉审商谈主义：基于商谈理性的民事诉讼构造观》，北京大学出版社 2013 年版。

26. 王亚新、陈杭平、刘君博：《中国民事诉讼法重点讲义》，高等教育出版社 2017 年版。

27. 韩红俊：《释明义务研究》，法律出版社 2008 年版。

28. 程春华：《裁判思维与证明方法》，法律出版社 2016 年版。

29. 霍海红：《证明责任的法理与技术》，北京大学出版社 2018 年版。

30. 张海燕：《民事案件事实认定机制研究》，中国政法大学出版社2012年版。

31. 肖建国、包建华：《证明责任：事实判断的辅助方法》，北京大学出版社2012年版。

32. 邹碧华等：《民事审判方法》，法律出版社2017年版。

33. 黄湧：《民事审判争点归纳》，法律出版社2016年版。

34. 段文波：《要件事实理论视野下民事案件证明责任分配实证分析》，厦门大学出版社2013年版。

35. 占善刚：《民事证据法研究》，武汉大学出版社2009年版。

36. 肖建国：《民事诉讼程序价值论》，中国人民大学出版社2000年版。

37. ［德］汉斯·普维庭：《现代证明责任问题》，吴越译，法律出版社2006年版。

38. ［德］莱奥·罗森贝克：《证明责任论》，庄敬华译，中国法制出版社2002年版。

39. ［德］米夏埃尔·施蒂尔纳编：《德国民事诉讼法学文萃》，赵秀举译，中国政法大学出版社2005年版。

40. ［德］奥特马·尧厄尼希：《民事诉讼法》，周翠译，法律出版社2003年版。

41. ［德］汉斯－约阿希姆·穆泽拉克：《德国民事诉讼法基础教程》，周翠译，中国政法大学出版社2005年版。

42. ［美］史蒂文·苏本、玛格瑞特（绮剑）·伍：《美国民事诉讼的真谛：从历史、文化、实务的视角》，蔡彦敏等译，法律出版社2002年版。

43. ［日］谷口安平：《程序的正义与诉讼》，王亚新、刘荣军译，中国政法大学出版社2002年版。

44. ［日］高桥宏志：《重点讲义民事诉讼法》，张卫平、许可译，法律出版社 2007 年版。

45. ［日］新堂幸司：《新民事诉讼法》，林剑锋译，法律出版社 2008 年版。

46. ［日］高桥宏志：《民事诉讼法：制度与理论的深层分析》，林剑锋译，法律出版社 2003 年版。

47. ［日］中村英郎：《新民事诉讼法讲义》，陈刚等译，法律出版社 2001 年版。

48. ［日］田中成明：《现代社会与审判：民事诉讼的地位和作用》，郝振江译，北京大学出版社 2016 年版。

49. ［日］伊藤真：《民事诉讼法》，曹云吉译，北京大学出版社 2019 年版。

50. ［日］伊藤滋夫：《要件事实的基础》，许可、小林正宏译，法律出版社 2022 年版。

（二）论文类

1. 张卫平：《我国民事诉讼辩论原则重述》，载《法学研究》1996 年第 6 期。

2. 张卫平：《诉讼体制或模式转型的现实与前景分析》，载《当代法学》2016 年第 3 期。

3. 张卫平：《民事诉讼基本模式：转换与选择之根据》，载《现代法学》1996 年第 6 期。

4. 刘荣军：《民事诉讼中“新职权主义”的动向分析》，载《中国法学》2006 年第 6 期。

5. 李浩：《民事诉讼当事人的自我责任》，载《法学研究》2010 年第 3 期。

6. 熊跃敏：《辩论主义：源流与变迁——民事诉讼中当事人与法院作用分担的再思考》，载《现代法学》2007 年第 2 期。

7. 熊跃敏：《民事诉讼中法院释明的实证分析——以释明范围为中心的考察》，载《中国法学》2010 年第 5 期。

8. 熊跃敏：《民事诉讼中法院的释明：法理、规则与判例——以日本民事诉讼为中心的考察》，载《比较法研究》2004 年第 6 期。

9. 唐力：《辩论主义的嬗变与协同主义的兴起》，载《现代法学》2005 年第 6 期。

10. 段文波：《要件事实理论下的主张责任》，载《法学评论》2006 年第 5 期。

11. 邵明、欧元捷：《论现代民事诉讼当事人的主张责任》，载《武汉大学学报（哲学社会科学版）》2015 年第 2 期。

12. 欧元捷：《论民事诉讼主张责任法理》，载《山东警察学院学报》2016 年第 1 期。

13. 占善刚：《主张的具体化研究》，载《法学研究》2010 年第 2 期。

14. 刘哲玮：《论民事诉讼模式理论的方法论意义及其运用》，载《当代法学》2016 年第 3 期。

15. 胡亚球：《论民事诉讼当事人具体化义务的中国路径》，载《清华法学》2013 年第 4 期。

16. 李凌：《事实主张具体化义务的中国图景》，载《当代法学》2018 年第 1 期。

17. 刘敏：《功能、要素与内容：民事起诉状省思》，载《法律科学（西北政法大学学报）》2014 年第 3 期。

18. 纪格非：《我国民事诉讼中当事人真实陈述义务之重构》，载《法律科学》2016 年第 1 期。

19. 曹志勋：《立案形式审查中的事实主张具体化》，载《当代法学》

2016 年第 1 期。

20. 王学棉:《“具体”的诉讼请求》，载《国家检察官学院学报》2016 年第 2 期。

21. 张海燕:《民事起诉事实论纲》，载《浙江学刊》2012 年第 6 期。

22. 王亚新、陈杭平:《论作为证据的当事人陈述》，载《政法论坛》2006 年第 6 期。

23. 邵明:《我国民事诉讼当事人陈述制度之“治” 从民事诉讼证明的角度分析》，载《中外法学》2009 年第 2 期。

24. 许可:《论当事人主义诉讼模式在我国法上的新进展》，载《当代法学》2016 年第 3 期。

25. 任重:《论中国“现代”证明责任问题——兼评德国理论新进展》，载《当代法学》2017 年第 5 期。

26. 毕玉谦:《关于主观证明责任的界定与基本范畴研究》，载《西南政法大学学报》2008 年第 3 期。

27. 翁晓斌、周翠:《辩论原则下的法官实质指挥诉讼与收集证据的义务》，载《现代法学》2011 年第 4 期。

28. 章恒筑、夏瑛:《日本要件事实论纲——一种民事诉讼思维的展开》，载《法学家》2005 年第 3 期。

29. 吴泽勇:《民间借贷诉讼中的证明责任问题》，载《中国法学》2017 年第 5 期。

30. 姜世明:《民事诉讼中当事人之真实义务》，载《东吴法律学报》2005 年第 3 期。

31. 张文郁:《当事人之真实、完整陈述义务》，载《月旦法学教室》2009 年总第 83 期。

32. 陈玮佑:《民事诉讼上当事人之真实完全义务与事案解明义务的关系》，载《台湾法学杂志》2015 年第 283 期。

33. 刘春堂：《民事诉讼主张责任之研究》，载《法学丛刊》1977 年第 22 卷第 1 期。

34. 刘明生：《摸索证明禁止之原则》，载《月旦法学教室》2017 年第 181 期。

35. 熊跃敏、张润：《民事庭前会议：规范解读、法理分析与实证考察》，载《现代法学》2016 年第 6 期。

36. 熊跃敏：《民事诉讼中的诉答程序探究》，载《福建政法管理干部学院学报》2007 年第 3 期。

37. 张珉：《协同主义诉讼模式：我国民事诉讼模式的新选择》，载《国家检察官学院学报》2005 年第 6 期。

38. 吴杰：《辩论主义与协同主义的思辩——以德、日民事诉讼为中心》，载《法律科学（西北政法大学学报）》2008 年第 1 期。

39. 胡晓霞、段文波：《主张证明责任视角下的民法——以不当得利为切入点》，载《暨南学报（哲学社会科学版）》2011 年第 3 期。

（三）外文类

1. 日本司法研修所『民事訴訟における要件事実（第一巻）』（東京財団法人法曹会，1985 年）。

2. 日本司法研究所『問題研究：要件事実』（東京財団法人法曹会，2006 年）。

3. 加藤新太郎 = 細野敦『要件事実の考え方と実務』（東京民事法研究会，2002 年）。

4. 伊藤眞 = 加藤新太郎 = 山本和彦『民事訴訟法の論争』（有斐閣，2007 年）。

5. 伊藤眞『民事訴訟法』（第 5 版）（東京有斐閣，2016 年）。

6. 山本和彦 = 須藤典明 = 伊藤尚『文書提出命令の理論と実務』（民

事法研究会，2016年）。

7. 伊藤滋夫『要件事実の基礎』（東京有斐閣，2015年）。

8. 伊藤滋夫『要件事実の機能と事案の解明：法科大学院要件事実教育研究所報第10号』（日本評論社，2012年）。

9. 伊藤滋夫『要件事実と基礎法学』（日本評論社，2010年）。

10. 伊藤滋夫『家事事件の要件事実』（日本評論社，2013年）。

11. 伊藤滋夫『知的財産法の要件事実』（日本評論社，2016年）。

12. 河村浩＝中島克巳『要件事実・事実認定ハンドブック－ダイアグ』（日本評論社，2015年）。

13. 永島賢也『争点整理と要件事実：法的三段論法の技術』（東京青林書院，2017年）。

14. 岡口基一『要件事実問題集』（日本商事法務，2016年）。

15. 加藤新太郎＝馬橋隆紀『紛争類別要件事実の基本Ⅰ/Ⅱ』（日本第一法規株式会社，2011年）。

16. 村田渉＝山野目章夫『要件事実論30講』（東京弘文堂，2012年）。

17. 新保義隆＝工藤洋治＝栗原由紀子『わかりやすい要件事実論』（日本三協法規出版，2011年）。

18. 並木茂『要件事実論概説Ⅰ・総論』（日本信山社，2015年）。

19. 大江忠『新債権法の要件事実』（日本司法協会，2016年）。

20. 種子永修一『民事訴訟法から考える要件事実』（日本商事法務，2013年）。

21. 本間佳子「民事訴訟における事実解明：アドヴァーサリ・システムとの比較を手掛かりに」大学院研究年报第46号（2017年）。

22. 伊東俊明「主張過程における當事者の情報提供義務：情報独占の局面における規律について」横浜国際経済法学第15巻第3号

（2007 年）。

23. 荻原金美「主張・證明責任論の基本問題」神奈川法学第 29 卷第 2 号。

24. 中野貞一郎「要件事実の主張責任と証明責任」法学教室第 3 期（2004 年）。

25. 畑瑞穗「主張の具體化」法学教室第 242 期（2000 年）。

26. 薗田史「民事訴訟における充実と迅速：アメリカ民事訴訟のロケット・ドケットを手掛かりとして」九大法学第 95 号（2007 年）。

27. 野澤正充『債権譲渡の要件事実としての「代金額」』立教法務研究第 4 号（2011 年）。

28. 畑瑞穗「民事訴訟における主張過程の規律：主張否認の具體化・理由づけについて」法学協会雑誌第 1 期（1997 年）。

29. 畑瑞穗「主張・否認のありかたについて」民事訴訟雑誌第 47 期（2001 年）。

30. 安井英俊「審理過程における當事者の情報・證據開示義務の正當化根據——事案解明義務の根據論を中心に」同志社法学第 62 卷第 6 期。

31. 安井英俊「事案解明義務の法的根據とその適用範圍」同志社法学第 58 卷第 7 号。

32. 福士明「原告適格の立證責任」札幌法学第 5 卷第 2 期。

33. 河野信夫「要件事実教育の二、三の問題」白鴎大学法科大学院紀要第 2 期（2008 年）。

34. 椎橋邦雄「日本の民事訴訟における裁判資料収集手続の展開」山梨学院大学法学論集第 50 卷（2003 年）。

35. 森勇「主張と否認の具體化について西ドイツにおける議論の狀況」民事訴訟雑誌第 34 期（1988 年）。

36. Richard D. Freer, Wendy Collins Perdue, *Civil Procedure*: *Cases*

Materials and Questions, 6th edn, Lexis Nexis: 2012.

37. Michigan Legal Publishing Ltd., *Federal Rules of Civil Procedure 2016*, Createspace Independent Pub, 2015.

后　　记

本书是在我的博士论文基础上修改完善而成。在博士论文修订出版之际，请允许我用简短的文字表达内心深处的感谢。

2013 年秋，我从古城西安来到首都北京，从西北政法大学来到北京师范大学，本科四年，硕士两年，博士三年，九年求学生涯，一路走来，总有良师益友相助，心中无比感激、感谢、感恩。

涓涓师恩，终生铭感！感谢我的硕士和博士导师熊跃敏教授。自 2013 年忝列门墙，老师的关照始终如春风化雨，润物无声。在本书写作和修改过程中，从选题的确定、撰写开题报告、修改论文结构到最后的定稿，直至今日付梓，熊老师给予了我细心的教导和耐心的指点，倾注了颇多心血。熊老师在治学上的严谨求实，在学习上的严格要求，在生活上的细心关照，在工作上的认真负责，在为人处世方面的谦逊低调，深刻影响并激励着我，也将成为学生今后工作和生活中的榜样。

师恩深厚，学生永志难忘！感谢北京师范大学法学院的刘荣军教授、徐胜萍教授、冷罗生教授、夏利民教授、刘培峰教授、刘璐副教授、郭翔副教授等诸位授课老师。感谢刘荣军老师在研究方法和批判思维方面所给予的训练，感谢徐胜萍老师、夏利民老师如母亲般的关心和支持，感谢冷罗生老师在学生迷茫疑惑之时的解答和开导，感谢刘璐老师和郭翔老师在学术道路上的鼓励！感谢硕士班主任彭新林师长、博士班主任袁达松老师在学业等方面的指导。

人生在世，“情义”二字弥足珍贵！感谢张伟师姐、杨会新师姐、周杨师姐、陈亢睿师姐、王奕超师姐、赵刚师兄、熊德中师兄、陈科师兄、李超哲师兄以及梁喆旎、郭家珍、郭妍子、江滢等师妹的帮助、支持和鼓励！同时也感谢孙文灿兄、马小龙兄、刘华春兄、万方兄、张国文兄、梁蕾姐、王丽颖姐、王静姐、钱杨姐、岳霄姐、林煜、李竹等同窗好友博士三年的陪伴！海内存知己，天涯若比邻！感谢日本一桥大学史明洲博士、早稻田大学于宪会博士、庆应义塾大学陈凡龙博士在日文资料收集方面所给予的帮助和支持！感谢黄忠顺兄、刘东兄、宋春龙兄、曹建军兄、李一帆兄等好友的鼓励！

谁言寸草心，报得三春晖！感谢父母二十多年来的支持和付出。八岁留守在家，先是到外公外婆家生活了两年，后来跟随爷爷奶奶一起生活，他们虽不识字，但始终教导我读书学习的重要性，因此我才会有边在山上放牛，边坐在石头上看书写作业的经历。父母在外务工二十余年，聚少离多，以致相聚之时总有客人之感，其中痛楚，只有自知。长期的留守，以致觉得和父母一起生活胜过一切，哪怕辍学打工也行。正是如此，我便有了高一辍学打工的经历，搬过砖，刷过墙，扛过货……时间长、强度大、挣钱少，睡眠严重不足，打工的辛酸和无奈，使我梦想重返校园。是父母的支持和默默的付出，使我有了重返校园学习的机会。自此，便倍加珍惜学习的机会。父母恩情，深似海，高于天！求学路上，感谢亲人一直以来的支持和帮助！

读博期间，爷爷因病离开人世，外公病重，使我认识到何为生、何为死，也让我想到海德格尔在《存在与时间》一书提到的“向死而生”的概念。“生命意义上的倒计时法”也让我明白，人生在世，既要珍惜生命中的一分一秒，同时也不要过于计较。正如一生辗转千万里，莫问成败重几许，得之坦然，失之淡然！以此书献给远在天堂的大哥、外公外婆和爷爷，祝愿你们不再受贫穷和疾病的苦。

感谢北师大的乌鸦，是你们让我学会既要抬头仰望星空，也要低头看路，脚踏实地！同时也要感谢岁月，于世间之欢愉与悲苦，许以宽宏！

时光未央，不诉离殇。启功先生曾言：“入学初识门庭，毕业非同学成。涉世或始今日，立身却在生平！”毕业于我而言，远未学成，人生路漫漫。2018 年，我带着老师的教诲、亲人的期盼进入中国人民公安大学法学院，成为了一名人民教师，也深深体会到“学为人师，行为世范”的要义和重要性。感谢学院的领导和同事对我工作的支持和帮助。

感谢中国人民大学肖建国教授、中国政法大学纪格非教授在博士论文答辩会上提供的宝贵意见。感谢中国法学会后期资助项目评审的各位领导和老师给予本书入围的机会，感谢研究部各位老师的审校和指导。本书能够顺利出版，得益于法律出版社黄倩倩、杨悦芊两位老师的辛苦编辑，无比感激！

最后，感谢我的爱人陈媛女士，因为有你的鼓励和支持，我才能克服读博以来的各种焦虑、恐慌、拖延，从而顺利地完成学业。我一直认为，在大学遇到心爱的人并一直牵手走入婚姻的殿堂，是一件无比幸福的事情。大三认识，北京、乌鲁木齐三年异地恋，你毕业后不顾一切来到我的身边工作，如今相识十二载，结婚七年，彼此尊重，相濡以沫。今夕何夕，此生有你，足矣！

2023 年 4 月 2 日

于北京枣园

中国法学会后期资助项目文丛

BOOK SERIES FUNDED BY CHINA LAW SOCIETY

1. 《行政程序法典化研究》姜明安 等著
2. 《解读青年马克思的黑格尔法哲学批判》姚远 著
3. 《清代"杀一家三人"律、例辨析》吴杰 著
4. 《中央地方关系中的民主集中制研究》苗泳 著
5. 《证券内幕交易构成要件比较研究》曹理 著
6. 《欧洲婚姻财产法的未来》樊丽君 译
7. 《德国刑法教义学上的客观处罚条件》王钰 著
8. 《结果加重犯的基本原理与认定规则研究》邓毅丞 著
9. 《刑事诉讼中法院职权调查问题研究》林铁军 著
10. 《人民陪审员角色研究》刘方勇 著
11. 《非典型劳动者权益保护研究》班小辉 著
12. 《创新与反垄断——互联网企业滥用行为之法律规制研究》仲春 著
13. 《不得援引国家豁免的商业交易诉讼研究》纪林繁 著
14. 《国家侵权的国际私法问题研究》李华成 著

15.《法律的空间意象性》朱垭梁 著

16.《罗马体育法要论》赵毅 著

17.《〈大清律例〉律目研究》张田田 著

18.《陕派律学家事迹纪年考证》闫晓君 著

19.《论行政法上的意思表示——兼论行政行为构成中的意识要件》田勇军 著

20.《新农村建设中保障农民政治参与权利的制度创新研究》蔡振亚 王为东 著

21.《国家赔偿法研究述评》上官丕亮 主编

22.《个人信息与权利配置——个人信息自决权的反思和出路》刘金瑞 著

23.《从"大陆"走向"混合"的路易斯安那民法典》李宁 著

24.《防控网络恐怖活动立法研究》皮勇 著

25.《背信犯罪：当代社会的白领犯罪》刘荣 译

26.《刑事诉讼中的鉴定意见质证制度研究》王跃 著

27.《互联网规制的国际贸易法律问题研究》孙南翔 著

28.《相关市场界定研究——以技术许可协议为视角》周围 著

29.《外资并购国家安全审查制度的平衡机制研究》杨静 著

30.《司法改革背景下裁判文书说理繁简分流研究》罗灿 著

31.《当代中国法制的政治逻辑》瞿郑龙 著

32.《美国行政法规的司法审查研究》杨蕾 著

33.《非上市公司股份交易法律问题研究》黄爱学 著

34.《中国商事立法研究》张保红 著

35.《日本民事再审事由研究——以判例分析为中心》翟志文 著

36.《论民法教义体系与家庭法的对立与融合：现代家庭法的谱系生成》刘征峰 著

37.《香港与内地刑事法制冲突问题研究》马正楠 著

38.《刑事程序性法律后果研究》马永平 著

39.《抢劫罪量刑经验研究》赵学军 著

40.《生态安全义务履行与人的致灾性法律控制》王建平 著

41.《税法的分配功能研究》侯卓 著

42.《裁判结果透明化的制度审思和完善路径》胡玉明 著

43.《德国判例使用方法研究》高尚 著

44.《现代性视域下的法律数字研究》高一飞 著

45.《商周刑罚制度研究》魏晓立 著

46.《面向行政任务的听证程序构造》石肖雪 著

47.《我国物流法律私法体系之建构——以方法论为视角》张敏 著

48.《再保险法》杨帆 译

49.《金融稳定法论》袁达松 著

50.《中国民事检察监督制度的改革与完善研究》路志强 著

51.《规范论在刑法解释中的作用》李世阳 著

52.《北京市盗窃罪量刑实证研究——以2736份判决书为样本》董晓华 著

53.《德国证据禁止规则研究——法典与判例的有效融合》张袁 著

54.《中国主权观的演进与发展》杨永红 著

55.《中国涉外商事仲裁裁决撤销：机制与实证》张春良 等著

56.《国际投资背景下的跨国公司与人权保护》隽薪 著

57.《法律解释权模式研究》徐凤 著

58.《中国共产党党内法规理论逻辑研究》侯嘉斌 著

59.《行政课予义务诉讼研究》胡煜 著

60.《民法典体系化的哲学》许中缘 著

61.《当代知识产权研究与实践的生态逻辑——基于马克思主义的反思》薛华 著

62.《实现担保物权非讼程序研究》李林启 著

63.《共同过失犯罪理论争鸣与探索》王东明 著

64.《交通犯罪对策研究》杨宁 译

65.《以审判为中心诉讼制度改革视野下的刑事诉讼法律关系研究》边慧亮 著

66.《科学测谎之认知脑电的法庭证据适用原理和方法》刘洪广 著

67.《金融科技监管法律制度构建研究》张永亮 著

68.《生态利益的物权法表达》项波　孟春阳 著

69.《亚投行技术援助机制构建研究》孟于群 著

70.《海上人身伤亡赔偿法比较研究》刘焕省 著

71.《涉外监护法律适用理论与实证研究》秦红嫚 著

72.《当代海商法价值论》孙思琪 著

73.《农村合作金融的法律监管问题研究》李媛媛 著

74.《董事义务研究》林少伟 著

75.《作为共治主体的行业协会法治研究》段传龙 著

76.《民事诉讼主张责任研究》张润 著